HAYMON taschenbuch 45

HAYMON tb **45**

Ungekürzte Taschenbuchausgabe
Haymon Taschenbuch, Innsbruck-Wien 2010
www.haymonverlag.at/haymontb

ISBN 978-3-85218-845-4

Umschlag- und Buchgestaltung:
Kurt Höretzeder, Büro für Grafische Gestaltung, Scheffau/Tirol
Coverfotos: www.picturedesk.com
Autorenfoto: Hannes Steiner

Gedruckt auf umweltfreundlichem,
chlor- und säurefrei gebleichtem Papier.

Paul Lendvai

Mein Österreich

50 Jahre hinter den
Kulissen der Macht

Paul Lendvai

Mein Österreich

Im Andenken an
Kurt Vorhofer (28. 8. 1929 – 25. 5. 1995),
den großen Journalisten, meinen besten Freund
und „Österreich-Lehrer“

Inhalt

Einleitung

Warum schrieb ich dieses Buch? Eine ganz persönliche Vorbemerkung

Am 4. Februar 1957, einem trüben Montag, kam ich in einem gebraucht gekauften, knöchellangen blauen Wintermantel in einer tschechoslowakischen Maschine aus Prag in Schwechat an. In der Tasche hatte ich meinen ungarischen Reisepass mit einem gültigen österreichischen Sichtvermerk. Ich war einer der Spätgekommenen; der Eiserne Vorhang war damals schon kaum mehr zu überwinden. Meine abenteuerliche Reise über Warschau und Prag nach Wien hatte am 12. Januar 1957 begonnen.

Es war die erste Auslandsreise meines Lebens, ich war 27 Jahre alt. Eine polnische Zeitung hatte mich nach Warschau eingeladen. Diese Reise war eine mit Reformfreunden abgesprochene politische Mission kurz vor der mit Spannung erwarteten polnischen Parlamentswahl. Polen war damals für unser geschlagenes und geknebeltes Land Ungarn noch ein Hoffnungsschimmer. Ein Land, in dem – so schien es uns damals – durch den „Frühling im Oktober" der friedliche Übergang vom Stalinismus zur Reform gelungen war.

Es waren unvergessliche Wochen, geprägt von der noch anhaltenden Aufbruchsstimmung in Warschau. Bald wurde jedoch klar, dass das Kádár-Regime kein Interesse an einer Kompromisslösung mehr hatte und in jeder Hinsicht zu einem unbarmherzigen Rachefeldzug gegen die Aufständischen entschlossen war. Als ich genau drei Monate nach dem sowjetischen Großangriff gegen die revolutionäre Regierung Imre Nagys in Wien eintraf, waren bereits fast 200.000 Ungarn nach Österreich bzw. etwa ein Zehntel davon nach Jugoslawien geflüchtet.

Fünf zum Teil sehr schwierige Jahre lagen hinter mir: Militärdienst, Verhaftung, Internierung und drei Jahre Berufsverbot. Trotz allem hatte ich ursprünglich meine Heimat nicht verlassen wollen. Als ehemaliger junger Linkssozialist, verfolgt und während des Aufstandes nicht „kompromittiert", konnte ich endlich wieder als Journalist bei einer neuen Tageszeitung arbeiten. Auch hatte ich mit meinen geliebten Eltern vor meiner Warschau-Reise nie ein ernstes Wort über einen Absprung in den Westen gewechselt.

Die Hiobsbotschaften aus Budapest, die Gespräche mit den später zu engen Freunden gewordenen westlichen Auslandskorrespondenten, so auch mit dem damals als stellvertretender Chefredakteur des „Kurier“ nach Polen entsandten Hugo Portisch, und die Eindrücke in Warschau änderten meine Sicht der Dinge unaufhaltsam. Meine Gedanken führten immer mehr zu einem unwiderruflichen Entschluss: Ich kann nicht mehr mit der Lüge leben!

Konnte ich denn über außenpolitische Themen schreiben, während die Freunde, die mich aus dem Lager geholt und meine Rehabilitierung erzwungen hatten, nun selbst hinter Gittern saßen und bewunderte Schriftsteller von langjährigen Gefängnisstrafen bedroht waren? Noch vor meiner Abreise nach Prag, der nächsten Station meiner Tour, war ich fest entschlossen, ein neues Leben anzufangen.[1]

Ohne wohlhabende Verwandte oder Freunde im Ausland, ohne einen erlernten Beruf, zwar mit englischen und deutschen Sprachkenntnissen, aber keineswegs in einem für einen Journalisten ausreichenden Maße, im Alter von 27 Jahren ohne Aussicht auf eine völlig akzentfreie Beherrschung einer Fremdsprache, plante ich im wahrsten Sinne des Wortes einen Sprung ins Ungewisse. Ich war bereit, meine neu gewonnene Existenz in Ungarn aufs Spiel zu setzen, aber ich hatte zugleich nicht die geringste Ahnung von meiner persönlichen Zukunft. Zur Verblüffung meiner Eltern und meiner Freunde suchte ich in Wien sofort um politisches Asyl an. Ohne Illusionen, aber auch ohne Angst bereitete ich mich auf die Freiheit der Wahl in einer freien Welt vor.

Dank hilfsbereiten ausländischen Kollegen gehörte ich zu jener Minderheit der Flüchtlinge, die privat wohnen konnten und nicht in einem Lager oder Heim untergebracht waren. Mit dem aus Deutschland über China in die USA eingewanderten früheren US-Finanzminister Michael Blumenthal hätte auch ich sagen können: „Ich hatte großes Glück. Das Leben ist nicht nur Ehrgeiz und Arbeit, sondern auch Glückssache.“ In Österreich fand ich schnell Freunde und gute Aufnahme. Nicht alle hatten dieses Glück.

Für die Ungarnflüchtlinge, die aus der totalen Abkapselung auftauchten und in Österreich ohne Rücksicht auf Herkunft und Vergangenheit mit offenen Armen aufgenommen wurden, war Wien nicht bloß ein Schaufenster des Westens, sondern auch, ja vor allem ein Leuchtturm der Freiheit, der Toleranz und der Menschlichkeit.

Als mir Jahrzehnte später österreichische und erst recht ausländische Freunde zuweilen vorwarfen, „du idealisierst noch immer das Land!“, musste ich häufig an diese unvergesslichen ersten Eindrücke denken. Die Flüchtlinge hatten damals das gute Österreich kennengelernt, wo die Menschen nicht nachforschten, wer was ist oder als was er gilt, sondern einfach halfen. Genau so übrigens wie 1968 den Tschechen und Slowaken, 1980–81 den Polen, 1991–1995 den Flüchtlingen aus dem zerfallenen Jugoslawien und 1999 den Kosovo-Albanern.

Zweifellos war die ungarische Revolution und deren blutige Niederschlagung durch die Sowjets auch ein politischer und psychologischer Wendepunkt in der österreichischen Nachkriegsgeschichte. Dass ein Land nach sieben Jahren „Anschluss“ und Krieg, nach zehn Jahren Besetzung und so kurz nach dem Abzug der letzten fremden Soldaten, aber noch ohne eine eigene Armee die ungarischen Flüchtlinge derart natürlich, unerschrocken und großzügig aufgenommen hat, bleibt für eine ganze Generation ausschlaggebend und hat nicht wenig zum Selbstverständnis der Zweiten Republik beigetragen. Hier bestand ein Volk seine historische Bewährungsprobe.

Was die Österreicher damals leisteten, war einmalig: von den improvisierten Lagern und spontanen Spendenaktionen bis zur Mobilisierung der Weltöffentlichkeit und der Staatengemeinschaft. Ein offensichtliches Schuldgefühl der westlichen Regierungen, dass sie im Spätherbst 1956 so kläglich versagt hatten, war wohl der tiefere Grund für die nachfolgende und in dieser Art nie mehr wiederholte Aufnahmebereitschaft so vieler Staaten, von der Schweiz und der Bundesrepublik bis zu den Vereinigten Staaten und Kanada. In relativ kurzer Zeit, bis Ende 1957, verließen praktisch alle auswanderungswilligen Flüchtlinge Österreich.[2]

Bei der Entscheidung zwischen „Weiterziehen oder Dableiben“ spielte die bei den Umfragen in den letzten fünfzig Jahren immer wieder erwiesene Ungarn-Sympathie der Österreicher eine wichtige Rolle. Sie gab bei den mehr als zehntausend in Österreich verbliebenen Ungarnflüchtlingen, auch bei dem Verfasser dieser Zeilen, den Ausschlag. Wie der Politikwissenschaftler Norbert Leser fast vier Jahrzehnte später formulierte: „Der Volksaufstand war für Österreich und die Österreicher eine Bewährungsprobe der Menschlichkeit und eine Möglichkeit, die Dankbarkeit dafür, dass

Österreich um so viel besser gefahren ist als Ungarn, den lebenden Ungarn zugute kommen zu lassen.“[3] Man kann, verglichen mit den späteren Flüchtlingsströmen, ohne Übertreibung sagen, die 1956er-Flüchtlinge waren damals privilegiert gewesen, weil sie eben aus Ungarn stammten. Wie Kurt Vorhofer zum 30. Jahrestag des Aufstandes in der „Kleinen Zeitung“ schrieb: „Die Magyaren sind das einzige Nachbarvolk, über das hierzulande eigentlich nicht gewitzelt oder gar gehöhnt wird.“

Umgekehrt sahen ich und wohl auch zahlreiche zu Österreichern gewandelte ehemalige Flüchtlinge es als eine Art Verpflichtung an, ihre Erinnerung an „das gute Österreich“ laut und deutlich gerade in schwierigen Zeiten (1986 der Fall Waldheim, 2000 die EU-Sanktionen nach der Bildung der schwarz-blauen Regierung) kundzutun.[4]

Ich betrachtete damals den Kampf gegen österreichfeindliche Klischees sowie gegen unverantwortliche und elektronisch multiplizierte Worthülsen über die österreichische Geisteshaltung als Teil meiner journalistischen Tätigkeit. Diese kurze Schilderung des österreichisch-ungarischen Verhältnisses im Allgemeinen und meine persönliche Einstellung im Besonderen soll dem Leser bloß verdeutlichen, von welcher Warte aus und aufgrund welcher Erfahrungen ich als langjähriger Korrespondent der Londoner „Financial Times“ und Schweizer Zeitungen, sodann als Chefredakteur und später Intendant des ORF sozusagen von innen und von außen aus die Komplexe und Ängste, das Zerrbild und prägenden Persönlichkeiten der Zweiten Republik aus der Nähe erzählen und analysieren möchte.

Dieses Buch ist ein zutiefst persönlicher Bericht über meine Erinnerungen an ein halbes Jahrhundert hinter den Kulissen der Macht in Österreich, an meine Erlebnisse als Auslandskorrespondent, ORF-Journalist und Chefredakteur der „Europäischen Rundschau“. Es geht um das Erlebte in Österreich, vor allem im Spiegel der Begegnungen mit Persönlichkeiten, die ich hier kennengelernt habe – wobei die enge Beziehung zu Bruno Kreisky (zwischen 1960 und 1990) einen wichtigen Platz einnimmt.

Zum vollständigen Bild gehört schon hier die Danksagung an jene Persönlichkeiten, die bereit waren, meine vielen Fragen über ihre Amtszeit beziehungsweise ihre Erlebnisse zu beantworten und mir zugleich auch ihre Meinung über politische Freunde und

Gegner mitzuteilen. Die Gesprächspartner waren in alphabetischer Reihenfolge:

Bruno Aigner, Hannes Androsch, Gerd Bacher, Karl Blecha, Oscar Bronner, Rudolf Burger, Erhard Busek, Josef Cap, Hans Dichand, Heinz Fischer, Michael Graff, Alfred Gusenbauer, Jörg Haider, Heinrich Keller, Karl Krammer, Johannes Kunz, Josef Krainer jun., Franz Kreuzer, Ferdinand Lacina, Erwin Lanc, Heinrich Neisser, Hugo Portisch, Erwin Pröll, Susanne Riess-Passer, Andreas Rudas, Margit Schmidt, Wolfgang Schüssel, Fred Sinowatz, Heribert Steinbauer, Ludwig Steiner, Rudolf Streicher, Josef Taus, Fritz Verzetnitsch, Franz Vranitzky, Gerhard Weis, Alfred Worm. Ich habe auch Zitate aus Interviews mit Kardinal Franz König, Rudolf Kirchschläger, Eva und Peter Kreisky, Franz Olah, Wolfgang Petritsch, Otto Schulmeister sowie im Ausland mit Uri Avnery, Muhammad Gadaffi, Mohammed Hosni Mubarak und Shimon Peres verwendet, die im Jahr 2000 für eine von mir und Helene Maimann gedrehte ORF-TV-Dokumentation zum zehnten Jahrestag des Todes von Bruno Kreisky aufgenommen wurden.

***

Noch eine persönliche Notiz: Die hautnahe Bekanntschaft mit der braunen und der roten Diktatur, beide lebensgefährlich, hat für mich nicht nur die Zeit der Jugend, sondern auch mein Geschichtsverständnis geprägt. Wenn man über die völlig gegensätzliche Entwicklung im Westen wie im Osten Europas spricht, kann man die Augen nicht verschließen oder, um Goethe aus den „Maximen und Reflexionen" zu zitieren, „aufrichtig zu sein, kann ich versprechen – unparteiisch zu sein, aber nicht."

Zum Schluss will ich noch Jean Améry aus seinem Artikel über „Aspekte des Österreichischen" zitieren: „Fühlen Sie sich eigentlich als Österreicher? fragte ich einmal gesprächsweise den Dichter Ernst Jandl. Ja, meinte er. Aber (ich zitiere aus dem Gedächtnis) auf ganz unsentimentale Weise".[5] Nun, ich fühle mich trotz meiner Jugend in Budapest und trotz meines unauslöschlichen ungarischen Akzents auf ganz sentimentale Weise vor allem in Krisensituationen als Österreicher, als ein Zugereister, der diesem Österreich und seinen Menschen, die ihm nicht nur einen Reisepass, sondern in „finsteren Zeiten" (Bertolt Brecht) auch eine neue Heimat geboten haben, bis zu seinem Lebensende unendlich dankbar sein wird. Ich flüchtete nach Österreich als ein Mensch, der sich nach den eigenen jugendlichen Irrwegen für die Wahrheit und gegen die Lüge, für die unperfekte Demokratie und gegen den Versuch, den Himmel auf Erden einzurichten, entschied. Deshalb muss auch die Liebe zu Österreich eine kritische sein und bleiben.

Österreich-Klischees: ein Vorhang der Medien

Es ist schwierig, oft fast unmöglich, den Vorhang der Klischees und Vorurteile beiseitezuschieben, wenn über Österreich gesprochen oder geschrieben wird. Die Mythen über die Geschichte der Zweiten Republik erklären manches und verdunkeln viel; die Klischees schwanken zwischen Hochmut („kulturelle Großmacht“) und Selbsterniedrigung („österreichische Lebenslüge“). Der Abscheu vor den Verbrechen des NS-Regimes und die österreichische Verstrickung in den Nationalsozialismus verstellen bis heute den Blick von außen auf die alles in allem einzigartige Erfolgsbilanz der wohl glücklichsten Epoche der österreichischen Geschichte (1945–2005).

Dass es aber im Ausland so viele Gesten der Liebeserklärung und der Verachtung gegenüber einem so kleinen Land gibt und dass zugleich so viele österreichische Schriftsteller eine Hass-Liebe-Hass-Beziehung zu ihrer Heimat unterhalten – das ist etwas Besonderes. Die politische Führungsschicht der Zweiten Republik sonnte sich so lang und so erfolgreich im historischen Glanz eines unschuldigen Opfers des Dritten Reiches, dass die massive und überzogene ausländische Reaktion auf den Fall Waldheim (1986–1992) und die Regierungsbeteiligung der Haider-FPÖ (Februar 2000) das von Papst Paul VI. 1971 ausgesprochene Lob für Österreich als „Insel der Seligen“ als beliebte Selbstbeschreibung durch eine Flut von negativen Klischees fast gänzlich zerstörte.

Die Dialektik zwischen dem Feindbild von außen und dem Selbstbild der Österreicher führte zur Herausbildung jener Stereotypen, die sich im Laufe der Zeit zu einem Österreich-Bild im Westen verdichteten, das wohl einer der Hauptgründe für die grobe Fehleinschätzung der wirklichen Lage in diesem Lande selbst war und vielleicht noch ist.

Die geradezu hysterischen Reaktionen auf dem Höhepunkt der beiden Krisen hatten die Mehrheit der Österreicher, auch Anhänger der Linksparteien, verblüfft. Sie bestätigten die zeitlose Gültigkeit dessen, was Paul Valéry, der große französische Dichter und Essayist, um 1942 schrieb: „Die Gesellschaft lebt nur von Illusionen. Jede Gesellschaft ist eine Art kollektiven Traums.

Diese Illusionen werden gefährliche Illusionen, wenn sie anfangen nicht mehr zu täuschen. Das Erwachen aus dieser Art Traum ist ein Alpdrücken.“[1]

Die Schockwirkung der massiven Kritik aus dem Ausland an Österreichs Umgang mit dem Nationalsozialismus – beginnend bereits in der Kreisky-Ära und verschärft nach der Wahl Kurt Waldheims zum Bundespräsidenten – hat weitreichende und widersprüchliche politische Folgen ausgelöst, mit denen wir uns später beschäftigen werden. Zu interessieren hat freilich auch der Befund der Meinungsforscher, dass die Versuche zur internationalen Isolierung des Landes sich zuweilen zum Nutzen derer auswirkten, denen sie angeblich schaden sollten. Zugleich hat die heikle Gratwanderung zwischen der Dämonisierung im Ausland und der weitverbreiteten Verniedlichung im Innern die jüngeren und meist linken Historiker, Schriftsteller und Journalisten zunehmend empört. Einer der scharfsinnigsten Essayisten, Karl-Markus Gauß, hat später seinen Finger auf die Wunde bei den Österreich-Kritikern gelegt: „Dieser staatskluge Opportunismus war es, der es später mir und vielen anderen so schwer machte, gerade in der Kritik ihr eigenes Bild Österreichs zu entwerfen, in dem sie sich hätten erkennen wollen. Da wir jedoch erkannt hatten, wie vieles in Österreich vertuscht wurde, identifizierten wir statt dessen Österreich selbst mit der Vertuschung ... Alles an Österreich schien irgendwie missraten, und was nicht missraten war, konnte nichts mit Österreich zu tun haben. Was in Österreich geschah, war folglich österreichisch, also provinziell und verlogen, oder nicht verlogen und nicht provinziell, also nicht österreichisch.“[2]

Das Jahr 2005 war mit seinen historischen Anknüpfungspunkten für Österreich in besonderer Weise ein Gedenkjahr und zugleich Gedankenjahr: Gedenken an 1945, also den Zusammenbruch des Dritten Reiches und die Wiedererrichtung der Republik Österreich; Gedenken an 1955, also den Staatsvertrag und die Wiedergewinnung der vollen Freiheit und Souveränität, und Erinnerung an 1995, das Jahr des Beitrittes zur Europäischen Union. Am Anfang dieses Jahres der Jubiläen wussten allerdings laut einer Umfrage 55 Prozent der Österreicher und sogar 72 Prozent der unter 30-Jährigen nicht, was eigentlich 2005 gefeiert wird.

In diesen Rahmen fügt sich das Ergebnis einer Untersuchung im Auftrag des Bildungsministeriums für Unterricht vom November 2004 ein, wonach sich 53 Prozent der jungen Österreicher unter 24 Jahren schlecht informiert fühlten.[3] Ob und wie weit man junge Menschen durch die beispiellose Flut von Gedenkfeiern, Ausstellungen, Konferenzen, Sonderpublikationen und durch die groß angelegte vierteilige TV-Dokumentation von Hugo Portisch nicht nur erreicht, sondern im wahren Sinne des Wortes aufgeklärt hat, werden wohl nur künftige Umfragen und Recherchen zeigen können.

Was nun die Generation der Eltern und Großeltern betrifft, so geht man angesichts der einschlägigen Leserbriefe und der Stimmen aus dem rechtspopulistischen Milieu kaum fehl, dass wegen tradierter Vorurteile und Feindbilder sowie aus Unkenntnis viele Österreicher noch immer nicht bereit sind, der ganzen Wahrheit über die NS-Zeit ins Auge zu sehen. Zugleich wäre es aber auch unklug, den im Ausland spürbaren Hang zu pauschaler Österreich-Verachtung und zur Schwarzmalerei zu übersehen. Bewusst oder unbewusst wollen manche Beobachter von außen das in den letzten zwei Jahrzehnten in der kritischen Selbstwahrnehmung in Österreich Geschehene kleinreden. Wenn man sich etwa heute an Karikaturen auf der Titelseite in der Pariser Tageszeitung „Le Monde" erinnert, die drei Tage nacheinander im Februar 2000 Österreich als Naziland abbildeten, wo zum Beispiel ein Zug in ein KZ mit der deutschsprachigen Aufschrift „Arbeit macht frei" fährt, oder wenn man an die Flut der sensationell aufgemachten Berichte über die hastige Strafaktion der 14 EU-Staaten gegen die schwarz-blaue Regierung denkt, dann könnte dem aufmerksamen Leser einer der „unfrisierten Gedanken" des polnischen Satirikers Stanisłav Jerzy Lec einfallen: „Manche Menschen entbehren der Gabe, die Wahrheit zu sehen, aber welche Ehrlichkeit atmet dafür ihre Lüge!"[4]

Es hängt freilich in erster Linie mit der ganzen Komplexität der realen Geschichte Österreichs zusammen, dass dieses Land so oft entweder als eine unendlich reiche Insel der biederen Seligen oder als eine Alpenfestung der unverbesserlichen Nazis hingestellt wird. Man braucht nur Thomas Bernhards 1988 aufgeführtes Stück „Heldenplatz" in Erinnerung zu rufen oder die häufigsten Schnittbilder aus den TV-Dokumentationen über diesen schicksalhaften österreichischen Gedächtnisort, wo Hitler vor einer unübersehbaren jubelnden, auf 250.000 geschätzten Menschenmenge die Rückkehr seiner Heimat ins Deutsche Reich verkündete. Es war dieses unauslöschliche Bild, das mich, den jungen Auslandskorrespondenten der Londoner „Financial Times“ und der Zürcher „TAT“, irgendwann in den frühen sechziger Jahren bewegte, dem damaligen Außenminister Bruno Kreisky in seinem Ministerbüro am Ballhausplatz die Frage zu stellen, wie symbolträchtig eigentlich der so oft zitierte Jubel um Hitler am Heldenplatz war. Kreisky antwortete, wie stets in einem Vieraugengespräch mit Journalisten, nicht ausweichend, sondern offen und suggestiv: „Haben Sie denn daran gedacht, wie viele nicht da waren und wie viele Österreicher, von der Gestapo gefasst, bald schon nach Dachau in überfüllten Zügen unterwegs waren?“ Ich hatte damals während des aufwühlenden Gesprächs und danach keine detaillierten Notizen gemacht, aber das von ihm verwendete Brecht-Zitat nie vergessen: „Und man sieht nur die im Lichte, die im Dunkeln sieht man nicht.“

In einem Interview mit der „Süddeutschen Zeitung“ im Frühjahr 1988, also ein halbes Jahrhundert nach dem Massenrausch, wiederholte der greise Staatsmann: „Am Heldenplatz sah man sie im Lichte und überall, wo sie sich zur Diktatur bekannt haben, waren sie im Lichte, und die mehreren waren im Dunkeln. Die waren entweder auf ihren Feldern oder sie haben in den Kirchen gebetet oder sie haben zu Hause geweint – sie waren jedenfalls nicht sichtbar. Aber sie waren in der Mehrheit. Darüber gibt es gar keinen Zweifel.“ Im Gespräch mit uns Journalisten und in seinen Erinnerungen wies Kreisky als unverdächtiger Zeuge immer wieder darauf hin, selbst auf dem Höhepunkt sei nur etwa ein Drittel der Österreicher für Hitler gewesen.[5]

Der Weg zum „Anschluss“, der Jubel nach dem Einmarsch der deutschen Truppen und der Massenrausch am Heldenplatz können ohne die mit dem Zusammenbruch der österreichisch-ungarischen Monarchie verbundene Zäsur in der österreichischen Geschichte nicht erklärt und nicht verstanden werden. Für mich, der in Budapest mit einem ähnlichen Trauma, nämlich mit der von den Siegermächten erzwungenen Amputation des historischen Ungarns durch das Diktat von Trianon aufgewachsen war, hat der Schock des Friedensvertrages von Saint-Germain-en-Laye vom 10. September 1919 immer den Ausgangspunkt für die späteren Betrachtungen über den „Sonderfall“ Österreich bedeutet.

„Was ist Geschichte?“, fragte der bedeutende britische Historiker E. H. Carr und antwortete kurz und bündig: „ein Dialog ohne Ende zwischen Gegenwart und Vergangenheit".[6] Wenn man bedenkt, dass nach den unvergessenen Worten des französischen Ministerpräsidenten Georges Clemençeau bei den Friedensverhandlungen Österreich der auf 80.000 Quadratkilometer zusammengeschrumpfte „Rest" eines mehr als 670.000 Quadratkilometer großen Reiches mit knapp 7 Millionen Einwohnern (statt über 50 Millionen) war, braucht man keine wissenschaftlichen Abhandlungen, um die permanenten Fragestellungen nach der Lebensfähigkeit dieses kleinen Staates, damals unter dem Schock des Zusammenbruches, zu verstehen. Im Gegensatz zum Trianon-Ungarn handelte es sich bei dem zisleithanischen Teilstaat der Monarchie nicht „nur" um den Verlust von Millionen (deutschsprachiger) Einwohner und um die wirtschaftlichen Folgen der Zerschlagung des großen Marktes und der Errichtung von Zollmauern in den Nachfolgestaaten. Übrigens wies Hugo Portisch zu Recht darauf hin, dass angesichts der Naturschätze und der industriellen Produktionskraft selbst dieser Rumpfstaat lebensfähig gewesen wäre.[7]

Es ging in diesem „Staat, den keiner wollte" (Hellmut Andics) um „das österreichische Identitätsproblem im 20. Jahrhundert" schlechthin, darum nämlich, dass die Bürger „erst lernen mussten, Österreicher zu sein",[8] zumal in der Monarchie die deutschsprachigen Bewohner einfach Deutsche genannt wurden. Sie sahen sich als die eigentliche Staatsnation nicht nur der deutschsprachigen Reichshälfte, sondern der ganzen Habsburger Monarchie. Dieser Staat wider Willen nannte sich „Deutsch-Österreich", eine Republik, die „Bestandteil des Deutschen Reiches" sei. Mit Hinweis auf diese erste Verfassung zog Erwin Ringel, der große Psychiater der „österreichischen Seele", die treffende Schlussfolgerung: „Das war ein Staat, der mit dem ersten Satz, den er aussprach, zugleich schon Selbstmord begangen hat ... Da war schon in der Wurzel der Staat, den keiner wollte, enthalten und damit der neuerliche Tod besiegelt."[9]

Infolge des Anschlussverbotes durch die Siegermächte musste Österreich seinen Namen von „Deutsch-Österreich" bald auf „Republik Österreich" umändern. Die politischen Eliten, allen voran die Sozialdemokraten, natürlich auch die deutschnationalen, weniger die christlichsozial-konservativen, lehnten den Rumpfstaat ab. Sie alle waren bis zur Machtergreifung Hitlers für den Anschluss an

Deutschland. Politische, soziale und wirtschaftliche Dauerkrisen führten zu einer Radikalisierung und Militarisierung der innenpolitischen Auseinandersetzungen durch die Entstehung von paramilitärischen Verbänden: sozialdemokratischer Schutzbund gegen die christlich-soziale Heimwehrbewegung. Nach dem skandalösen Freispruch von drei rechtsgerichteten Frontkämpfern, die beschuldigt waren, im Januar 1927 bei Zusammenstößen in Schattendorf einen Kriegsinvaliden und ein Kind erschossen zu haben, kam es in Wien im Juli 1927 zu Massendemonstrationen und zum Brand des Justizpalastes. Der Polizeieinsatz mit Schießbefehl forderte 89 Todesopfer und Hunderte Verletzte.

Die Weltwirtschaftskrise von 1929 traf den Rumpfstaat besonders hart. Der Stand des Bruttosozialproduktes von 1913 wurde erst wieder Mitte des 20. Jahrhunderts erreicht! Ein Drittel der Werktätigen war arbeitslos und fast jeder Zweite erhielt keine Unterstützung. Vor dem Hintergrund des großen Elends führte die innenpolitische Polarisierung zu immer häufigeren gewaltsamen Zusammenstößen zwischen den verfeindeten politischen Lagern.

Schließlich schaltete der christlich-soziale Bundeskanzler Engelbert Dollfuß durch Ausnützung des Rücktrittes der drei Parlamentspräsidenten nach einem heftigen Streit das Parlament am 4. März 1933 aus. Sein autoritärer Kurs zur Errichtung eines Ständestaates führte am 12. Februar 1934 zum Bürgerkrieg und zum Verbot der unterlegenen Sozialdemokraten und der freien Gewerkschaften. Bereits im Juli unternahmen die von Hitler-Deutschland ermunterten Nazis einen missglückten Putschversuch. Es gab viele Todesopfer; Bundeskanzler Dollfuß wurde im Bundeskanzleramt von den Putschisten ermordet. Während die Sozialdemokraten und die Liberalen den wegen seiner Kleinheit „Millimetternich“ genannten Dollfuß als faschistischen Zerstörer der Demokratie und Wegbereiter Hitlers betrachten, gilt der ermordete österreichbewusste Staatsmann für die Christlich-Sozialen und heute für die ÖVP als Märtyrer des Anti-Nazi-Widerstandes.

Der britische Journalist und Zeithistoriker Gordon Brook-Shepherd stellte in seiner Österreich-Geschichte fest: „Die meisten Patrioten waren nicht Demokraten und die meisten Demokraten waren nicht Patrioten.“ Die unbarmherzige Verfolgung der Schutzbündler und der in die Illegalität gezwungenen sozialdemokratischen Aktivisten, unter ihnen der junge Bruno Kreisky, hatte tiefe

Spuren hinterlassen. Im berüchtigten Anhaltelager Wöllersdorf wurden am Höhepunkt der Verhaftungswellen Hunderte Sozialdemokraten zusammen mit Nationalsozialisten und Kommunisten eingesperrt.

Kreisky hat später oft, auch mir gegenüber, eine Geschichte (jeweils anders akzentuiert) aus seiner einjährigen Haft im Jahr 1936 erzählt, als er mit einem überzeugten Nazi und einem ähnlich fanatischen Kommunisten in einer gemeinsamen Zelle untergebracht war. Der Nationalsozialist tröstete sich laut mit dem Gedanken: „Es wird nicht mehr lange dauern, dann wird auch in Österreich der Hitler kommen, und dann werde ich frei sein, und es wird mir gut gehen." Der Kommunist antwortete ihm: „Mag schon sein, dass auch bei uns der Hitler kommt, aber dann wird der Stalin kommen, wird deinen Hitler verjagen, und dann werde ich endlich frei sein, und es wird uns allen besser gehen." „Und ich", beendete Kreisky die Geschichte, „habe keinen Hitler und keinen Stalin gehabt, auf den ich hätte hoffen können, sondern nur die Hoffnung auf die Demokratie. Und genau die hat sich durchgesetzt, während es längst keinen Hitler und keinen Stalin mehr gibt."

Der Dollfuß-Nachfolger Kurt Schuschnigg setzte die Linie des autoritären Staates fort und versuchte durch verschiedene Veranstaltungen und Propagandaaktionen ein österreichisches Nationalbewusstsein zu wecken. Seine Bemühungen um eine Stabilisierung der Wirtschaftslage scheiterten ebenso wie seine vorsichtige und verspätete Öffnung Ende 1937 gegenüber den Sozialdemokraten und den Gewerkschaften. Als Hitler ultimativ den Anschluss forderte, setzte Schuschnigg für den 13. März 1938 eine Volksabstimmung „Für ein freies und deutsches, unabhängiges und soziales, für ein christliches und einiges Österreich" an. Hitler untersagte das Referendum, weil er wusste, dass diese Abstimmung eine klare Mehrheit von „Nein"-Stimmen gegen den Anschluss bringen würde. Vor dem Einmarsch der deutschen Truppen am 12. März beschloss der gescheiterte Kanzler seine Rundfunkrede mit den Sätzen „Wir weichen der Gewalt" und „Gott schütze Österreich".

Dem deutschen Einmarsch wurde kein Widerstand entgegengesetzt. Kreisky betonte immer wieder, die österreichische Demokratie sei nicht wie die deutsche von Hitler vernichtet worden, sondern von Dollfuß. Als im Jahr 1938 Hitler kam, haben das deshalb viele nicht als einen Angriff auf die österreichische Demokratie empfunden, denn sie hat es nicht gegeben, sondern auf das Regime oder auf das System, wie man damals formulierte. „Wir haben das ja immer gesagt, unzählige Male, in allen Schriften: Die Dollfuß-Straße führt zu Hitler", schrieb Kreisky in seinen Erinnerungen. Bei dem großen Sozialistenprozess am 16. März 1936 hielt der kaum 25-jährige Kreisky der österreichischen Spielart des Faschismus Heuchelei und Kurzsichtigkeit vor. Seine Verteidigungsrede wurde in der internationalen Presse voll Anerkennung vermerkt, vor allem die Feststellung, „dass die Regierung in einem ernsten Moment die breiten Massen des Landes zur Verteidigung der Grenzen aufrufen muss. Aber nur ein demokratisches Österreich wird dieses Volksaufgebot zustande bringen. Nur freie Bürger werden gegen Knechtung kämpfen."

Nach den Hinrichtungen der Schutzbündler und den Verhaftungen durch das Dollfuß-Regime war laut Kreisky der Hass vieler in den Untergrund gezwungenen sozialdemokratischen Parteiaktivisten auf Dollfuß und den Ständestaat stärker „als die Angst vor allem anderen."

Nicht nur während der Arbeit an seiner Biografie, sondern auch in den folgenden Jahren war ich immer wieder verblüfft über die Diskrepanz zwischen Kreiskys scharfer, kompromissloser und emotionaler Ablehnung des Ständestaates unter Dollfuß und Schuschnigg einerseits und seiner geradezu verständnisvollen Einschätzung der ehemaligen Nazis. Zum persönlichen Erleben gehörte auch die Hilfe der ehemaligen Nazi-Zellengenossen aus der Zeit der Haft unter Schuschnigg bei seiner nach einer neuerlichen Verhaftung durch die Gestapo gelungenen Ausreise nach Schweden. Diese Erinnerung prägte wohl Jahrzehnte später sein für viele Freunde und Bewunderer irritierend großes Verständnis für manche „Ehemaligen" in der Politik. Nur vor diesem historischen und persönlichen Hintergrund können auch seine von mir mehrmals hautnah erlebten, auch öffentlichen Hassausbrüche gegen Simon Wiesenthal verstanden (freilich nicht entschuldigt) werden. Wiesenthal hatte 1970 die NS-Vergangenheit von vier Mitgliedern der ersten Kreisky-Regierung und 1975 die Zugehörigkeit FPÖ-Chefs Friedrich Peter zu einer SS-„Spezialeinheit" 1941–42 enthüllt.

Bruno Kreisky hatte Wiesenthal bis zu seinem Lebensende bekämpft, obwohl beide, wie dies Wiesenthal einmal formulierte,

„vom selben Baum“ stammten. Das regelrechte Kesseltreiben der gesamten SPÖ-Führung gegen den weltbekannten „Eichmann-Jäger“ hing auch damit zusammen, dass dieser mit seinen Enthüllungen an einer alten Wunde der österreichischen Sozialdemokratie gerührt hatte. So war vor allem Karl Renner, die Schlüsselfigur bei der Wiedergeburt Österreichs 1945, der erste Staatskanzler der Ersten Republik 1918–1920 und dann 1945 bis 1950 erster Bundespräsident der Zweiten Republik, jener Mann, der wie vielleicht kein zweiter Politiker die Wege und Irrwege der ungeliebten Ersten Republik gegangen war.

Renners öffentlich ausgedrückte „wahrhafte Genugtuung“ über den „Anschluss“ („obschon nicht mit jenen Methoden errungen, zu denen ich mich bekenne“) und sein Bekenntnis zum „Ja“ bei der von Hitler proklamierten Volksabstimmung (in einem am 3. April 1938 veröffentlichten Interview mit dem „Neuen Wiener Tagblatt“) war zweifellos eine aufsehenerregende Geste der freiwilligen Anpassung – wie übrigens auch die Empfehlung des Wiener Kardinals Theodor Innitzer für ein „Ja“. Zugleich bekannten sich auch prominente Sozialdemokraten im Exil, allen voran der von Kreisky bewunderte Otto Bauer in Brünn, noch immer zum Anschluss – trotz ihrer kompromisslosen Ablehnung des Nationalsozialismus – und träumten von einer „gesamtdeutschen Revolution“.

In Momentaufnahmen und Büchern wurden die noch vor der fast hundertprozentigen Zustimmung (99,6 Prozent) bei der Volksabstimmung vom 10. April begangenen Terroraktionen vor allem gegen die Juden und die politischen Gegner festgehalten. Der deutsche Dramatiker Carl Zuckmayer beschrieb in seinen Erinnerungen jene Märztage in Wien: „An diesem Abend brach die Hölle los ... alle Menschen verloren ihr Gesicht, glichen verzerrten Fratzen: die einen in Angst, die andren in Lüge, die andren in wildem, haßerfülltem Triumph ... Was hier entfesselt wurde, war der Aufstand des Neids, der Mißgunst, der Verbitterung, der blinden böswilligen Rachsucht – und alle anderen Stimmen waren zum Schweigen verurteilt ... Hier war nichts losgelassen als die dumpfe Masse, die blinde Zerstörungswut, und ihr Haß richtete sich gegen alles durch Natur oder Geist Veredelte. Es war ein Hexensabbat des Pöbels und ein Begräbnis aller menschlichen Werte.“[10]

Nach den Jahrzehnten des geschürten Antisemitismus wurden die Gewalttaten gegen die rund 200.000 österreichischen Juden von der großen Mehrheit der Österreicher hingenommen und wohl vielfach gutgeheißen – ähnlich wie dies einige Jahre später in den benachbarten mittel- und osteuropäischen Ländern geschah. Unzählige persönliche Geschichten haben Zuckmayers Beobachtung bestätigt: „Die Unterwelt hatte ihre Pforten aufgetan und ihre niedrigsten, scheußlichsten, unreinsten Geister losgelassen."

Nicht um mit Hinweisen auf eigene Leiden die unter anderen von Alfred Polgar und Hilde Spiel erlebte und geschilderte Bestialität in dieser dunklen Epoche der österreichischen Geschichte zu relativieren, geschweige denn zu verdrängen, sondern um die internationale Relevanz des mörderischen Antisemitismus in Erinnerung zu rufen, muss ich die heikle Frage aufwerfen: Gilt das, was man den Wienern ankreidete, nicht auch für die Budapester oder Warschauer Gesellschaft, für die nichtjüdischen Bürger in Lettland oder Litauen? Waren die Dämonen, die 1944 aus der Budapester Volksseele hervorbrachen und die ich als 15-Jähriger erlebte, nicht ebenso erschreckend wie jene sechs Jahre früher in Wien?

Es bedeutet auch nicht eine Verniedlichung der österreichischen Kollaboration mit dem NS-Regime, wenn ich schon jetzt zustimmend den Zeithistoriker Oliver Rathkolb zitiere, dass die häufigen Behauptungen über eine „überproportionale Beteiligung von Österreichern an den Massenvernichtungen derzeit empirisch nicht nachweisbar und analytisch fragwürdig" sind. All das entschuldigt freilich weder die skandalösen Freisprüche von NS-Verstrickten vor österreichischen Gerichten in den sechziger Jahren noch die verspätete Aufarbeitung der mit der Opferdoktrin verbundenen schwerwiegenden Versäumnisse – Versäumnisse sowohl gegenüber den überlebenden Opfern und ihrer Nachkommen als auch in der Erziehung und Geschichtsschreibung.[11]

Bald nach dem „Anschluss" hatte es auch heldenhafte Aktionen des Widerstands gegeben. Bis zum Kriegsende starben 35.000 Österreicher in Gefängnissen und Konzentrationslagern: Rund 2700 wurden von den Volksgerichtshöfen zum Tod verurteilt und hingerichtet. Mehr als 70.000 Menschen, Funktionäre des Ständestaates, aber auch viele Sozialdemokraten und Kommunisten sowie Monarchisten wurden verhaftet. Die Nazis brachten bereits am 1. April, zehn Tage vor der Volksabstimmung, viele Gegner, darunter herausragende Persönlichkeiten aus der politischen Führungsgarnitur der Zweiten Republik wie die späteren Bundeskanzler Leopold Figl und Alfons Gorbach, Vizekanzler Fritz Bock, Bürgermeister Karl Seitz und Gewerkschaftspräsident Franz Olah, in das Konzentrationslager Dachau. Nach den schändlichen antisemitischen Ausschreitungen folgte die „ordentliche" Arisierung von etwa 60.000 Wohnungen sowie zahlreicher Geschäfte und Betriebe. Carl Merz und Helmut Qualtinger haben in der legendären Person des „Herrn Karl" den Mitläufer Wiener Prägung beklemmend genau dargestellt. Rund 130.000 Juden wurden vertrieben und etwa 65.000 verschleppt und ermordet, 8000 Roma und Sinti sowie viele Geisteskranke und Behinderte fielen dem Rassenwahn der NS-Herrschaft zum Opfer.

Die Auslöschung Österreichs von der Landkarte durch den Anschluss an Hitler-Deutschland und die Degradierung zur „Ostmark", später ersetzt durch die Namen von Alpen- und Donaugauen, war der Auftakt zu dem von der NS-Diktatur entfesselten Zweiten Weltkrieg. Einige Zahlen reichen aus, um die Schreckensbilanz zu verdeutlichen: Von den mehr als 1,2 Millionen eingerückten Soldaten aus Österreich fielen oder starben in der Kriegsgefangenschaft rund 250.000. Noch viel höher war die Zahl der Verwundeten. 24.320 Zivilisten kamen bei Luftangriffen oder Kriegshandlungen ums Leben.

Der in New Orleans lehrende österreichische Zeithistoriker Günter Bischof vertritt die These, dass Staatskanzler Karl Renner schon in der Unabhängigkeitserklärung vom 27. April 1945 alle Elemente der Nachkriegs-Opferideologie konstruiert habe. So heiße es in der Proklamation, Hitlers Annexion habe das Volk Österreichs macht- und willenlos gemacht, es in einen sinn- und aussichtslosen Eroberungskrieg geführt, den kein Österreicher jemals gewollt habe usw. Renner – so Günter Bischof – widme kein Wort der ihm durchaus bekannten Kollaboration vieler Ostmärker mit Nazi-Deutschland, es gebe kein Wort zum Widerstand, kein Wort zu der erstaunlichen Durchhaltementalität in den Donau- und Alpengauen bis in die letzten Kriegstage, kein Wort zu der Beteiligung von Österreichern an Euthanasie, Ausbeutung von Zwangsarbeitern, am Holocaust und an den „Endzeitverbrechen" (Todesmärsche), kein Wort zu der (durchaus bekannten) Beteiligung vieler Soldaten an Verbrechen der Wehrmacht, im Gegenteil: Renner habe alle österreichischen Soldaten als Opfer hingestellt.

In einer seiner historischen Betrachtungen über das schwierige Thema der Österreicher in der Wehrmacht erklärte Bundespräsident Heinz Fischer: „Die Österreicher und die Österreicherinnen waren zwischen 1938 und 1945 nicht gesamthaft schuldig und nicht gesamthaft unschuldig, sondern es gab Millionen unterschiedlicher Biographien mit Heldentaten und Übeltaten, mit Zustimmung und Ablehnung, mit Mut und Feigheit ... Es kann keine Pauschalverurteilung, aber auch keinen Pauschalfreispruch geben. Wir müssen uns zu dem viel mühevolleren Weg des Differenzierens bekennen, dem Weg der individuellen Verantwortung, dem Weg des Um-Verzeihung-Bittens und des Verzeihens und vor allem auch zum Weg des Lernens für die Zukunft."

In ähnlicher Weise plädierte Heinz Fischer für Aufklärung und für historische Wahrheit bezüglich der Deutschen Wehrmacht: „Wir wissen heute – und es soll auch klar ausgesprochen werden –, dass nicht jeder, der die Uniform der Deutschen Wehrmacht getragen hat, dadurch automatisch Schuld auf sich geladen hat. ... Aber wir wissen gleichzeitig – und müssen auch dies offen aussprechen –, dass die Deutsche Wehrmacht zum Instrument eines verbrecherischen Angriffskrieges gemacht wurde, und wir wissen auch, dass wir auf den Wegen der Deutschen Wehrmacht durch weite Teile Europas viele Spuren von Kriegsverbrechen finden, die aufzuzeigen und aufzuklären nicht nur legitim, sondern auch notwendig ist. Und bei jedem Kriegsverbrechen gibt es notwendigerweise Täter und Opfer." [12]

Diese Worte, aus großer zeitlicher Distanz und angesichts eines weit gediehenen Prozesses der Aufarbeitung mit größerer Sensibilität ausgesprochen als in den Politikerreden der vorangegangenen Jahrzehnte, zeigen erst recht, wie unterschiedlich selbst angesichts der schrecklichen Bilanz des Krieges noch vor nicht allzu langer Zeit die NS-Herrschaft von den meisten Zeithistorikern und von einem nicht unbeträchtlichen Teil der Bevölkerung beurteilt wurde. Der Salzburger Historiker Ernst Hanisch zählte in einer Studie einige Hauptelemente der Bindung an das NS-Regime am Beispiel Salzburgs auf: beschleunigter Modernisierungsschub mit Rückgang der Arbeitslosigkeit, Lockerung der Bindungen an die Familie und die Kirche, pseudorevolutionäre ideologische Propaganda; die besondere Wirkung des Führer-Mythos, sozialpolitische Leistungen und Verwischung der Klassenschranken durch die „Volksgemeinschaft“ und die seit Jahrzehnten genährte „Anschluss“-Sehnsucht und dann der Sieg der deutschen Identität. Er bekräftigte als Zeithistoriker den zitierten Ausspruch Kreiskys über die Reaktion auf den „Anschluss“: „Gar nicht wenige Arbeiter erfüllte 1938 eine klammheimliche Freude, dass es der verhaßten Schuschnigg-Herrschaft an den Kragen ging ... Und nach 1945 verzieh die SPÖ einem Funktionär eher, wenn er 1938 schwach geworden, als wenn er 1934 umgefallen war.“ Mit der sich abzeichnenden Katastrophe entdeckten freilich immer mehr Menschen ihr verschüttetes Österreichertum, meinte Professor Hanisch, und zog die Schlussfolgerung: „Was die Front jedoch bis zum Schluß zusammenhielt, war die Angst vor dem Osten, war der Antikommunismus.“[13]

Der Opfermythos und die „Stunde null“ 1945

Man könnte im Anschluss an meine Rückblende die Frage stellen: Warum ist das alles heute noch interessant? Warum sollte man sich damit beschäftigen? Man könnte aber auch weiterfragen und Parallelen zu den Diskussionen der letzten 20 Jahre ziehen – Diskussionen, die sich mit den Schlüsseljahren der Zweiten Republik und vor allem mit dem „großen Tabu“, dem Umgang Österreichs mit seiner Vergangenheit, beschäftigen. Der für die jüngeren Generationen oft verblüffend wirkende Wechsel vom Opfermythos zum Tätermythos in der Wahrnehmung Österreichs hängt mit der „Stunde null“ des Jahres 1945, das heißt, mit dem Ende des Krieges und der NS-Herrschaft sowie mit der Errichtung der Zweiten Republik zusammen.

Die Moskauer Deklaration der Alliierten vom 1. November 1943 war im übertragenen Sinn die international gültige Geburtsurkunde der Zweiten Republik und die eigentliche Grundlage des Opfermythos. Sie anerkannte, dass Österreich das erste Opfer der „typischen Angriffspolitik Hitlers“ gewesen sei und deshalb auch als ein freies und unabhängiges Land wiederhergestellt werden sollte. Sie erklärte „die Besetzung Österreichs durch Deutschland für null und nichtig“. Diese Erklärung bot der österreichischen Nachkriegspolitik eine überraschende politische Chance. Gerade im Hinblick auf manche hämischen Unterstellungen ausländischer Österreich-Kritiker muss hervorgehoben werden, dass die Moskauer Opferthese ohne jegliche Beeinflussung durch österreichische Emigrantenkreise entstanden war.

Sie sollte freilich auch den österreichischen Widerstand durch den folgenden Passus ermutigen: „Österreich wird aber auch daran erinnert, daß es für die Teilnahme am Krieg an der Seite Hitler-Deutschlands eine Verantwortung trägt, der es nicht entrinnen kann, und daß anläßlich der endgültigen Abrechnung unvermeidlich in Rechnung gestellt werden wird, wieviel es selbst zu seiner Befreiung beigetragen haben wird ...“ Trotz der Bildung eines „Provisorischen Österreichischen Nationalkomitees“ und den (vergeblichen) Bemühungen einiger (von der SS später hingerichteten) Offiziere, die Zerstörung Wiens zu verhindern, gelang es der

Moskauer Deklaration nicht, einen militärisch gewichtigen Widerstand zu mobilisieren. „Es kann nicht verschwiegen werden, dass eine breite Widerstandsbewegung in der Bevölkerung keine Basis hatte, ja dass Durchhalteparolen und Fanatismus bis zuletzt ihre Wirkung taten, wie das schreckliche Beispiel der ‚Mühlviertler Hasenjagd' zeigt, bei der die Bevölkerung an der Liquidierung ausgebrochener KZ-Häftlinge teilnahm."[1]

Viele Menschen – österreichische Widerstandskämpfer, geflüchtete Zwangsarbeiter, desertierte Soldaten und vor allem Tausende ungarische Juden – erlebten in den letzten Tagen der NS-Herrschaft die „Stunde null" nicht mehr. Für die katholischen, monarchistischen, sozialdemokratischen, kommunistischen und liberalen bürgerlichen Nazigegner und wohl auch für jene, die die Euphorie von 1938 mitgemacht hatten, aber im Laufe der Zeit enttäuscht oder verbittert worden waren, bedeutete die Befreiung durch die Alliierten, verbunden mit der Wiedergeburt der Republik, die ganz große Zäsur des Jahres 1945. Die Befreiung rettete das Leben von politischen Häftlingen, wie des späteren Bundeskanzlers Leopold Figl, und jener etwa 5800 Personen, die im Sinne der Nürnberger Rassengesetze als Juden galten, aber in „Mischehen" mit nichtjüdischen Partnern lebten und (noch) vor Deportation geschützt waren.[2] Aber wie viele gehörten sonst noch zu dieser Generation der „Stunde null"? Selbst der angesehene und von einem tiefen Österreich-Bewusstsein geprägte Historiker Gerald Stourzh verzichtet darauf, die vom patriotischen Gefühl der Befreiung und Freiheit erfasste „Generation von 45" zahlenmäßig zu schätzen.

Was nun die massive Kollaboration mit dem NS-System betrifft, kann an der Zahl der 536.000 registrierten ehemaligen NSDAP-Mitglieder nicht gerüttelt werden, doch weist Professor Stourzh in seinem zitierten Buch zu Recht darauf hin, dass es selbst in Ländern, die zu den Opfern der Aggression Hitler-Deutschlands zählten, wie zum Beispiel in Frankreich dank des Vichy-Regimes, eine enorme Zahl von Kollaborateuren gab. Bei den Verbündeten des Dritten Reiches, wie Ungarn, Rumänien, der Slowakei und Kroatien, profitierten Zehntausende Täter, Mitläufer und Spitzel durch die „Arisierung" jüdischen Besitzes und durch den Raub aller Wertsachen der nach Auschwitz deportierten Juden.

Nicht nur für Deutschland, sondern auch für Österreich und Ungarn gilt sinngemäß, was Jean Améry in seiner großartigen

Schrift „Jenseits von Schuld und Sühne“ so ausdrückte: „Niemand kann feststellen, wieviele Deutsche die Verbrechen erkannten, billigten, selbst begingen oder in ihrem ohnmächtigen Widerwillen in ihrem Namen durchgehen ließen.“ [3] Auch in meinem Heimatland Ungarn stieß die Deportation von 437.000 jüdischen Bürgern innerhalb von zwei Monaten im Sommer 1944 nach Auschwitz bzw. der Todesmarsch nach Österreich später nirgendwo auf nennenswerten Protest.

Im Gegensatz zu den, vor allem im Ausland, verbreiteten Annahmen erließ bereits die provisorische Staatsregierung Österreichs ein strenges NS-Verbotsgesetz und das Kriegsverbrechergesetz. Die Entnazifizierung zwischen 1945 und 1947 bedeutete nicht nur (bis 1948) die Entziehung des Wahlrechts von den NS-Belasteten. Mit Ende des Jahres 1947 waren seit der Befreiung Österreichs 101.714 registrierungspflichtige Personen aus dem öffentlichen Dienst ausgeschieden. Sühnefolgen wie Arbeits- und Geldleistungen, Berufsverbote und Sanktionen wurden schwerbelasteten Nazis oder „Illegalen“ der Zeit von 1933–1938 auferlegt. Mehr als 23.000 rechtskräftige Urteile wurden verhängt, davon 43 Todesurteile, 30 davon wurden auch vollstreckt. Die Erfassung ehemaliger Nationalsozialisten war bis 1948 umfassender und die Verfolgungsrate von NS-Verbrechen zwischen 1945 und 1955 beträchtlich höher als in Deutschland.[4]

Über das Wiedererstehen Österreichs und die enormen Schwierigkeiten des Neubeginns sind viele Studien und berührende Erinnerungen erschienen und herausragende TV-Dokumentationen, vor allem die unvergesslichen „Österreich II“-Serien von Hugo Portisch, wurden jeweils von mehr als einer Million Zuschauer gesehen. Nicht nur für die Deutschen, sondern auch für die Österreicher, ja für alle Europäer bietet die große Rede, die der damalige deutsche Bundespräsident Richard von Weizsäcker am 8. Mai 1985, dem vierzigsten Jahrestag der Kapitulation, gehalten hat, den geschichtspolitischen Hintergrund, dessen zentrale Botschaft lautet: „Der 8. Mai war ein Tag der Befreiung. Er hat uns alle befreit von dem menschenverachtenden System der nationalsozialistischen Gewaltherrschaft.“

Der Zusammenbruch der Nazi-Diktatur war natürlich die Voraussetzung für die Wiedererrichtung eines selbstständigen und demokratischen Österreich, auch wenn das viele Menschen damals aus vielfältigen persönlichen Gründen noch nicht als Befreiung begreifen wollten. In Ungarn, wie in den anderen späteren Ostblockstaaten, war aber – im Gegensatz zu Österreich – die Befreiung nur ein relativ kurzer Übergang von einer fremden Diktatur zu einer anderen, von der Nazi-Besetzung zu einer Knechtschaft unter dem roten Stern.

Es war die Sowjetarmee, die das Leben der Gestapohäftlinge in Wien (wie Leopold Figls und des Schauspielers Paul Hörbiger) und vor allem die von totaler Ausrottung bedrohten Juden in Mittel- und Osteuropa (auch mich in Budapest) gerettet hat. Man muss aber auch daran erinnern, dass es die gleiche Rote Armee war, die empörende Gewalttaten gegen Zivilisten begangen hatte. Dazu gehörten von Budapest bis Wien und Berlin die massenhafte Vergewaltigung von Frauen und – selbst nach der Konsolidierung – zahlreiche Verschleppungen von politischen Gegnern. Jahrzehntelang haben sich diese erschütternden Erlebnisse und die Erinnerungen der überlebenden Kriegsteilnehmer und Gefangenen dem kollektiven Gedächtnis der Generationen eingeprägt; das Schicksal der 600.000 zivilen ausländischen Zwangsarbeiter und der 200.000 österreichischen Juden wurde bis zur Kontroverse über die Kriegsvergangenheit von Bundespräsident Kurt Waldheim weiterhin „verschwiegen".[5]

Die Verkündung der Verleugnungspolitik (die oft zitierte „Lebenslüge") statt der heute von vielen jüngeren Zeithistorikern so scharf geforderten politisch-moralischen Auseinandersetzung mit der Nazizeit stand allerdings bereits an der Wiege der Identität der Zweiten Republik. In der Unabhängigkeitserklärung der von Karl Renner geführten provisorischen Staatsregierung vom 27. April 1945, mitunterzeichnet von Adolf Schärf, Leopold Kunschak und Johann Koplenig im Namen von SPÖ, ÖVP und KPÖ, wurde nicht nur die Wiedererrichtung der Republik proklamiert, sondern auch der Opferstatus ohne jede Mitschuld feierlich festgelegt. Es dauerte fast auf den Tag genau 61 Jahre, bis Bundespräsident Heinz Fischer symbolträchtig, weil aus Anlass einer Festveranstaltung zum 25-Jahr-Jubiläum des von Leon Zelman gegründeten „Jewish Welcome Service", am 2. April 2006 als erstes Staatsoberhaupt der Zweiten Republik mit der „unzulässigen Schwarz-Weiß-Darstellung" in der Präambel der Unabhängigkeitserklärung öffentlich abgerechnet hat:

„Es ist einfach nicht wahr, dass der von Hitler angezettelte Krieg von ‚keinem Österreicher' jemals vorauszusehen war oder gewollt wurde. Wahr ist vielmehr, dass gar nicht so wenige Österreicher sehr genau gewusst haben und auch öffentlich gewarnt haben: ‚Hitler bedeutet Krieg'. Aber ein anderer Teil der Österreicher hat dies leider in Kauf genommen und ist dem ‚Führer' enthusiastisch und geblendet von seinen Anfangserfolgen in den Krieg gefolgt.

Es ist auch zu einfach und unvollständig zu sagen, dass der ‚Anschluss einer wehrlosen Staatsleitung abgelistet und abgepresst' wurde, ohne hinzuzufügen, dass die Staatsleitung vor allem deshalb weitgehend wehrlos war, weil ein Teil der österreichischen Bevölkerung – natürlich nicht alle – auf den ‚Anschluss' und auf den Einmarsch deutscher Truppen mit vielfach dokumentierter Begeisterung am Heldenplatz und anderswo reagiert hat.

Und es ist schmerzlich, dass in der Präambel zwar (mit Recht) die vielen Söhne unseres Landes bedauert werden, die im Eroberungskrieg Hitlers ‚bedenkenlos hingeopfert' wurden, aber kein einziges Wort den ermordeten Juden, den ermordeten Roma und Sinti, den Opfern in den Konzentrationslagern oder den zum Verlassen ihrer Heimat Gezwungenen gewidmet wurde."

Der Bundespräsident konnte in der zitierten Rede keine „zufriedenstellende Antwort" auf die Frage geben: „Warum erst jetzt?", aber er sprach doch offen aus: „Besser spät als gar nicht." Zugleich wies er aber auch darauf hin, dass die Darstellung in der Unabhängigkeitserklärung es „schwieriger gemacht hat, nach 1945 die richtigen Fragen zu stellen, die richtigen Antworten zu finden und die richtigen Formulierungen zu verwenden. Sie hat nur einen Teil der Opfer ins Auge gefasst und einen Teil der Täter übersehen.[6]

Dass es den Österreichern, genauer gesagt, dem amtierenden Außenminister Leopold Figl durch Hartnäckigkeit und Mut sprichwörtlich in der letzten Minute am 14. Mai 1955, also am Vortag der feierlichen Unterzeichnung des Staatsvertrags, gelang, einen noch schärferen Passus als in der Moskauer Erklärung von 1943 über Österreichs Verantwortlichkeit für die Teilnahme am Krieg ersatzlos zu streichen, teilte damals ein überglücklicher Figl den wartenden Journalisten sofort mit. Die Zustimmung der Außenminister der vier Signatarmächte zur Streichung der „ominösen und für Österreich diffamierenden Mitschuldkausel" wurde damals als ein Glücksfall und Tribut für die Zweite Republik gefeiert.[7]

Die Freude und Genugtuung der Gründergeneration war verständlich, wenn man bedenkt, dass im Kabinett Figl I, in der ersten frei gewählten Regierung nach 1945, zwölf von 17 Regierungsmitgliedern ehemalige KZ-Häftlinge waren, einschließlich Figl selbst, und dass 118 der 215 National- und Bundesratsabgeordneten auch als frühere politische Häftlinge oder Widerstandskämpfer angeführt wurden. Trotzdem wies der streitbare und provokant formulierende Philosoph Rudolf Burger, übrigens 40 Jahre nachher, zu Recht darauf hin, dass die „Ideologie von der Entstehung Österreichs, aus dem Geiste des unschuldigen Opfers ... seit 1955, im Verein mit der als besonders ‚moralisch' qualifizierten immerwährenden Neutralität, die anfangs kein Mensch wollte, zu einem programmatischen Wesenselement der nationalen Identität" wurde.[8]

Wenn man der Logik in der früher zitierten kritischen Argumentation des Bundespräsidenten folgt, dann liegt es auf der Hand, dass der Glücksfall am 14. Mai 1955, nämlich die Entfernung der Mitschuldklausel die eigentliche Verdrängungsleistung vervollständigt und dadurch die überfällige Auseinandersetzung mit dem österreichischen Anteil an der NS-Herrschaft noch weiter vertagt hat. Trotzdem war der Erfolg staatspolitisch zweifellos sehr wichtig und die österreichische Haltung taktisch und politisch sehr klug. Diese Meinung vertritt auch der bedeutendste Historiker der Staatsvertragsverhandlungen, Gerald Stourzh, indem er Folgendes betont: „Hätte Österreich nicht den Status des befreiten Landes reklamiert, wozu die Moskauer Erklärung die Chance bot, sondern sich als besiegte und eroberte Summe der Donau- und Alpengaue, als ‚besiegte' Ostmark empfunden, dann wäre Österreich in der Tat ... nichts anderes als einer von drei – bzw. seit 1990 von zwei – deutschen, aus der Konkursmasse des Großdeutschen Reiches hervorgegangenen Staaten. Nie hätte sich jenes Bewusstsein der österreichischen Eigenständigkeit oder Identität entwickeln können, das ein halbes Jahrhundert später so selbstverständlich erscheint."[9]

Dass aber Österreich das Schicksal der deutschen Teilung erspart geblieben ist und dass es sich trotz einer sowjetischen Besatzungszone als demokratische Einheit behaupten konnte, das war – bei allen kritischen Einschränkungen aus heutiger Sicht – in erster Linie dem politischen Weitblick und entschlossenen Handeln Karl Renners zu verdanken, einer der umstrittensten und rätselhaftesten Persönlichkeiten der österreichischen Geschichte.

Gründungsvater mit vielen Gesichtern

Auch die Geschichte der Zweiten Republik bestätigt die Richtigkeit der Reflexionen Isaiah Berlins, des aus Vilnius stammenden britischen Philosophen und Politologen, dass im Gegensatz zur materialistischen Geschichtsauffassung marxistischer Prägung schicksalhafte politische Weichen von Persönlichkeiten gestellt werden: „Ich glaube nicht an den Determinismus in der Geschichte. In entscheidenden Augenblicken, an Wendepunkten ... kann der Zufall, können Individuen mit ihren Entscheidungen und Handlungen, die ihrerseits nicht unbedingt vorhersagbar sind, die sogar selten vorhersagbar sind, den Lauf der Geschichte bestimmen." Am Beispiel Lenins und Churchills konkretisierte Berlin das Gedankenspiel „was wäre gewesen, wenn ...", zum Beispiel Lenin im April 1917 gestorben oder Churchill im Jahre 1940 nicht britischer Premierminister geworden wäre. Er fügte noch hinzu: „Es gibt also Wendepunkte der Geschichte. An diesen Wendepunkten geben Menschen bisweilen dem Gang der Dinge eine neue Richtung."[1]

Genau so geschah es, als der fast 75-jährige Karl Renner eines Aprilmorgens sein Haus in Gloggnitz am Fuße des Semmerings ohne Mantel mit einem Spazierstock in der Hand verließ, um bei der örtlichen russischen Kommandostelle gegen die Übergriffe sowjetischer Soldaten zu protestieren und um eine schonungsvollere Behandlung der Bevölkerung zu bitten. Es war purer Zufall, dass ein anwesender sowjetischer Politkommissar erfasste, mit wem er zu tun hatte. Was sich dann in den nächsten Tagen in den Gesprächen zwischen dem ersten Staatskanzler der Ersten Republik und hohen sowjetischen Offizieren und schließlich nach seinem an den „Sehr geehrten Genossen; Seiner Exzellenz, Marschall Stalin" vom 15. April 1945 datierten persönlichen Brief wirklich abspielte, weiß die Nachwelt nur aus der später verfassten Denkschrift von Renner selbst. Es bleibt bis heute rätselhaft, wie und warum ein pensionierter österreichischer Politiker mit Hilfe der russischen Besatzer aus der Versenkung auftauchen und zu einer Schlüsselfigur bei der Wiedererrichtung der Republik werden konnte.

Mir hat diese ebenso unglaubliche wie in manchen Einzelheiten bis heute undurchsichtige Geschichte der Biograf Karl Renners und wohl beste Kenner dieser Episode, der bekannte sozialdemokratische Publizist und langjährige Redakteur der „Arbeiter-Zeitung" Jacques Hannak, zum ersten Mal detailliert erzählt. Der aus der französischen und amerikanischen Emigration erst 1946 nach Wien zurückgekehrte Hannak hatte die Biografie Karl Renners verfasst und die Herausgabe der Nachlasswerke besorgt. Hannak war ein ungewöhnlicher und kontaktfreudiger älterer Kollege, der mich, den um vierzig Jahre jüngeren Auslandskorrespondenten, unter seine Fittiche nahm. In den späten sechziger Jahren hat er mich regelmäßig zu seiner von Zeit zu Zeit in einem kleinen Pötzleinsdorfer Heurigen versammelten informellen Gesprächsrunde eingeladen. Die eigentlichen Organisatoren mit ihm zusammen waren die Burgschauspielerin Inge Konradi und der „Furche"-Chefredakteur Kurt Skalnik. Bis zu Hannaks Tod im Herbst 1973 bestand diese völlig informelle Runde in wechselnder Zusammensetzung. In diesem Kreis konnte man vom Kulturhistoriker Friedrich Heer bis zum Wiener Polizeichef Josef Holaubek und Johannes Kunz, dem Pressesekretär Bundeskanzler Kreiskys, interessante und politisch bunte Gesprächspartner treffen.

Hier also, neben einem Glas Gespritzten, aber auch im Café Landtmann bei den Recherchen für meine Kreisky-Biografie erzählte mir Hannak spannende Einzelheiten über die Richtungskämpfe in der österreichischen Sozialdemokratie vor und nach dem Zweiten Weltkrieg, vor allem über die politischen und ideologischen Konflikte zwischen der großen linken Führungspersönlichkeit des Austromarxismus, Otto Bauer, und dem Wortführer der pragmatischen Rechten, Karl Renner. Trotz seines Naheverhältnisses zu Renner hat Hannak seine Vorliebe für den vor und nach dem Bürgerkrieg gescheiterten großen Rivalen Otto Bauer (mit dem seine Frau Hilde irgendwann sogar ein kurzes Verhältnis unterhalten hatte) vor mir nicht verhehlt. Auch Bruno Kreisky beteuerte immer wieder in persönlichen Gesprächen und in seinen Erinnerungen, dass er sich von Anfang an „mit allen Fasern meines politischen Denkens an ihn gebunden" fühlte, dass Otto Bauer „trotz mancher Fehlbeurteilung" zu den größten Intellektuellen gehörte, denen er je begegnet sei.[2]

Die sozialdemokratischen Aktivisten, auch die Wiener Arbeiter, hatten Bauer, den Romantiker, bewundert, ja geliebt – Renner, den Pragmatiker, respektiert. Der Journalist und Zeithistoriker

Viktor Reimann schrieb in seinem Buch über die Erste Republik, Renner sei ein Politiker ohne Illusionen gewesen, während Bauer in Illusionen lebte.[3] Jacques Hannak ging freilich – auch gesprächsweise – nie so weit wie Reimann, der Renner als „ein politisches Chamäleon" beschrieb. Dass aber Renner ein öffentliches, nicht erzwungenes Bekenntnis ausdrücklich „als Sozialdemokrat und somit als Verfechter des Selbstbestimmungsrechtes der Nationen, als erster Kanzler der Republik Deutsch-Österreich und als gewesener Präsident ihrer Friedensdelegation zu St.-Germain" zum „Anschluss" und zu seinem „Ja" bei der Volksabstimmung abgelegt hatte, wird auch von Hannak in seiner Biografie vorsichtig, aber unmissverständlich als „weitreichender Fehler" bezeichnet. Er fügte allerdings hinzu, die Nazis konnten das Ziel, Renner vor der Welt bloßzustellen, deshalb nicht erreichen, weil man (fälschlich) davon überzeugt war, Renner sei zu seinen Äußerungen gezwungen worden.[4]

Nun waren damals in Wirklichkeit fast alle führenden Sozialdemokraten für den Anschluss an Deutschland. Otto Bauer schrieb sogar nach dem deutschen Einmarsch, „... die Parole, die wir der Fremdherrschaft der Faschisten aus dem Reiche über Österreich entgegensetzen, kann nicht die reaktionäre Parole der Wiederherstellung der Unabhängigkeit Österreichs sein, sondern nur die revolutionäre Parole der gesamtdeutschen Revolution ..." Doch ging die Wirkung von Renners langer Erklärung, veröffentlicht in einer von den Nazis gleichgeschalteten Wiener Zeitung eine Woche vor der von Hitler angeordneten Volksabstimmung, weit über die Bedeutung von theoretischen Diskussionen in kaum gelesenen Exilblättern hinaus. In seinem letzten Artikel vor seinem frühen Tod in Paris kritisierte Bauer: Renner habe „die Sachlage in einer Weise entstellt, die auch der Terror, unter dem jetzt alle Österreicher leben und leiden, kaum zu entschuldigen vermag."[5]

In seinen Memoiren behandelte Kreisky, der im Gegensatz zu den meisten seiner Genossen den „Anschluss" nie akzeptiert hatte, die „offizielle Sanktionierung des Anschlusses" durch Renner mit ironischer Zurückhaltung: „Es war unvorstellbar für ihn, daß sich an den von Hitler geschaffenen Tatsachen während seiner Lebensspanne noch etwas ändern werde. Die Geschichte hatte gesprochen und dem musste man sich beugen, meinte er, fast möchte ich sagen, wie ein Rohr im Winde. Inwieweit persönliche Motive, Angst um seinen Schwiegersohn und dergleichen, dabei eine Rolle gespielt haben, weiß ich nicht. Es gibt für ein bestimmtes politisches Verhalten eben viele Gründe, subjektive, wie objektive, und jedenfalls kam es mir so vor, als ließe sich Renner immer auf eine gegebene Situation ein ... Die Nazis hatten ihn vollkommen in Ruhe gelassen ... warum sollten wir Renner etwas vorwerfen, was viele andere auch getan haben, nur halt nicht an so prominenter Stelle wie er."[6]

All das hat Karl Renner nicht gehindert, durch eine fantasievolle und mutige Reaktion die ihm von Stalin persönlich gebotene Chance zu ergreifen, sich wie ein Phönix aus der Asche aus den Trümmern seiner Heimat zu erheben, im April 1945 bereits Staatskanzler der ersten provisorischen Regierung und schließlich im Dezember 1945 auch Bundespräsident zu werden. Die Gespräche mit den Politoffizieren des sowjetischen Oberkommandos in Gloggnitz, dann mit den höchstrangigen Politoffizieren und schließlich zwei Tage später mit Generaloberst Alexej S. Scheltow im Hauptquartier Hochwolkersdorf waren langwierig, „sehr achtungsvoll" von sowjetischer Seite, aber letzten Endes geradezu sensationell: Scheltow, der eigentliche sowjetische Politkommissar für Österreich und Stellvertreter von Marschall Tolbuchin, dem Oberbefehlshaber der 3. Ukrainischen Front, machte dem 75-jährigen Pensionisten den Vorschlag, Chef einer neuen österreichischen Regierung zu werden.

Dass die Berufung Renners nur auf Stalins persönliche Weisung erfolgen konnte und dass Scheltow als wahrscheinlicher Spitzenmann des Geheimdienstes NKWD in Österreich direkten Draht zum Kreml hatte, scheint im Rückblick ebenso festzustehen wie Renners offen erkennbarer und später freimütig zugegebener Wunsch, noch einmal, wie 1918, die höchste Funktion im Interesse der Heimat zu übernehmen. Sein langer anbiedernder Brief dürfte mit an Sicherheit grenzender Wahrscheinlichkeit den Diktator in seiner Meinung bestärkt haben, Renner wäre eine ideale Marionette für die Rolle des Vorsitzenden einer Satellitenregierung. Warum hätte Stalin sonst einen durch seine „Anschluss-Bejahung" belasteten rechten Sozialdemokraten, den Lenin einst als einen der „verächtlichsten Lakaien des deutschen Imperialismus" und als „Verräter am Sozialismus" beschimpft hatte, als einen verlässlichen Kollaborateur der Sowjets für die Schlüsselposition in Ostösterreich ausgewählt?

In seinem heute vergessenen und selten zitierten Brief an „Marschall, Exzellenz und sehr geehrter Genosse“ Stalin erklärte sich Renner bereit, als letzter Präsident der damals noch freien Volksvertretung, für das österreichische Volk zu sprechen und als erster Kanzler auch die öffentliche Verwaltung einzurichten. Er habe es darum als „absolute Pflicht“ betrachtet, seine Person voll und ganz in den Dienst dieser Sache zu stellen. Dann beteuerte er, das ganze Volk sei voll Bewunderung für die gewaltige Leistung der Sowjets und schließt den Brief mit der Feststellung: „Das Vertrauen der österreichischen Arbeiterklasse insbesondere in die Sowjetrepublik ist grenzenlos geworden. Die Sozialdemokraten werden sich mit der KP brüderlich auseinandersetzen und bei der Neugründung der Republik auf gleichem Fuß zusammenarbeiten. Dass die Zukunft des Landes dem Sozialismus gehört, ist unfraglich und bedarf keiner Betonung.“

Besonders merkwürdig fanden Kenner der Arbeiterbewegung und der stalinistischen Schauprozesse der dreißiger Jahre, dass sich Renner am Anfang seines im unterwürfigen Ton gehaltenen Schreibens nicht nur seiner persönlichen Bekanntschaft mit Lenin, sondern auch der ständigen Kontakte mit Trotzki, dem im persönlichen Auftrag von Stalin 1940 in Mexiko ermordeten Erzfeind, während dessen Jahre in Wien rühmte. Laut Jacques Hannak lässt sich nicht feststellen, wie viel in diesem merkwürdigen Brief Renners echte und wie viel gut gespielte Naivität war. Jedenfalls antwortete Stalin kurz und freundlich am 12. Mai und entschuldigte sich sogar für die verspätete Antwort ...[7]

Dass die von Renner geleitete Provisorische Regierung völlig vom Wohlwollen der sowjetischen Besatzungsmacht abhing, war so offensichtlich, dass die Westmächte den von Hugo Portisch so einprägsam filmisch dargestellten und treffend betitelten Ablauf „Eine unglaubliche Geschichte – Vom Krieg zum Staat in vierzehn Tagen“ mit tiefem Misstrauen beobachteten und das von den Sowjets installierte Koalitionskabinett Renner aus Sozialdemokraten, Kommunisten und Volksparteivertretern zunächst völlig ignorierten. Dass Karl Renner das Wunder gelingen sollte, die Sowjets zu überlisten und die entscheidenden Weichen für die Zukunft eines demokratischen und freien Österreich zu stellen, glaubten außer ihm selber wohl kaum viele Österreicher oder ausländische Beobachter. Mit ungeheurer Energie und überraschender Kampfkraft, verbunden mit schlauer Taktik, dank auch der geschlossenen Unterstützung durch die maßgeblichen SPÖ- und ÖVP-Regierungsmitglieder erreichte Renner dennoch die Erfüllung seiner zwei Hauptforderungen: die baldige Abhaltung freier Wahlen im ganzen Land und die Schaffung einer gesamtösterreichischen Regierung.

Renner wurde von beiden Seiten, von Moskau und vom Westen unterschätzt. Vier Jahre später würdigte ein britischer Journalist seinen historischen Durchbruch in der Londoner Sonntagszeitung „Observer": „... diesmal hatten die Russen den falschen Mann ausgewählt. Renner war mild, freundlich und verbindlich, auch bereit, einige Ministerposten den Kommunisten zu überlassen, aber durchaus befähigt, die Zügel in den eigenen Händen zu behalten. Er fand sich sanftmütig damit ab, von einigen seiner ausländischen Freunde als eine russische Marionette bezeichnet zu werden; er erregte keinen Anstoß bei der Besatzungsmacht, er war beweglich, höflich, charmant. Aber der Punkt, auf welchem er mit entschlossener Ruhe bestand, war die Notwendigkeit allgemeiner Wahlen ..."[8]

Dass Renner mit einem „genialen Schachzug" die Zustimmung der Russen für freie Wahlen bereits am 25. November 1945 gewinnen konnte, hing freilich auch mit der grenzenlosen Selbstüberschätzung der Kommunisten zusammen. Zum großen Glück Österreichs täuschten die Kommunisten sich und ihre Hintermänner bei der sowjetischen Besatzungsmacht über die wirklichen Gefühle des österreichischen Volkes: Statt der erwarteten 25 Prozent erhielten sie bloß 5,4 Prozent und damit vier Sitze gegenüber 85 Mandaten der ÖVP und 76 der SPÖ. Von diesem Debakel erholte sich die „Russenpartei" nie. Abgesehen von den damals als „Putschversuch" empfundenen, von den Kommunisten angeheizten und instrumentalisierten großen Streiks im Herbst 1950 spielte die KPÖ keine wesentliche Rolle mehr. Drei Jahre nach dem Ungarnaufstand vom Oktober 1956 verschwand sie gänzlich aus dem Nationalrat.[9]

Von entscheidender Bedeutung für die Zukunft Österreichs war laut Hannak und aller anderen Beobachter das Agieren Renners von Anfang an, als er die Zuständigkeit seiner Regierung für ganz Österreich verlangte. Dies lag glücklicherweise im Sinne der damaligen sowjetischen Politik, handelte es sich schließlich um eine von den Sowjets eingesetzte Regierung. Nach der Wahlniederlage der Kommunisten war es nicht möglich, die demokratische Legitimation der Renner-Regierung zu bestreiten, und aufgrund der (erst am 20. Oktober 1945 erfolgten) Anerkennung der Regierung auch durch die Westmächte wurde jeder Teilungspolitik ein Riegel vorgeschoben. Welche ungeheure Bedeutung die freien Wahlen und die Anerkennung einer gesamtösterreichischen Regierung für Österreich hatten, beweist das Schicksal des gespaltenen Deutschlands bis 1989 und die Tragödie der von den Kommunisten zu sowjetischen Satelliten degradierten mittel- und osteuropäischen Staaten.

Ein weiterer wichtiger Erfolg Renners war, dass er eine politisch riskante Diskussion über eine neue von den Russen geplante Verfassung verhinderte und stattdessen die Rückkehr zur demokratischen Verfassung von 1929 durchsetzte. Mit seinem auch von Bruno Kreisky gelobten „ungeheuren Erfindungsreichtum" und Verhandlungsgeschick hat Renner mehr als jeder andere Politiker dazu beigetragen, Österreich das Schicksal der benachbarten Volksdemokratien zu ersparen. So stellte er zum Beispiel die Kommunisten in der Verfassungsfrage vor die Alternative, entweder zu demissionieren oder sich mit der von ihm vorgeschlagenen Lösung abzufinden. Dabei half ihm wohl eine persönliche Eigenschaft, die er selbst in einem Brief an Friedrich Adler, dem früheren Sekretär der Sozialistischen Internationale, mit seltener Offenheit darlegte: „Mein Leben lang war mir – und ich halte das für eine Stärke von mir – höchst gleichgültig, was die Menschen um mich *im Augenblick* denken ..." (Hervorhebung im Original von Renner! – Der Verf.)

Durch seine eigene Initiative an jenem Aprilmorgen in Gloggnitz und über den Wunsch Stalins geriet Renner in die historisch wohl einmalige Lage, in seiner eigenen Lebenszeit als Staatskanzler zwei Republiken – 1918 beziehungsweise 1945 – zu gründen. Der als Opportunist verrufene und wegen seiner Anschlusserklärung kompromittiert erscheinende Mann spielte als Regierungschef und ab 20. Dezember 1945 als von der Bundesversammlung einstimmig gewählter Bundespräsident wie 1918 die Rolle der von allen bewunderten Integrationsfigur. Im zitierten „Observer"-Artikel von 1949 hieß es zum Schluss: „Wenn diese zweite österreichische Republik erfolgreich bleibt, dann wird sie Dr. Renners Monument darstellen."

Gerade für mich, der den Niedergang der Demokratie und die Errichtung der kommunistischen Diktatur in Ungarn hautnah erlebt hat, erscheint es auch im Rückblick als ein Wunder, dass in so schweren Zeiten der 75-jährige Renner mit seiner unnachahmlichen Anpassungsfähigkeit an die schnell sich wandelnden jeweiligen Realitäten zur Verfügung stand. Kreisky schreibt zu Recht, er könne sich niemanden vorstellen, der das besser getan hätte. Dazu kam das Glück, dass im Gegensatz zu Ungarn oder zur damaligen Tschechoslowakei bei der Abwehr der kommunistischen Wühlarbeit in der vierfach besetzten Zweiten Republik so weitblickende und so entschlossene Persönlichkeiten hinter Renner standen wie Adolf Schärf und Oskar Helmer von der SPÖ und Leopold Figl und Julius Raab von der ÖVP.

Diese ungewöhnlichen Menschen an der Spitze der neu gegründeten Republik habe ich persönlich nicht gekannt. Nur aus den Erzählungen meiner Freunde, den Biografien und Autobiografien und nicht zuletzt dank den ausführlichen Vorgesprächen mit neunundzwanzig „kritischen Freunden und freundlichen Gegnern“ Bruno Kreiskys vor der Fertigstellung seiner Kurzbiografie habe ich viele interessante Einzelheiten über die handelnden Persönlichkeiten in der Zwischenkriegszeit und sodann zwischen 1945 und 1960 erfahren.

Es gab nur zwei, allerdings völlig gegensätzliche Persönlichkeiten aus den vierzig Jahren, die ich kurz persönlich kennenlernen konnte. Die erste war der damalige Wiener Bürgermeister (und spätere Bundespräsident) Theodor Körner. Ich hatte zu dieser Zeit natürlich keine Ahnung vom faszinierenden Leben des legendären Mannes, der sich von einem adeligen General zu einer sozialdemokratischen Führungspersönlichkeit gewandelt hatte. Er kam am 9. Februar 1947 auf Einladung des Budapester Bürgermeisters József Kővágó (Kleinlandwirtepartei) zu einem mehrtägigen Besuch in die ungarische Hauptstadt. Abgesehen von Empfängen bei den führenden politischen Persönlichkeiten besuchte Bürgermeister Körner auch die sozialdemokratische Bezirksorganisation im neunten Bezirk. Warum die Wahl auf unseren Bezirk fiel, habe ich ebenso vergessen wie den Grund, warum ich, damals siebzehnjährig, als einer der Sekretäre der Bezirksorganisation der sozialdemokratischen Jugend, ausersehen worden war, den österreichischen Ehrengast im Namen der Jugendlichen zu begrüßen.

Mit Hilfe meiner sprachkundigen Tante Olly, damals Fremdsprachenkorrespondentin bei einer Firma, hatten wir eine freundliche Begrüßung formuliert, die ich dann tagelang auswendig lernte und ohne größere Pannen vortrug – in meiner rechten Hand hielt ich einen Strauß roter Nelken, in der verschwitzten linken sicherheitshalber den zerknitterten Textzettel. Ob der kerzengerade, große alte Mann außer einem freundlichen Händedruck auch geantwortet hat, weiß ich nicht mehr; aber die Tatsache dieser persönlichen Begegnung blieb mir unauslöschlich in Erinnerung.

Das andere Treffen fand in Wien mit Erwin Scharf, dem Politbüromitglied der kleinen kommunistischen Partei, in der damaligen Parteizentrale irgendwann in den späten sechziger Jahren statt. Was war der Grund? Ich wurde nach der erzwungenen Verschmelzung der Sozialdemokraten mit den Kommunisten als noch nicht einmal 19 Jahre alter Nachwuchsjournalist in die Redaktion des Zentralorgans „Das freie Volk“ versetzt. Als jüngstes Redaktionsmitglied teilte man mich dem außenpolitischen Ressort zu und beauftragte mich dort am allerersten Arbeitstag, über die soeben erschienene Broschüre von Erwin Scharf – „Ich darf nicht schweigen“ – eine Glosse zu verfassen. Scharf war damals SPÖ-Abgeordneter und Zentralsekretär der Partei und vertrat mit einigen anderen einen kommunistenfreundlichen Linkskurs. Nach einem Konflikt mit Schärf und Helmer wurde er abgesetzt und aus der Partei ausgeschlossen. Danach gründete er eine linkssozialistische Gruppe, die auf einer gemeinsamen Liste mit der KPÖ kandidierte, aber bald danach in der Versenkung verschwand. Scharf blieb noch vier Jahre Abgeordneter und amtierte bis 1965 als Chefredakteur des KPÖ-Parteiorgans „Volksstimme“.

Angesichts der damaligen innerparteilichen Aufregung um den ehemaligen Untergrundkämpfer und Tito-Partisan Erwin Scharf wollte ich nun als Ostkommentator ihn doch persönlich kennenlernen. Ich erzählte ihm die Budapester Geschichte der „Scharf-Glosse“ 1948 und er schenkte mir eine vergilbte Broschüre mit einer Widmung. Das Gespräch mit dem Mann, der seinerzeit als Symbol der kommunistischen Unterwanderung der SPÖ betrachtet worden war, bestätigte für mich das, was der Historiker der österreichischen Sozialdemokratie, Norbert Leser, einmal feststellte: Scharf sei keine Symbolgestalt einer großen Vergangenheit, sondern nur eine unbedeutende und kurzlebige Nachkriegsfigur gewesen.[10]

Die Erfahrungen in den benachbarten Volksdemokratien lieferten den besten Beweis für die erschreckenden Folgen der kommunistischen Taktik der Unterwanderung. Zum Glück fanden sich in Österreich keine Fierlingers und Marosáns, die in Prag und Budapest als nützliche Dekoration für die Etappen der kommunistischen Machtergreifung dienten. Dass der Antikommunismus, vor allem nach dem „Jahr der Wende“ 1947, ein äußerst wichtiges Verbindungselement sowohl der österreichischen Identität als auch der politischen Stabilität, aber nicht gegen, sondern verbunden mit dem „Mythos der Lagerstraße“ in Dachau gewesen ist, kann man nicht als ein Stereotyp des Kalten Krieges abtun oder gar als eine Komponente der heutigen Abgrenzung vom slawischen Nachbarn kritisieren.[11] Wenn man, wie ich, aus eigener Erfahrung die Zerstörung von Werten und Menschen durch die kommunistischen Diktaturen kennt, wird man die glückliche Fügung nur begrüßen können, dass dieses Schicksal nicht nur den westlichen Bundesländern, sondern auch dem sowjetisch besetzten Ostösterreich erspart geblieben ist.

Die Erlebnisse eines Auslandskorrespondenten

Das Verhältnis zwischen Journalisten und Politikern gehört zu den schillerndsten Erscheinungen der beruflich-gesellschaftlichen Sphäre. Ich teile die Meinung des bedeutenden deutschen Journalisten Klaus Harpprecht, dass Journalismus „der schönste, der schrecklichste aller Berufe“ sei, „... mit der Lust am Wort, mit der Lust an der Beobachtung, mit dem Segen der unstillbaren Neugier“. Journalismus: das sei „die Chance, viele Leben zu leben“.[1]

Im Laufe eines halben Jahrhunderts habe ich in Österreich diese Chance wahrgenommen. Dadurch verschaffte ich mir als Auslandskorrespondent einen Zugang zur kleinen und überschaubaren Welt der österreichischen Politik und Wirtschaft.

Nach meiner Ankunft in Wien hatte ich zunächst – solange meine Mutter noch keine Ausreisegenehmigung aus Ungarn bekam – unter drei Pseudonymen für englisch- und deutschsprachige Zeitungen über den Ostblock Artikel geschrieben. Im Sommer 1960 begann ich dann für die Londoner „Financial Times“, das bis heute auf dem charakteristischen rosa Papier gedruckte Weltblatt, als Wiener Korrespondent zu arbeiten. Mein erster Bericht erschien Anfang Mai 1960, der letzte fast 23 Jahre später. Im Jahre 1962 hat mich auch die Zürcher Tageszeitung „Die TAT“ als Österreich- und Osteuropa-Korrespondenten engagiert. Bis zu ihrer Einstellung 15 Jahre später habe ich für diese damals im Ausland angesehene liberale Zeitung sowie für andere schweizerische Zeitungen („Basler Nachrichten“, heute „Basler Zeitung“ und den Berner „Bund“) als Berichterstatter aus Wien gearbeitet.[2]

Für einen Ungarn-Flüchtling hatte ich unverdientes und unwahrscheinliches Glück. Durch die noch in Warschau geknüpften Kontakte öffnete sich mir in Wien so manche Tür. Hugo Portisch ist mein ältester und treuester Freund geblieben. Er gilt für mich als Symbol des guten Österreich. Durch die Vermittlung des Historikers, Univ. Prof. Adam Wandruszka, damals Ressortchef für Außenpolitik der „Presse“, entstand eine lebenslange, zuweilen gespannte, aber stets anregende Beziehung zu Otto Schulmeister, dem Chefredakteur dieser damals führenden Tageszeitung Österreichs. Das war zugleich der Anfang für eine jahrzehntelange, aus verschiedenen Gründen mehrmals unterbrochene Mitarbeit bei der „Presse“, dessen Besitzer Fritz Molden ich natürlich auch kennenlernte.

Gleichzeitig verfasste ich unter einem anderen Pseudonym längere Abhandlungen über Osteuropa für die „Zukunft“, die theoretische Monatsschrift der SPÖ. Damals besuchte ich die Redaktion im traditionsreichen „Vorwärts“-Haus und lernte bei dieser Gelegenheit auch den berühmten Chefredakteur der „Arbeiter-Zeitung“, Oscar Pollak, kennen. Freunde hatten mir schon über seinen mutigen Kampf gegen die Übergriffe in der einstigen sowjetischen Besatzungszone erzählt. Einer der legendären jungen Reporter der „AZ“ war Franz Kreuzer, mit dem ich 25 Jahre später als ORF-Chefredakteur eng zusammengearbeitet habe. Die 1991 sang- und klanglos eingestellte „AZ“ nannte sich in der Besatzungszeit zu Recht: „Die Zeitung, die sich was traut“.

Meine Mitarbeit bei der der SPÖ nahestehenden, aber in vieler Hinsicht liberalen Wochenzeitung „Heute“ (zwischen 1959 und 1961) führte unter anderem zu Kontakten mit dem genialen PR-Mann Heinz Brantl. Er musste es hinnehmen, dass die Finanzierung seiner Zeitung von den Dogmatikern im SPÖ-Vorstand eingestellt wurde. 1970 leitete Brantl noch Kreiskys erfolgreiche Wahlkampagne. Der hochbegabte Journalist endete später durch Selbstmord. Gelegentliche Artikel für die ÖVP-nahe „Neue Tageszeitung“ ebneten den Weg auch zu Journalisten, die später in der Zentrale der großen bürgerlichen Partei und in der Wirtschaft wichtige Funktionen übernommen hatten.

Wegen der verschiedenen und für die Leser verwirrenden Pseudonyme (die der ungarische Geheimdienst natürlich sehr bald entziffern konnte) waren meine Kontakte mit der österreichischen Politik und Wirtschaft bis zur Übernahme der Korrespondententätigkeit für die „FT“ (wie die „Financial Times“ in Journalistenkreisen hieß) spärlich und nicht professionell. Die Arbeit für die angesehene britische Zeitung bescherte mir aber dann vielfältige Kontakte zu den damaligen Entscheidungsträgern.

Bei der „FT“ lernten die Korrespondenten die klare Trennung zwischen Fakten und Kommentaren, die Notwendigkeit, Leser fair und ohne missionarischen Eifer, kurz und ausgewogen zu informieren. Unabhängig von der eigenen politischen Überzeugung oder Sympathie war unsere Aufgabe die Verbreitung von Informationen, nicht aber von Glaubensbekenntnissen. Gerade angesichts der Tatsache, dass Wirtschaftsjournalisten besonderer Beeinflussung, um nicht zu sagen offener oder verschleierter Bestechung ausgesetzt sind, war die totale Trennung zwischen dem Inseratengeschäft und der Redaktion bei der „FT" ein Schutzmechanismus ersten Ranges.

In den 22 Jahren der Wiener Korrespondententätigkeit hat sich die Zentralredaktion der „Financial Times" nie in meine Arbeit eingemischt. Das Gleiche gilt für die redaktionelle Bearbeitung von Berichten. Einem Aufsatz den letzten Schliff zu geben oder den Text zu kürzen, hat nie eine inhaltliche Änderung von wichtigen Feststellungen bedeutet. Nur einmal musste ich in London protestieren. Dazu kam es, weil ein Auslandsredakteur, der oft mit mir zusammen die Österreich-Beilagen verfasst hatte, einem meiner Berichte über die Auseinandersetzungen um den umstrittenen Finanzminister Hannes Androsch einen anderen Sinn unterschoben hatte. Davon abgesehen war die „FT" in meiner Zeit – und ist es höchstwahrscheinlich heute noch – eine Festung journalistischer Unabhängigkeit.

In diesen Jahren war ich den Ereignissen und den handelnden Personen nahe genug, um sie auch aus persönlicher Erfahrung kennenzulernen und nicht alles aus den Geschichtsbüchern und Biografien erarbeiten zu müssen. Ich war aber andererseits von keiner Institution und von keiner Persönlichkeit so geprägt, geschweige denn so abhängig – auch von Bruno Kreisky nicht, trotz der von mir 1972 verfassten Biografie –, dass ich mich gezwungen fühlte, sozusagen ihren Standpunkt in meinen Artikeln wiederzugeben. Ich schreibe auch jetzt als engagierter Beobachter und Österreicher aus Wahl, nicht durch Geburt, über die ferne oder nahe Vergangenheit dieses komplexen und so erfolgreichen Landes, aber immer bestrebt, in meiner Geschichtsdarstellung unbeeinflusst durch Gefühle der Abneigung oder Sympathie zu bleiben. Das hindert mich freilich nicht daran, meine persönlichen Erfahrungen und Erlebnisse in dieses Buch aufzunehmen.

Dass die stille Korrumpierung die Hauptgefahr ist, die die politischen und die Wirtschaftsjournalisten in Österreich bedroht, habe ich relativ früh selbst erfahren. Bei einem Treffen mit dem damaligen Präsidenten der Österreichischen Industriellenvereinigung, Franz-Josef Mayer-Gunthof, Generaldirektor einer großen Textilfabrik in Vöslau, hatte ich mich über das anscheinend mangelnde Interesse österreichischer Unternehmen an der Auslandspresse beschwert. Als Beispiel nannte ich die Reifenfabrik Semperit. Auf meine telefonische Anfrage wegen eines Termins, um einen längeren Artikel schreiben zu können, hatte ich nach geraumer Zeit die lakonische Antwort bekommen, die Firma hätte derzeit kein Interesse an einem Kontakt mit der „Financial Times"!

Von dieser Auskunft war ich als Anfänger verblüfft. Nachdem ich Mayer-Gunthof die Geschichte erzählt hatte, legte der joviale Präsident eine Hand auf meine Schulter und fragte mich: „Und was kostet so ein Artikel bei Ihnen, lieber Freund?" Erstaunt antwortete ich: „Bei mir überhaupt nichts, Herr Präsident! Ich bin nur an Informationen über die Wirtschaft und nicht an Inseraten für meine Zeitung interessiert ..." Als die „FT"-Werbeabteilung jemanden nach Wien schickte, um für eine besondere Österreich-Beilage Einschaltungen zu ergattern, hatte ich, ebenso wie andere Korrespondenten in ähnlichen Fällen, überhaupt nichts mit der Werbung zu tun gehabt. Dass durch meine relativ häufigen Berichte die „FT" auch in Österreich bekannt wurde, mag dem Inseratenaufkommen geholfen haben, doch bekam ich ausschließlich für meine journalistische Tätigkeit Honorare und später eine Monatspauschale.

Auch damals gab es Einladungen für Pressefahrten oder Auslandsreisen sowie Weihnachtsgeschenke für Wirtschaftsjournalisten. Manche Kollegen sollen auch teure Uhren oder sogar Aktien von erfolgreichen Unternehmen erhalten haben. Ich persönlich habe während der 22 Jahre als Korrespondent nie einen Bestechungsversuch erlebt.

In der Zwischenzeit hat sich die mediale Situation verschlechtert. Es geht in erster Linie nicht um die innere Redaktionsfreiheit, sondern um subtile Druckmittel, wie die Streichung von Inseraten oder die Verweigerung von Informationen oder Interviews. Das Zeitungssterben und die Konzentration im Medienbereich erschwerten bereits vor dem Siegeszug des Internet die Arbeitssituation der Journalisten. In der Zeit der Reichweitenjagd und des absoluten Vorrangs des Gewinnstrebens ist das kritische Hinterfragen seltener geworden.[3]

Man darf freilich die Gegnerschaft von Politik und Journalismus nie vergessen; sie sind „feindliche Brüder, die dennoch aufeinander angewiesen sind."[4] Seit eh und je stellen Österreichs politische und wirtschaftliche Kreise in einer vermeintlichen Krisensituation die Frage: „Was sagt das Ausland?" Es geschieht in erster Linie vor Nationalratswahlen, dass die Berichte von Korrespondenten bedeutender ausländischer Blätter, wie zum Beispiel der „Neuen Zürcher Zeitung" oder der „Frankfurter Allgemeinen", zitiert werden.

Wenn der Artikel relativ positiv ist, wird er sofort von der jeweiligen Regierung als Beweis für ihre richtige Politik lautstark in verschiedenen Aussendungen verkündet. Umgekehrt wird Kritik aus dem Ausland sofort von der Opposition hinausposaunt. Das passierte der „Financial Times" zum Beispiel Anfang 1970, als die ÖVP-Regierung in großen Inseraten – „Komplimente, die wir gerne weitergeben" – meinen „FT"-Artikel über die gute Wirtschaftslage in Form eines Großinserates in den führenden Zeitungen platzierte. Anfang 1975 gab die Kreisky-Regierung in großen Einschaltungen bekannt, dass laut der „FT" Österreich für seine Wirtschaftsleistung einen Weltcup gewinnen könnte. Große Aufregung herrschte im österreichischen Blätterwald, hämische Notizen im „Profil" und in der „Kronen Zeitung" meinten, dass es sich hier um einen „bezahlten Artikel" gehandelt habe. Es war allerdings nur ein Satz in einem üblichen einleitenden, zum Teil auch kritischen Aufsatz eines Londoner Redakteurs zu den Artikeln einer Österreich-Beilage. Beide Male lagen wir übrigens richtig: Die allgemeine Wirtschaftslage in Österreich war 1970 und 1974 tatsächlich gut.

Die für mich als Auslandskorrespondent empörendste Episode spielte sich Anfang 1981 ab. Es war am Höhepunkt der Kontroversen um den zurückgetretenen Finanzminister Hannes Androsch, der sogleich zum Generaldirektor der größten Bank, nämlich der Creditanstalt, ernannt worden war. In einer von der ÖVP zusammengestellten und von einem angeblichen Autor unter dem Pseudonym „Eugen Seco" herausgegebenen Broschüre „Der Fall Androsch" wurde „anstelle eines Vorwortes" ein gekürzter Artikel von mir aus der „Basler Zeitung" abgedruckt.

Niemand hatte mich oder die Zeitung um Einverständnis zum Abdruck des Artikels gefragt. Diese Piratenaktion erfolgte noch dazu in einer Form, die den Eindruck erweckte, als hätte ich mit der Herausgabe des Pamphlets etwas zu tun gehabt. Darüber hinaus wurden inhaltlich manipulierte und nur aus dem Zusammenhang gerissene Zitate gebracht. So wurde unter anderem die folgende Bewertung des Politikers Androsch unterschlagen: „Seine Finanzpolitik mag umstritten sein, aber niemand, nicht einmal die Opposition, spricht ihm Fachwissen, hohe Intelligenz, große Energie und organisatorische Begabung ab." Ich protestierte sofort öffentlich und der Verlag entschuldigte sich schriftlich, dass es „infolge des großen Zeitdruckes bei der Produktion" übersehen worden sei, mit mir Kontakt aufzunehmen. Sollte es zu einer weiteren Auflage der Broschüre kommen, würde der Abdruck „selbstverständlich nicht in dieser mißverständlichen Form" erfolgen, hieß es in diesem Schreiben. Es war natürlich eine extreme, aber glücklicherweise hierzulande seltene Verletzung des journalistischen Ehrenkodexes.

Abgesehen von den großen internationalen Nachrichtenagenturen hatten nur wenige Auslandszeitungen ständige Korrespondenten mit eigenen Büros im Wien der sechziger und siebziger Jahre. Der Auslandskorrespondent musste sich beim Bundespressedienst des Bundeskanzleramtes akkreditieren und anschließend beim Verband der Auslandskorrespondenten einen Ausweis mit Bild besorgen lassen. Doch wichtiger als die Ausweise und die Teilnahme an den im Concordia-Presseklub organisierten Pressekonferenzen waren die direkten Kontakte mit den Entscheidungsträgern beziehungsweise ihrer unmittelbaren Umgebung. Im Gegensatz zu den auf Blitzbesuch weilenden ausländischen Kollegen bei einer internationalen Konferenz oder im Schlepptau einer Regierungsdelegation wussten wir, die ständigen Wiener Korrespondenten, dass die Würfel oft nicht oder nicht nur beim Ministerrat am Ballhausplatz, sondern in den unscheinbaren Büros der Präsidenten des Gewerkschaftsbundes und der Wirtschaftskammer fallen.

Kompromiss – Grundlage der Sozialpartnerschaft

Der Kompromiss, schrieb der bedeutende deutsche Soziologe Georg Simmel, sei eine der „größten Erfindungen der Menschheit", denn er bildet die Grundlage der Demokratie. Die Idee, keiner könne seine Interessen ganz durchsetzen, jeder müsse Abstriche zugunsten des anderen machen, sorgt in der Tat für den gewaltfreien Ausgleich der Interessen und damit für ein annähernd gerechtes friedliches Zusammenleben.[1]

Die Bereitschaft zum Kompromiss war die verbindende Brücke zwischen den Gründungsvätern der Zweiten Republik. Die gemeinsamen Erinnerungen an die schrecklichen Jahre in den NS-Konzentrationslagern (Dachau) und NS-Gefängnissen haben sich stets als stärker erwiesen als die vermeintlichen Vorteile in den jeweiligen Positionskämpfen. Das war der viel zitierte und heute zuweilen im Rückblick von manchen jüngeren Historikern abgewertete „Mythos der Lagerstraße". Dass ÖVP und SPÖ als Koalitionspartner nach dem Zweiten Weltkrieg mehr als 20 Jahre lang, also auch nach dem Abschluss des Staatsvertrages, zusammengearbeitet hatten, war ein beredter Beweis für die Stärke dieser Tradition.

Der langjährige Generalsekretär der ÖVP, Hermann Withalm, wegen seiner Härte von den Gegnern gefürchtet und von den Anhängern bejubelt, schrieb in seinen Erinnerungen: „Was mich immer wieder fasziniert, ist die Tatsache, daß die beiden großen Lager dieses Landes, die sich am 12. Februar 1934 in einem blutigen Bürgerkrieg bekämpft hatten, elf Jahre später erkannten, daß nur die Demokratie, die Zusammenarbeit und die Toleranz die Grundlage für einen gemeinsam in Angriff zu nehmenden Wiederaufbau Österreichs sein können ... Obwohl ich ohne Zweifel besonders für die Sozialisten ein harter und sehr unangenehmer Gegner war, möchte ich mit großer persönlicher Genugtuung und Freude festhalten, daß mich gerade mit jenen politischen Gegnern, mit denen ich die heftigsten Auseinandersetzungen hatte, heute die ungetrübtesten menschlichen Beziehungen verbinden."[2]

Withalm, für den der Publizist Kurt Vorhofer den Namen „Eiserner Hermann" erfand, hatte im Parlament als Klubobmann oft die schärfsten Wortgefechte mit seinem Gegenüber, dem SPÖ-Klubobmann Bruno Pittermann, geführt. Als dieser schwerkrank war, hat ihn Withalm jede Woche besucht. Es war eine zutiefst menschliche Geste, die erst viel später bekannt wurde. „Was wir alle miteinander am meisten brauchen, ist die Toleranz, der Versuch, den anderen zu verstehen, das Miteinander-Reden", hieß es in der letzten Botschaft dieses offenherzigen Politikers.

Diese Dialogbereitschaft auf allen Ebenen, verbunden mit der gemeinsamen Abwehr der kommunistischen Einheitsfront-Taktik und der sowjetischen Pressionsversuche, bildete auch die Grundlage jener Sozialpartnerschaft, die nach meiner Meinung das österreichische Wirtschaftswunder überhaupt erst möglich machte. Nach fünf Lohn-Preis-Abkommen der großen Interessenverbände zwischen 1947 und 1951 wurde 1957 die Paritätische Kommission für Lohn- und Preisfragen mit entsprechenden Unterausschüssen und schließlich 1963 ein Beirat für Wirtschafts- und Sozialfragen gegründet. Die Sozialpartnerschaft war eine zutiefst österreichische Besonderheit, und es war nie leicht, sie den ausländischen Lesern zu erklären. Bruno Kreisky nannte die Interessenkonflikte zwischen Gewerkschaften und Unternehmerverbänden einen „sublimierten Klassenkampf" am grünen Tisch.

Die verfassungsrechtlich verankerten Kammern der Wirtschaft, Arbeiter und Bauern sowie die freiwilligen Interessenorganisationen, also die Gewerkschaften und die Industriellenvereinigung, bildeten die Säulen dieses ständischen Systems. Der ehemalige ÖVP-Obmann und heutige Unternehmer Josef Taus meinte zwar, dass die Sozialpartnerschaft keine „Nebenregierung" gewesen sei, aber immerhin „ein eigenartiges Konstrukt, das eine Art von Amalgam von Regierung und Interessenvertretern darstellte. Die Sozialpartner regierten mit. Die Auseinandersetzungen spielten sich am Verhandlungstisch ab. Nicht alles war gut, nicht alles war richtig, aber es funktionierte nicht schlecht."[3]

Das von ausländischen Politologen und Beobachtern zum Teil bewunderte, zum Teil fast verachtete System der Sozialpartnerschaft hat im Zeichen der „Verbändeparität" alle Wandlungen und Pendelschläge der österreichischen Politik überlebt. Einer der bürgerlichen Theoretiker der Wirtschaftskammer, Alfred Klose, wies bereits vor 30 Jahren darauf hin, dass die Sozialpartner mit der Sicherung des sozialen Friedens sehr viel zu jener gesamtgesellschaftlichen Stabilität beigetragen hatten, die weit über die Geldwertstabilität hinausgeht. Dank der Sozialpartnerschaft habe das österreichische politische System den innerstaatlichen Frieden als eine Grundvoraussetzung des Wirtschaftswachstums und der allmählichen Wohlstandssteigerung ins Kalkül setzen können.[4]

Der sozialdemokratische Vordenker Egon Matzner bezeichnete die Sozialpartnerschaft zu Recht als die zweifellos wichtigste institutionelle Innovation im Nachkriegsösterreich.[5] Die diversen Beiratsgremien – inzwischen auf eine Zahl von 248 angewachsen – sorgen für den institutionellen Interessenausgleich. Diese Ausweitung birgt freilich auch Gefahren in sich, vor allem was die Fähigkeit betrifft, Probleme schnell und effizient zu lösen.

Dieser „Kammerstaat" war auch aus anderen Gründen einzigartig. Es gab eine mehrfache Personalunion der Spitzenrepräsentanten in Regierung, Parlament und Interessenvertretung. Diese Persönlichkeiten spielten eine maßgebliche, aber durch ihre Mehrfachfunktionen demokratiepolitisch auch eine problematische Rolle. Die zwei Schlüsselfiguren in meiner „FT"-Zeit waren Rudolf Sallinger, ein Steinmetzmeister, der 26 Jahre lang die Wirtschaftskammer führte und zugleich Abgeordneter und Obmann des Wirtschaftsbundes war, sowie der Elektriker Anton Benya, der in der gleichen Periode 24 Jahre lang Präsident des Gewerkschaftsbundes und 15 Jahre sogar Präsident des Parlaments war. In der Zeit von Sallinger-Benya galt fast uneingeschränkt die Regel: „Wirtschaftsgesetze im weitesten Sinn gegen den Willen des Kammerstaates gab es nicht, Sozialgesetze auch nicht, und eigentlich auch sonst nichts, was wichtig war."[6]

Ich habe beide Männer gut gekannt. Man nannte den klein gewachsenen korpulenten Sallinger „Kugelblitz". Die Machtstellung dieser beiden im Grunde einfach gestrickten Männer kann man aber nur wirklich verstehen, wenn man auch ihre jeweilige innerparteiliche Position in Betracht zieht. In einem Artikel „Das Doppelleben Rudolf Sallingers" beschrieb ich in der Mitte der sechziger Jahre in der „Financial Times" den Arbeitstag des bienenfleißigen Funktionärs, der bereits um sechs Uhr früh in seinem vom italienischen Schwiegervater vererbten kleinen Steinmetzbetrieb mit 50 Beschäftigten in der Nikolsdorfer Gasse im 5. Wiener Bezirk den Ablauf und die Bestellungen kontrollierte, um dann zweieinhalb Stunden später in seinem Büro, damals am Stubenring, die ersten

Besucher zu empfangen. Die Tatsache, dass damals seine Frau und drei Schwestern den Betrieb führten, ließ ihm Zeit und Energie, sich auf die Politik und die Machtspiele in der ÖVP zu konzentrieren.

Während der Fahrt von der Werkstatt zur Wirtschaftskammer stellte Sallinger mir plötzlich aus heiterem Himmel die Frage, was ich von Otto Mitterer als neuem Handelsminister halten würde. Überrascht habe ich eine unverbindliche Antwort gegeben. Der ehrgeizige Mitterer war Besitzer einer Uhrengroßhandlung und zugleich gewählter ehrenamtlicher Kammerfunktionär sowie ÖVP-Abgeordneter. Er wurde einige Jahre später für relativ kurze Zeit Handelsminister und verbrachte 23 Jahre im Parlament, ohne irgendwelche Spuren zu hinterlassen. Die Frage damals war interessanter als die Person. Sie zeigte nämlich, wie hinter den Kulissen Politik gemacht wird, wie die angebliche Elitenauswahl vor sich geht und wie der Kammer- und Wirtschaftsbundchef Macht realisiert.

Neben seinem Betrieb stand das Wohnhaus der Familie Sallinger. Im rustikal eingerichteten Keller fanden die sogenannten „Verschwörerrunden" statt. Als Chef des finanzkräftigen Wirtschaftsbundes, damals eine der drei Säulen der ÖVP,[7] war Sallinger ein Vierteljahrhundert lang einer der mächtigsten Politiker Österreichs. In seinem Keller wurde mehrmals die Nominierung beziehungsweise die Ablöse eines ÖVP-Obmannes und der ÖVP-Minister vorentschieden.

Meine erste sozusagen „protokollarische" Begegnung mit ihm als „Financial Times"-Korrespondent fand bei einem Mittagessen im vornehmen Jockey Club im Palais Pallavicini statt. Die Szene war eigenartig. Wir saßen in einem geräumigen Sonderzimmer, jeder am anderen Ende eines langen Tisches. Die Kellner servierten mit weißen Handschuhen, in der Mitte, gleichsam als Vermittler zwischen uns beiden, saß der Pressechef der Bundeskammer, der dynamische und pressefreundliche Helmut Steinacker. Er sorgte dafür, dass auch in schwierigen Situationen der Standpunkt der Wirtschaft in den in- und ausländischen Medien Beachtung fand.

Das weltweite Netz der der Kammer unterstellten 83 Büros der Handelsdelegierten war eine einzigartige Institution. Rund 4000 kleine und mittlere Firmen konnten sich auf die professionelle Hilfe der sprachkundigen Experten stützen. Die Handelsdelegierten waren und sind in der Regel besser informiert und zugänglicher als Diplomaten. Sie gehörten zu den wichtigsten Faktoren hinter den eindrucksvollen Exporterfolgen der österreichischen Wirtschaft. Im Laufe der Jahre hatte die Bundeswirtschaftskammer zahlreiche österreichische Journalisten auf ausgezeichnet vorbereitete Gruppenreisen sowohl innerhalb Europas wie auch auf transatlantischen Strecken eingeladen. Es war keine „Bestechung“, sondern eine milde, zivilisierte Form der Werbung um Sympathie – sie hat zugleich zu einer gewissen Internationalisierung der nach innen gewandten und nur über wenig eigene Korrespondenten verfügenden heimischen Medien beigetragen.

Präsident Sallinger selbst war ein unermüdlicher Weltreisender. Zwar keiner Fremdsprache mächtig, hat er angesichts seiner Position sogar Zugang zu den höchsten Persönlichkeiten gefunden, obwohl das protokollarisch nicht vorgesehen gewesen wäre. So hat er zum Beispiel Präsident Reagan persönlich als Geschenk der österreichischen Wirtschaft ein Lipizzanerpferd übergeben lassen. Die Szene spielte sich im Garten des Weißen Hauses in Washington im Blitzlicht der Pressefotografen und der TV-Kameras ab. Er wurde auch vom japanischen Kaiser und von diversen Königen empfangen. Botschafter und Handelsdelegierte zitterten vor einem Besuch vom „Kugelblitz“, ob alles funktionieren werde.

Ich kann mich noch an die Krisenstimmung in der österreichischen Botschaft in Belgrad erinnern, als es nicht gelang, vor der Winterolympiade in den frühen achtziger Jahren für Sallinger rechtzeitig einen Empfang beim damaligen jugoslawischen Ministerpräsidenten zu organisieren. Dagegen konnte der Handelsdelegierte in Neu Delhi unerwartete Pluspunkte für sich verbuchen, da seine Frau – eine gebürtige Ungarin – den auf Blitzbesuch weilenden Kammerpräsidenten mit einem ausgezeichneten Kalbsgulasch überraschte. Sallinger sammelte aus Leidenschaft Krawatten; aber sein Geschmack war ausgesprochen konservativ. Bei einem Abendessen in unserer Wohnung erzählte er niedergeschlagen, dass vor einigen Tagen seine rund 200 Krawatten einem Brand zum Opfer gefallen waren. Eine kleine Enkelin hatte mit Weihnachtskerzen gespielt und dadurch ein Feuer im Wohnzimmer der Großeltern entfacht, das dann zu spät gelöscht wurde. „Mit Mühe und Not habe ich diese einzige Krawatte gefunden“, seufzte unser Gast, worauf seine Frau lächelnd bemerkte, die Krawatten seien sowieso ganz gleich gewesen :..

Im Wirtschaftsbund, in der eigentlichen politischen Interessenvertretung,[8] hat Sallinger die Weichen für den Aufstieg von zwei großen politischen Talenten der Volkspartei gestellt: von 1968 bis 1975 war Erhard Busek, der spätere Vizekanzler und ÖVP-Obmann, sein Generalsekretär. Ihm folgte von 1975 bis zu seiner Berufung in die Regierung 1989 als Wirtschaftsminister Wolfgang Schüssel. Beide Politiker würdigen auch heute noch uneingeschränkt Sallingers Rolle als eine personifizierte Säule der Sozialpartnerschaft.

Es gab fast ein „Vater-Sohn-Verhältnis", sowohl mit Busek als auch mit Schüssel. Er sei ein Mensch für Instinkte gewesen. Dort, wo es seinem Instinkt nach kritisch geworden sei, habe er aber eine Bremse eingelegt, sagt Busek und fügt hinzu: „Er hat diese Art auch ganz köstlich gezeigt – ich habe mir mal einen Bart wachsen lassen, er hat gesagt, es gibt zwei Möglichkeiten: Du kannst Generalsekretär sein oder einen Bart haben! Aus. Es gab dann keine Diskussionen."

Der Wirtschaftsbundchef hat aber auch eine gewisse Bewunderung für Leute gehabt, die ein bisschen farbiger waren. So war er auch bereit gewesen, Schüssel – trotz mancher Einwände wegen seines damals unkonventionellen Erscheinungsbildes – als Nachfolger Buseks auf dessen Empfehlung hin zu akzeptieren. Schüssel habe ihm „mit seinen karierten Hemden und den poppigen Anzügen eigentlich gar nicht gefallen; darüber hinaus war er mir auch zu linkslastig ...", sagte Sallinger zwanzig Jahre später in einem Interview. Ein anderer Einwand von ihm war laut Busek: „Wenn Schüssel was werden will, dann muss er ein bisserl mehr essen, der schaut so schmalpickt aus ...", also die Überlegung, ein Wirtschaftsmann müsse anders ausschauen.[9]

Wie sieht nun Schüssel seinen langjährigen Chef, der ihm zwar eine lange Leine ließ, doch wenn notwendig auch ein Machtwort sprach? Laut Schüssel war Sallinger einer, „der gerne alles gewusst hat, einer seiner legendären Ratschläge war immer: Mitwissen ist Macht. Nicht so sehr die sichtbare Gestaltungsmacht, sondern auch der Hintergrund, die Fäden ziehen hinten, wissen, was geschieht. Er war sehr umsichtig, vorsichtig, einer, der die Macht, die er besessen hat – und er war ja ein mächtiger Mann –, sehr vorsichtig eingesetzt hat, manchmal auch sehr entschlossen."

Die große Zeit der Sozialpartnerschaft fiel zeitlich mit der Alleinregierung Kreiskys (1970–1983) zusammen, und Sallinger spielte dabei eine besonders wichtige Rolle, auch als Gegengewicht zum mächtigen Chef des Österreichischen Gewerkschaftsbundes, Anton Benya. Nur die Eingeweihten der politischen und medialen Elite wussten, dass die menschliche Beziehung zwischen Sallinger und Kreisky vertrauensvoller war als zwischen Kreisky und Benya, obwohl die beiden mächtigsten Repräsentanten der SPÖ jede Woche am Montag in der Früh eine Stunde oder länger miteinander konferierten. Für den Bundeskanzler war Rudolf Sallinger, wie er mir mehrmals sagte, ein paktfähiger Partner. Auch in seinen Erinnerungen zollte Kreisky ihm mehrmals Tribut, so auch bei ihrer erfolgreichen Zusammenarbeit zur Verhinderung eines drohenden Metallarbeiterstreiks im November 1974.

Bereits anlässlich eines USA-Besuches im Jahre 1965, als Kreisky Außenminister war, entstand auf dem Rückflug von Washington eine „menschliche Annäherung". Man konnte das Ehepaar Sallinger auch bei manchen Heurigenabenden treffen, die Kreisky im benachbarten Buschenschank Zimmermann in der Armbrustergasse veranstaltete. Heute bestätigen Busek und Schüssel in fast gleichlautenden Formulierungen, dass Präsident Sallinger Kreisky tief respektiert habe, aufgrund des bürgerlichen Zuschnitts und Stils sowie der intellektuellen Überlegenheit Kreiskys.

Für den Bundeskanzler war wiederum die „ehrliche und freundschaftliche Beziehung" zu Sallinger wichtig, um das sensible Dreiecksverhältnis zwischen Regierung, Gewerkschaften und Privatwirtschaft in der Balance zu halten. Trotz der nach außen hin scheinbar reibungslosen Zusammenarbeit mit Benya hatte er seit eh und je tiefes Misstrauen gegen den ÖGB-Präsidenten gehegt. Beim alles entscheidenden SPÖ-Parteitag am 1. Februar 1967 hielt Benya eine Brandrede gegen die Kandidatur Kreiskys für den Parteivorsitz. Auch im Konflikt zwischen Kreisky und seinem verstoßenen Kronprinzen Hannes Androsch spielte Benya eine besondere Rolle. In Gesprächen mit mir, als ich ihn zu wirtschaftlichen Sachthemen für die „Financial Times" interviewte, sagte Benya nie ein kritisches Wort über den Bundeskanzler. Zugleich lobte er aber Androsch stets über den grünen Klee.

Kreisky war überzeugt, dass Benya zusammen mit dem damaligen Justizminister Christian Broda die innerparteilichen Intrigen gegen ihn unterstützte, ja sogar initiierte. Darüber hinaus war er bis zuletzt der Meinung, dass auch latente antisemitische

Ressentiments die Haltung des Gewerkschaftschefs und späteren Parlamentspräsidenten mitgeprägt hatten. Es gibt nach meinem Wissen keine handfesten Beweise für die Richtigkeit des mir gegenüber von Kreisky mehrmals geäußerten Verdachts. Es ist jedenfalls interessant, dass ein in dieser Frage in jeder Hinsicht unverdächtiger Zeuge, nämlich der ehemalige ÖVP-Vizekanzler Erhard Busek, in einem Gespräch mit mir diesen Verdacht Kreiskys als „sicher richtig" bezeichnet hat; er könne sich an die Tonlage von Benya erinnern.

Wie dem auch sei, das Verhältnis zwischen den beiden Symbolfiguren der Sozialpartnerschaft, nämlich Benya und Sallinger, war völlig friktionsfrei. Sie trafen einander jede Woche einmal um halb sieben in der Früh, abwechselnd in der Kammer oder in der ÖGB-Zentrale. Es war eine Partnerschaft und sie haben sich nie geduzt. Schüssel bezeichnet heute ihr Verhältnis als „einen sehr vertrauten und zugleich respektvollen Umgang miteinander. Benya und Sallinger haben sehr genau darauf geachtet, dass sie einander nie verletzten, kein böses Wort übereinander in der Öffentlichkeit sagten, und sie haben auch genau gewusst, wenn sie etwas zusagen, dann muss das halten, und wenn zu Hause die Hölle losbricht."

Man muss unabhängig von den handelnden Personen betonen, dass die sozialdemokratischen, christdemokratischen und kommunistischen Gewerkschafter bereits im April 1945 die Zahl der 42 in der Ersten Republik miteinander konkurrierenden Gliederungen auf 16 Teilorganisationen reduziert und die verschiedenen Fraktionen zugleich in einem überparteilichen Gewerkschaftsbund zusammengebunden hatten. In dieser Dachorganisation spielte zwar stets die sozialdemokratische Fraktion die dominierende Rolle, doch bedeutete dies nie eine Monopolisierung. Die von Victor Adler, dem ersten Führer der österreichischen Sozialdemokratie, als „siamesische Zwillinge" beschriebene enge Verbindung der Gewerkschaft mit der SPÖ sicherte die Voraussetzungen sowohl für den wirtschaftlichen Aufstieg als auch für die politische Integration der Arbeiter und Angestellten in die Zweite Republik.

Dass zum runden Geburtstag des ÖGB-Präsidenten in der ORF-Nachrichtensendung „Zeit im Bild" sein Gegenüber auf der Arbeitgeberseite, nämlich Kammerpräsident Sallinger, befragt wurde und dass am nächsten Tag Sallinger auch ein Festessen für seinen Partner gab, liefert den besten Beweis dafür, dass der früher unvorstellbare soziale Friede die stabilste Grundlage der im Westen bewunderten und im damals noch kommunistischen Osten beneideten Normalität geworden ist. Französische, britische und italienische Kollegen waren von dem System und vor allem von der gelungenen Verlegung des Klassenkampfes von der Straße in das Verhandlungszimmer geradezu fasziniert. Auch in den Sonderbeilagen der „Financial Times" und in den Berichten für meine Schweizer Zeitungen musste ich immer wieder dieses Phänomen und seine Wurzeln darstellen.

Es gab zuweilen freilich auch eine Mischung aus Überheblichkeit und Spott, als etwa ein „Le Monde"-Sonderkorrespondent über die „lustige Provinz Österreich" schwätzte. Anlässlich des 25. Jahrestages des Staatsvertrages bemerkte Bruno Kreisky dazu in einem längeren Gespräch mit mir: „... Die Art der Auseinandersetzungen, wie wir sie nicht nur in der Republik, sondern auch schon in der Monarchie hatten, diese hasserfüllten Kämpfe an den Universitäten zwischen jungen Menschen verschiedener Sprache und Religion, das alles ist überwunden, das gibt es nicht mehr, davon will niemand mehr etwas wissen. Und das zeigt doch wieder eine gewisse Größe, so eine Art *stille Größe*, wenn ich sagen darf, dass der Österreicher eben aus der Geschichte gelernt hat, hoffentlich für längere Zeit. Sonst würde er das alles nicht so weit von sich abweisen. Dass das jetzt anderen wieder ‚fad' und uninteressant erscheint, das mag sein. Aber wer die ‚interessante Zeit' der dreißiger Jahre miterlebt hat, der ist glücklich darüber, dass es jetzt in der Politik so ‚fad' geworden ist."

Diese „stille Größe"[10] der viel geprüften Österreicher prägte dann auch die entscheidende Periode des Wiederaufbaus bis zum Staatsvertrag.

Das geheime Wirtschaftswunder der „neuen“ Nation

Als Auslandskorrespondent war ich Berichterstatter über die österreichische Wirtschaftsentwicklung, vor allem für die britischen und später auch für die Schweizer Leser. Im Gegensatz zu dem viel publizierten deutschen Wirtschaftswunder war der rasante Wirtschaftsaufstieg Österreichs fast ein Geheimnis. In den internationalen Medien wurde er jedenfalls jahrelang nicht wirklich registriert. Damals machte im Wiener Auslandspresseverband die oft zitierte Anekdote die Runde: Was ist der Unterschied zwischen dem deutschen und österreichischen Wirtschaftswunder? Das wirkliche Wirtschaftswunder war das österreichische – die Deutschen hatten nämlich gearbeitet ...

In meiner Arbeit für die „Financial Times“ verfolgte ich ab 1960 die Wirtschaftsentwicklung und lernte dabei allmählich die wichtigsten Persönlichkeiten aus der Welt der Wirtschaft und der Politik kennen. Ganz am Anfang meiner Korrespondententätigkeit erschien am 21. Juni 1960 in der „FT“ mein erstes großes Interview mit dem damaligen Außenminister Bruno Kreisky. Es ging um die Rolle der neutralen Mitgliedsstaaten der Europäischen Freihandelsassoziation (EFTA) beim Brückenbau zwischen der Europäischen Wirtschaftsgemeinschaft (EWG – so hieß damals die heutige EU) und der EFTA. Dieses Thema hatte die österreichische Außen- und Außenwirtschaftspolitik jahrzehntelang dominiert und erwies sich zeitweise in den diversen Koalitionsregierungen und sogar innerhalb der beiden großen Parteien als Sprengstoff.

In vielen Variationen kreiste meine Berichterstattung immer wieder um diese Hauptthemen: die Beziehungen zur Sowjetunion – dem schwierigsten Signatarstaat des österreichischen Staatsvertrags von 1955 –, dabei besonders die Bemühungen um eine Reduzierung der Reparationsleistungen (vor allem der Rohöllieferungen), die jahrelangen Konflikte um den Bau und die Kontrolle der Triest-Wien-Pipeline, die politischen Auseinandersetzungen um die Reform der überdimensionierten Verstaatlichten Industrie, die koalitionsinternen Kontroversen um den Kapitalmarkt und die Budgetkonsolidierung sowie die Liberalisierung der Währungs- und Außenhandelspolitik.

Da die „Financial Times“ jährlich mehrere Sonderbeilagen, zum Beispiel über die wirtschaftliche und politische Lage Österreichs, aber auch über Spezialthemen wie die Stadt Wien, die Banken und die Finanzwelt, die Exportwirtschaft und die Investitionen, veröffentlichte – wobei in der Regel die meisten Artikel von dem ansässigen Korrespondenten verfasst wurden –, konnte ich im Laufe der Zeit alle Bundeskanzler, Finanzminister, Nationalbankpräsidenten, Gewerkschafts- und Kammerchefs sowie die Generaldirektoren der größten Banken und verstaatlichten Unternehmungen treffen. Seit dem Abschluss des Staatsvertrages und nach dem Ungarn-Aufstand Oktober-November 1956 flaute in der angelsächsischen Presse das Interesse an Wien ab, und die freien Mitarbeiter der Londoner Zeitungen (die sogenannten „Stringers“) mussten sich auf kurze Notizen über Schi- oder Verkehrsunfälle britischer Touristen beschränken. Ich hatte insofern Glück, als meine Mitarbeit zeitlich mit der Internationalisierung und späteren Europäisierung des Blattes zusammenfiel. Unzählige kurze Meldungen und immer mehr auch längere Artikel erschienen „von unserem eigenen Korrespondenten“ aus Wien. Erst ab 1. Juni 1970 gab es überhaupt namentlich gezeichnete Korrespondentenberichte in der „FT“.

Durch das wachsende britische Engagement in Europa und in der Folge der besonderen Aktivitäten der Bundeskanzler Josef Klaus und Bruno Kreisky in Ost- und Südosteuropa, gelang es mir, weit über die tatsächliche Bedeutung des Landes hinaus, Platz für Österreich-Berichte zu erobern. Obwohl ich auch für schweizerische Zeitungen regelmäßige Berichte verfasste und mich seit dem Jahre 1973 mit der Leitung der internationalen Vierteljahreszeitschrift „Europäische Rundschau“ beschäftigte, wurde die „FT“ zum wichtigsten Faktor meines journalistischen Berufslebens. Dass meine Arbeit als Auslandskorrespondent in der kleinen Welt der österreichischen Politik und den Medien nicht unbemerkt blieb und mir mit der Zeit vielfältige Kontakte zu österreichischen Entscheidungsträgern bescherte, versteht sich von selbst. Es entstand unter anderem ein Naheverhältnis zu Bruno Kreisky und eine lebenslange Freundschaft mit dem leider vor 12 Jahren verstorbenen großen Journalisten Kurt Vorhofer und dem früheren ÖVP-Obmann und Unternehmer Josef Taus (beide CV-Kartellbrüder).

Die häufigen Gespräche mit diesen und anderen Freunden sowie mit vielen Zeitzeugen aus Politik, Medien und Wissenschaft ermutigten mich immer wieder – zusammen mit dem ein halbes Jahrhundert umfassenden Studium der österreichischen Zeitgeschichte –, in Schrift und Wort die Tragweite der österreichischen Erfolgsgeschichte hervorzuheben.

In einer Diskussion über den österreichischen Provinzialismus geißelte einmal der 1945 aus der Schweizer Emigration zurückgekehrte Theaterkritiker und Schriftsteller Hans Weigel (1908–1991) die „Neigung zur negativen Verallgemeinerung, das österreichische Selbstmißtrauen, den negativen Patriotismus der Österreicher ... Das Wesen der österreichischen Leistungen ist es nämlich, daß sie trotzdem stattfinden. Meist auch unter Ausschluß der heimischen Öffentlichkeit. Die Begleiterscheinungen sind provinziell, die Leistungen sind es nicht.“[1]

Weigel schrieb dies vor rund 30 Jahren. Der von ihm kritisierte Hang zur „Selbstkritik, Selbstanklage, Selbstzerfleischung“ ist freilich in den letzten Jahren noch mehr *en vogue* geworden. Da ich als gebürtiger Ungar und als Flüchtling erst seit dem 27sten Lebensjahr „echter Österreicher“ bin (seit dem 29. September 1959 mit Pass, freilich auch mit einem unauslöschlichen ungarischen Akzent), habe ich mich nie dem „negativen Patriotismus“ unterworfen. Der einzig vernünftige Maßstab für die Einschätzung der Wirtschaftsleistungen der Zweiten Republik ist der Vergleich mit der eigenen Vergangenheit und mit den Nachbarländern. Was Ungarn oder Tschechien betrifft, so erschien uns Ungarn-Flüchtlingen Österreich bereits 1956–57 geradezu als ein Konsumparadies. Der Blick wurde natürlich durch die eigene trostlose Vergangenheit und Gegenwart geprägt, wobei wir nicht einmal wussten, dass Österreich 1945 aus einer hoffnungslosen politischen und wirtschaftlichen Situation heraus einen blühenden Staat geschaffen hatte.

Mein Freund Kurt Vorhofer las mir in einer Silvesternacht irgendwann in den siebziger Jahren in seiner Stadtwohnung im dritten Stock des Deutschen Ordenshauses in der Singerstraße mit Blick auf den Stephansplatz die berührende Weihnachtsbotschaft des neuen Bundeskanzlers des freien Österreich, Leopold Figl, vom Heiligen Abend 1945 vor. Sie war damals für alle, die überhaupt einen Radioapparat und Strom hatten, aber auch für jene

Generationen, die den seitdem oft zitierten Text später gelesen oder gelernt hatten, eine unvergessliche Rede:

„Ich kann euch zu Weihnachten nichts geben. Ich kann euch für den Christbaum, wenn ihr überhaupt einen habt, keine Kerzen geben. Ich kann euch keine Gaben für Weihnachten geben. Kein Stück Brot, keine Kohlen zum Heizen, kein Glas zum Einschneiden ... Wir haben nichts. Ich kann euch nur bitten: Glaubt an dieses Österreich ...“[2]

Die anlässlich des Jubiläumsjahres 2005 erschienenen Sammelbände, Zeitungsbeilagen und Artikel enthielten bemerkenswerte Angaben über die Lebensumstände und den gesamtwirtschaftlichen Hintergrund vor 60 Jahren. In Wiener Neustadt dokumentierte zwei Wochen vor Weihnachten 1945 ein Reporter den Speisezettel eines achtjährigen Buben. Frühstück: eine Schale schwarzer Kaffee und ein Weckerl; Mittagessen: ein halber Liter Suppe im Rahmen einer Schülerausspeisung; abends: wieder eine Schale schwarzer Kaffee. Der tägliche Kaloriensatz war in Wiener Neustadt Ende 1945 auf 760 Kalorien gesunken; 1600 Kalorien galten als Existenzminimum. Es gibt kaum einen besseren Beweis für die internationale Anerkennung der tristen Ausgangslage als die Erklärung des Generaldirektors des UN-Hilfswerks, Fiorello LaGuardia, vom 2. Mai 1946, dass „das österreichische Volk zu jenen Völkern der Welt zählt, die dem Niveau des Hungertodes am nächsten sind.“ Damals betrug das reale Bruttoinlandsprodukt nur 60 Prozent des durch die Massenarbeitslosigkeit gedrückten Niveaus von 1937.

Nach dem Ende der „Hungerperiode“, der Währungsreform und der Stabilisierung durch fünf Lohn- und Preisabkommen ging es steil bergauf. In seinem Buch „Österreichs Wirtschaft und Wirtschaftspolitik nach dem Zweiten Weltkrieg“ beschreibt der Nationalökonom Hans Seidel diese wahrscheinlich nur von wenigen Beobachtern erwartete Aufbauperiode: „Im ersten Jahrzehnt nach dem Zweiten Weltkrieg entstand ein Wirtschaftskörper, der viel leistungsfähiger war als der der Vorkriegszeit. Auf den Wirtschaftsaufbau folgte das ‚golden age‘, eine lange Periode von historisch einmaligem Wirtschaftswachstum und Vollbeschäftigung.“[3] Die wichtigste politische Weichenstellung für die Zukunft und gleichzeitig auch die grundlegende Entscheidung im Wirtschaftsbereich war die massive Absage der Bevölkerung bei den ersten freien

Wahlen an die KPÖ und damit zugleich auch ein Votum für eine freie Marktwirtschaft westlicher Prägung.

Im Gegensatz zu den von den Kommunisten unterwanderten und beherrschten Nachbarländern im sowjetischen Machtbereich wie Ungarn und die Tschechoslowakei konnte Österreich die massive Auslandshilfe (1945–1955) im Werte von 1,92 Milliarden US-Dollar (zu Dollarpreisen von 1955) für lebenswichtige Importe und die Finanzierung eines umfassenden Investitionsprogramms benützen. Rund 80 Prozent kamen von den USA; allein der 1947 angelaufene Marshall-Plan brachte rund eine Milliarde Dollar. Damit erhielt Österreich pro Kopf der Bevölkerung, bezogen auf das Bruttoinlandsprodukt, mehr Wirtschaftshilfe als die anderen Staaten Westeuropas (mit der Ausnahme von Holland und Norwegen). Die Wirtschaft wurde durch den konzentrierten Einsatz umfangreicher Mittel in den Schlüsselsektoren angekurbelt. Zwischen 1948 und 1953 erhielt Österreich außerdem nahezu eine Milliarde Dollar in Form von Geschenken.

Zugleich musste freilich Österreich bis zum Staatsvertrag die Besatzungskosten und Reparationen vor allem an die Sowjetunion (durch Demontagen von Fabriken wie auch aus laufender Produktion) sowie im Zusammenhang mit dem Staatsvertrag auch Ablösen und Entschädigungszahlungen in der Höhe von insgesamt 1,83 Milliarden Dollar zahlen. Für die Rückgabe des sogenannten ehemals „Deutschen Eigentums“ (es betraf 59.000 Arbeiter und Angestellte in der Sowjetzone) musste Österreich ab 1955 sechs Jahre lang Produkte im Werte von 150 Millionen Dollar jährlich, ferner zehn Jahre lang (später reduziert auf 6 Jahre) eine Million Tonnen Rohöl in die Sowjetunion liefern.

Meine ersten Reportagereisen und Recherchen in den frühen sechziger Jahren führten mir in Niederösterreich und im Burgenland oft die indirekten Spuren der sowjetischen Besatzungszeit vor Augen, vor allem hinsichtlich des großen Vorsprungs der westlichen Bundesländer bei den Investitionen und im damaligen Pro-Kopf-Einkommen. Was freilich in der Londoner Redaktion am meisten Verwunderung auslöste, war die Tatsache, dass Österreich in der freien Welt damals den höchsten Verstaatlichungsgrad aufwies. Immer wieder musste ich in längeren Artikeln auf die historische Entwicklung hinweisen.

In Österreich hatte auch die ÖVP, die große bürgerliche Partei, den beiden Verstaatlichungsgesetzen von 1946 und 1947 im Parlament zugestimmt. Nur so konnten die Industrieunternehmungen, die unter den Begriff „Deutsches Eigentum" fielen, in österreichischem Eigentum behalten werden. Um sie vor dem sowjetischen Zugriff zu retten – und nicht etwa aus ideologischen Gründen –, wurden also mit einstimmigen Parlamentsbeschlüssen 70 Unternehmungen, auch die VOEST, ÖMV, Aluminiumhütte Ranshofen, die drei Großbanken (CA, Länderbank und ÖCI) sowie die Elektrizitätswerke verstaatlicht. Die Anregung kam von amerikanischer Seite, die anderen Westalliierten billigten diese einzige Chance, die vitalen Bereiche vor dem sowjetischen Zugriff zu schützen.

Die Frage, was mit dem Verhältnis zwischen Staat und Wirtschaft in einem marktwirtschaftlich strukturierten Land und was konkret mit der „Verstaatlichten Industrie" (heute ÖIAG) geschehen soll, ist im Laufe der folgenden Jahrzehnte zum wirtschafts- und innenpolitischen Zankapfel der österreichischen Politik geworden. Darüber hinaus hat das Tauziehen um das Schicksal der „Verstaatlichten" auch innerhalb der beiden großen Koalitionsparteien, wenn auch oft in verschleierter Form, die Entscheidungsträger und ihre Anhänger gespalten. Es ging in den siebziger Jahren immerhin um 20 Prozent der heimischen Industrie mit rund 125.000 Beschäftigten, die mehr als 25 Prozent der Exporterlöse erwirtschafteten. Hinzu kamen noch die sogenannten Industrieholdings der mehrheitlich verstaatlichten Banken Creditanstalt, Länderbank und ÖCI, die gleichfalls mehr als 15 Prozent der Industriekapazitäten des Landes kontrollierten.

Es war also verständlich, dass in einem Lande, wo schon Robert Musil den Vorrang des persönlichen Faktors vor dem sachlichen feststellte, die tradierten Weltanschauungen und Überzeugungen, Urteile und Vorurteile der Wirtschaftspolitiker, Manager und Gewerkschafter in der Praxis mehr Gewicht hatten als die langatmigen Parteiprogramme und theoretischen Abhandlungen. Bei allen Gegensätzlichkeiten über den politischen und wirtschaftlichen Kurs des Landes, war das Verhältnis in der Nachkriegszeit zwischen Bundeskanzler Julius Raab (vor- und nachher Chef der Wirtschaftskammer) und dem damaligen ÖGB-Präsidenten (und Zweiten Präsidenten des Nationalrates) Johann Böhm ebenso freundschaftlich wie zwischen ihren jeweiligen Nachfolgern. „Er ist der Baumeister, ich bin der Polier", lautete Böhms berühmte Aussage nach einer gemeinsamen Stimmenabgabe im Parlament. Wenn Raab sagte, er habe „die Roten lieber am Verhandlungstisch als auf der Straße", so brachte Böhm in einem als historisch bewerteten Vortrag vor der Industriellenvereinigung (bereits im Jahre 1947!) die Partnerschaft auf den Punkt: „Wir mögen noch so viele Differenzen miteinander haben ... wir sitzen doch auf einem Ast, von dem wir beide – wenn einer von uns ihn durchsägt – herunterfallen müssen."

In diesem Zusammenhang erzählte einmal der wortgewaltige langjährige Generalsekretär der Österreichischen Industriellenvereinigung, Herbert Krejci (1980 bis 1992), ein „persönliches Erlebnis von tiefer Aussagekraft", um den Wandel von der Ersten zur Zweiten Republik zu zeigen: „Als im Frühjahr 1959 Johann Böhm zu Grabe getragen wurde, endete der erste Teil des Staatsbegräbnisses auf dem Schwarzenbergplatz. Unter den Fenstern des Hauses der Industrie war das Gardebataillon der Republik mit der Traditionsfahne aus kaiserlicher Zeit angetreten, um diesem großen Architekten der Zweiten Republik die letzte militärische Ehre zu erweisen. Also jenes ‚zweite Bundesheer', über das die Republik verfügt, und das nun wohl nie mehr gegen ‚innere' Feinde aus dem Lager der Arbeiterbewegung eingesetzt werden wird. Braucht es mehr, um den Unterschied zwischen damals und heute aufzuzeigen und die mit verschiedenen Motivationen antretenden Zündler ... in die Schranken zu weisen?"[4]

Ohne den berühmten „Raab-Kamitz-Kurs" des Bundeskanzlers und seines Finanzministers in der zweiten Hälfte der fünfziger Jahre und ohne ihre Fortsetzung unter der Kreisky-Androsch-Regierung, ohne die Sanierungsmaßnahmen unter Franz Vranitzky in den achtziger und neunziger Jahren sowie später unter Wolfgang Schüssel wäre der fast atemberaubende Aufhol- und Überholprozess Österreichs unmöglich gewesen. Eine Darstellung der verschiedenen Phasen des wirtschaftlichen Aufstiegs würde den Rahmen dieses Buches sprengen. Ich komme zwar noch auf die Schattenseiten der Sozialpartnerschaft und den erzwungenen Ausverkauf des ab 1985 von massiven Verlusten geplagten Staatssektors zurück. Dennoch bleibt die Tatsache der österreichischen Erfolgsgeschichte unbestritten.

Als ich irgendwann im Jahre 1973 in einem telefonisch durchdiktierten Bericht an London mitteilte, dass die österreichische

Wirtschaft auf Pro-Kopf-Basis nach einem Abstand von 20 Prozent um 1960 im Jahre 1972 Großbritannien um acht Prozent überholt hatte, war der männliche Stenotypist in der Zentrale so schockiert, dass ich diese Tatsache dreimal wiederholen musste. Damals schickten wir unsere Berichte entweder per Telex oder diktierten sie telefonisch durch. Allerdings bedeutete die Überrundung Englands bei der Wirtschaftsleistung durch Österreich nicht, dass der Durchschnittsösterreicher an Besitz und Vermögen ab sofort reicher geworden wäre als der Brite. Es war aber keine Zeit, dem Stenotypisten in London den feinen Unterschied zwischen Vermögensstatus und Einkommensniveau verständlich zu machen.

Ich konnte mich damals auf die Studie des Statistikexperten Anton Kausel stützen, die 1973 in der ersten Ausgabe der „Europäischen Rundschau" erschien. In seiner bereits damals beeindruckenden Bilanz des Aufholprozesses betonte der Autor die Erfolge im „magischen Fünfeck": Wachstum, Vollbeschäftigung, Zahlungsbilanz, Einkommensverteilung und Preisstabilität. Zum Schluss schrieb Prof. Kausel, Österreich habe die blendende Chance, durch neue Wachstumserfolge in relativ kurzer Frist in die Spitzengruppe der wohlhabenden Länder Europas vorzustoßen. So kam es dann auch.

Mehr als zwei Jahrzehnte später stellte Kausel als „Verfechter des fundierten Optimismus" unter dem Titel „50 Jahre österreichisches ‚Wirtschaftswunder'" fest, „kein anderes Land auf der ganzen Welt konnte solides Wachstum, allgemeinen Wohlstand für alle, soziale Eintracht und Gerechtigkeit, heile Umwelt, beneidenswerte innere und äußere Sicherheit und höchste Lebensqualität so perfekt und zielführend vereinen wie gerade Österreich." Zwischen 1950 und 1994 wies Österreich im weltweiten Vergleich mit jährlich 3,6 Prozent eine der höchsten Wachstumsraten nach Japan auf. Als eines der reichsten Länder der Welt trat Österreich – nach der Zustimmung von zwei Drittel der Wähler – am 1. Januar 1995 der Europäischen Union bei.

Die politische, soziale und ökonomische Bedeutung dieses EU-Beitritts ist so offensichtlich, dass sich auch die meisten jener Literaten, die dadurch den Verlust der kulturellen und nationalen Identität befürchtet hatten, inzwischen auf andere Problemfelder konzentrieren – gleichsam im Einklang mit dem vor drei Jahren bekundeten Motto des „Steirischen Herbstes": „Krise ist immer". Im Spiegel der täglichen Wirtschaftsberichterstattung bleibt Österreich trotzdem „das Land der Ambivalenz, das Wirtschaftswunderland, dem man dennoch unermüdlich ‚Handlungsschwäche' nachsagt ... eine erstaunliche Erfolgsgeschichte, die mit beträchtlichen kollektiven Minderwertigkeitskomplexen unterfüttert ist. Österreich war im letzten halben Jahrhundert eines der weltweit wirtschaftlich erfolgreichsten Länder, doch gehört es zur angestammten österreichischen Haltung, diese Erfolgsgeschichte zu leugnen" (Manfred Prisching).

Die Österreicher sind begnadete Schwarzmaler, und das gilt auch, ja vor allem für die um Einschaltquoten und um Marktanteile ringenden Chefredakteure der Print- und elektronischen Medien.

Der Aufhol- und Überholprozess wurde übrigens auch nach dem Jahre 2000, dem Amtsantritt der schwarz-blauen „Wenderegierung", trotz der zutiefst pessimistischen Voraussagen fortgesetzt. Die letzten Daten zeigen, dass Österreich Westdeutschland im Bruttoinlandsprodukt (BIP) pro Kopf (preis- und kaufkraftbereinigt) 2005 um 3 Prozent überholt hat (der Rückstand 1960 gegenüber Westdeutschland betrug noch 20 Prozent). Im Hinblick auf „Gesamtdeutschland" beträgt der Vorsprung sogar noch mehr: 12 Prozent. Die Wachstumsrate Österreichs liegt seit zehn Jahren zwischen einem halben und einem ganzen Prozent höher als in Deutschland. Gegenüber der EU-15 ist Österreichs Leistung um 10 Prozent, gegenüber der EU-25 um 20 Prozent höher. Schließlich ein Wort über die Schweiz:

Anfang 2007 haben die Schweizer Zeitungen mit dreispaltigen Schlagzeilen das „Undenkbare" gemeldet: Laut dem Internationalen Währungsfonds sei „Österreich reicher als die Schweiz!". Vor 30 Jahren hatte die Schweiz noch einen Vorsprung von 21 Prozent gehabt.[5]

Was sind die Gründe für diesen sensationellen Aufholprozess? Der Leiter des Österreichischen Institutes für Wirtschaftsforschung, Univ.-Prof. Karl Aiginger, sieht die Hauptgründe in drei Bereichen:

— Die Wahl der Öffnungsstrategie, der EU-Beitritt, die Lohnzurückhaltung und die Hartwährungspolitik, die Budgetsanierung und die Exportoffensive. Seit 1980 werden die höchsten Exportsteigerungen registriert. Die Warenexportquote stieg von 16 Prozent in den sechziger Jahren auf 38 Prozent 2005.

- Die Sozialpartnerschaft, die Sicherheit für die Unternehmer und für die Arbeitsplätze, das Klima der Sicherheit, des Vertrauens und der Kooperation, all das begünstigt pragmatische Lösungen.
- Hohe Investitionsquote und Technologieimport. Das Defizit der Handels-, Direktinvestitions- und der Qualitätsbilanz ist beseitigt; längst ist Österreich Großinvestor in Zentral-, Ost- und Südosteuropa.[6]

Man braucht nicht einer vulgärmarxistischen materialistischen Weltanschauung zu huldigen, um die Nationsbildung und insbesondere das Verhältnis zu Deutschland auch mit der wirtschaftlichen Erfolgsgeschichte zu verbinden. Seit dem Annus mirabilis 1955, der Unterzeichnung des Staatsvertrages als identitätsstiftendes Ereignis, wurde aus dem „Staat, den keiner wollte" allmählich „einer, den alle wollen" (Rudolf Burger). Die volle Identifizierung der Österreicher mit Staat und Nation vollzog sich unaufhaltsam. Laut verlässlichen Umfragen wuchs der Anteil der Befragten, die meinten, die Österreicher seien eine Nation, von 47 Prozent im Jahre 1964 auf zwei Drittel ab 1970 und auf drei Viertel ab 1987. Bei der letzten Umfrage im Jahr 2004 waren nur 16 Prozent der Meinung, die Österreicher begännen jetzt, sich als eine Nation zu fühlen, und 76 Prozent meinten, sie seien schon eine Nation.

Von einer Deutschland-, Habsburg- oder Monarchie-Nostalgie kann also seit vielen Jahren keine Rede sein. Beim heutigen Österreich-Bild wird übrigens der ausgeprägte – bei den Sportübertragungen zuweilen peinlich anmutende – Stolz der Österreicher auf ihre Heimat besonders deutlich. Das österreichische Nationalbewusstsein ist im internationalen Vergleich sogar stärker als das der Franzosen oder der Schweizer.

Krisenjahre der Koalition

Der Blick auf die politische Geschichte der „Konkordanzdemokratie“ und auf die herausragenden Baumeister der Zweiten Republik, die ich während fast eines halben Jahrhunderts aus der Nähe beobachten durfte, lehrt immer wieder, dass Führung nur von Personen ausgehen kann. Programme und Institutionen können Tatkraft, Mut und Verantwortungsbewusstsein der Führungspersönlichkeiten nicht ersetzen. Die erste herausragende und umstrittene Persönlichkeit, die ich als Wirtschaftsjournalist im direkten Kontakt erlebte, war der am 11. April 1961 zum Finanzminister bestellte langjährige Landeshauptmann von Salzburg, Josef Klaus. Um seine damalige Position in der Regierung und seinen späteren kometenhaften Aufstieg an die Spitze der Österreichischen Volkspartei zu verstehen, muss man einen kurzen Blick auf die Zeit des Übergangskanzlers Alfons Gorbach werfen.

In Tirol geboren und in der Steiermark aufgewachsen, war Gorbach (1898–1972) eine außerordentlich sympathische und auch gegenüber den Journalisten offenherzige und freundliche Persönlichkeit. Nach dem Abgang von Leopold Figl, dem beliebtesten österreichischen Politiker, und als Nachfolger des Staatsvertragskanzlers und seit dem Krieg bedeutendsten ÖVP-Politikers Julius Raab wurde Gorbach 1960 zum ÖVP-Parteiobmann bestellt. Ein Jahr später wurde der Kriegsinvalide – Gorbach hatte in der zwölften Isonzo-Schlacht 1917 ein Bein verloren und ging seither mit einer Prothese und einem Stock – Bundeskanzler. Er galt als Reformer und Vertreter eines härteren Kurses gegenüber den Sozialisten. Die SPÖ war 1953 und 1959 zwar zur stimmenstärksten Partei geworden, doch die ÖVP vermochte dank der Wahlarithmetik den Vorsprung von einem Mandat zu halten.

Mit geschickten Gleichgewichtsparolen („Es steht 79:78 – ein rotes Mandat mehr und die sozialistische Herrschaft beginnt“) gewann die ÖVP die Wahlen am 18. November 1962 ganz klar. Sie hatte nun fünf Mandate mehr als die SPÖ. Die längsten Verhandlungen der Nachkriegsgeschichte über die Regierungsbildung endeten erst am 23. März 1963 mit einer politischen Niederlage der bei den Wahlen siegreichen Volkspartei.

Auch wir Auslandsjournalisten verfolgten die oft bis spät in die Nacht oder in den frühen Morgen dauernden Verhandlungen mit wachem Interesse. Ging es doch um sogenannte „unabdingbare“ Forderungen der ÖVP. Dazu zählte die Forderung nach einem „koalitionsfreien Raum“, also nach einer aufgelockerten Koalition mit freien Mehrheitsentscheidungen, ferner die Forderung nach Besetzung des Außenministeriums (also Ablöse von Kreisky) und nach einer Neuordnung der Verstaatlichen Industrie sowie von Rundfunk und Fernsehen.

Auch die Botschaften der Ostblockstaaten waren bestrebt, die neuesten Informationen über eine mögliche Änderung der Außen- und Wirtschaftspolitik des neutralen Österreich zu erhalten und mobilisierten ihre Agenten. So habe ich erst vier Jahrzehnte später vom „Historischen Archiv“ des ehemaligen ungarischen Staatssicherheitsdienstes Kopien der Berichte in Wien ansässiger journalistischer Spitzel über die angeblich von mir stammenden Informationen bezüglich brisanter Details der Koalitionsverhandlungen erhalten. Bei der Akteneinsicht fand ich heraus, dass der Wiener Korrespondent der ungarischen Nachrichtenagentur MTI mit aus der Luft gegriffenen Informationen nachzuweisen versuchte, dass er über mich exklusive Informationen von der obersten Führung der ÖVP, namentlich vom früheren Unterrichtsminister Felix Hurdes, über den Stand der Regierungsverhandlungen bekomme.

Abgesehen davon, dass ich Hurdes nicht einmal persönlich gekannt hatte, lieferte der Mitarbeiter für die Zentrale meist Nonsens. Er hatte übrigens alles, was er nach Budapest berichtete, aus Zeitungen abgeschrieben und dabei horrende Spesenabrechnungen über gemeinsame Abendessen „mit dem Ehepaar Lendvai“ präsentiert, die nie stattgefunden hatten ...[1]

Bundeskanzler Gorbach entpuppte sich bald als ein eher „weicher“ und konzilianter Verhandlungsführer, der die Erwartungen der Steirer, Kärntner und Salzburger Reformer enttäuschte. Die von Kompromissbereitschaft und nicht von Härte geprägte Haltung des Kanzlers hing mit seiner eigenen persönlichen und politischen Vergangenheit zusammen. Er hatte mehr als fünf Jahre im Konzentrationslager Dachau gesessen. Dass er diese „Zeit ohne Gnade“ (so Gorbach in seiner Biografie von Hanna Bleier-Bissinger) überstehen konnte, zeugte von seinem Stehvermögen. Er war auch ein Mann der Versöhnung gegenüber den ehemaligen Nationalsozialisten. Gerade aufgrund seiner KZ-Erfahrungen – die er übrigens mit dem damals einflussreichsten Mitglied der sozialistischen Verhandlungsseite, nämlich mit dem Gewerkschaftschef Franz Olah erlebt hatte –, war Gorbach nicht gewillt, die Koalition mit den Sozialisten aufs Spiel zu setzen. Schließlich erreichte die ÖVP nur geringfügige Konzessionen, darunter zwei zusätzliche Staatssekretäre.

Gorbachs Steckenpferd war das Sammeln und das Erzählen von Witzen, selbst während seiner Zeit im KZ. Auch bei den Treffen mit uns Auslandskorrespondenten las er von Zeit zu Zeit aus einem „Witzbüchlein" vor oder erzählte frei Anekdoten. Kein Wunder, dass Gorbachs Staatsbesuche im Ausland oft auch in einer Atmosphäre der Heiterkeit und des großzügigen Alkoholkonsums über die Bühne gingen. Sein Pressereferent Karl Pisa beschrieb die Atmosphäre während eines Moskau-Besuches im Sommer 1962, als Chruschtschow die Österreicher vor einem Assoziierungsvertrag mit der EWG warnte: „Als dann beim Empfang in der österreichischen Botschaft im Gespräch zwischen Gorbach, Chruschtschow und (dem Vizepremier) Mikojan immer wieder herzlich gelacht wurde, gab es unter den mit respektvollem Abstand herumstehenden Diplomaten und Auslandskorrespondenten ein Rätselraten. Offenbar waren die Differenzen in der EWG-Frage doch nicht so groß. Mir, der ich mich weit vorbeugte, genügten einige Wortfetzen Gorbachs: Er erzählte, wie auch sonst gerne, zum reichlich ausgeschenkten österreichischen Wein Witze."

Journalistenkollegen erzählten mir, wie der joviale Bundeskanzler bei einem Abstecher nach Sibirien auf der erwähnten Russland-Reise nach einer mit Wodka und Wein bis um drei Uhr früh durchzechten Nacht erst aus Rücksicht „auf die biologische Struktur seiner jüngeren Begleiter" Schluss machte. Oder beim Staatsbesuch in London mit seiner Begleitung nach einem Abendessen in der österreichischen Botschaft noch stundenlang heiter weiter getrunken hat, obwohl der Botschafter und seine Frau sich schon von den Gästen verabschiedet und zur Ruhe begeben hatten.

Gorbach war allgemein beliebt und er genoss sichtlich nicht nur im Ausland die angenehmen Seiten seiner drei Jahre als Kanzler. Da er im Allgemeinen spät schlafen ging, wurden am Sitz der Bundesparteileitung der ÖVP, damals im Palais Todesco gegenüber der Staatsoper, Kärntnerstraße 51, die Besprechungen im kleinen obersten Kreis, die Gorbach nicht ganz zutreffend „Morgengebet“ nannte, erst für 11 Uhr angesetzt. Er war aber im Grunde während der ganzen Regierungszeit eine Galionsfigur ohne Hausmacht. Der unbestritten starke Mann der Steiermark war Josef Krainer sen., von 1948 bis 1971 Landeshauptmann. Er war eine Haupttriebkraft der Reformbestrebungen in der ÖVP.[2]

Der eigentliche Kopf der Reformergruppe war im Februar 1960 der (gleichzeitig mit Gorbach als Parteiobmann) zum Generalsekretär gewählte Notar aus Niederösterreich, Hermann Withalm. Im Rückblick scheint er der begnadetste Parteiorganisator der Zweiten Republik gewesen zu sein. Er baute zwischen 1960 und 1963 einen wie ein Schweizer Uhrwerk funktionierenden Parteiapparat auf. Die von ihm geforderte Reform der ÖVP „an Haupt und Gliedern“ hat das Palais Todesco, also die Parteizentrale, und nicht den in endlosen Koalitionsstreitigkeiten verstrickten Regierungssitz, den Ballhausplatz, zum eigentlichen Machtzentrum des politischen Lebens gemacht. Die täglichen einstündigen Lagebesprechungen in der Früh mit seinen engsten Mitarbeitern und die in den einzelnen Bundesländern monatlich abgehaltenen zweitägigen Konferenzen der Landesparteisekretäre bereiteten den Boden für den im Spätherbst 1962 so erfolgreich geführten Nationalratswahlkampf vor.

Dass Withalm das Koalitionsabkommen vom März 1963 nicht mehr unterzeichnete und dass der immer mehr zur heimlichen Schlüsselfigur der Volkspartei avancierte Finanzminister Josef Klaus dem Kabinett Gorbach II nicht mehr angehörte, waren für die Eingeweihten unmissverständliche Signale der Gärung innerhalb der ÖVP. Bereits während der mühsamen Koalitionsverhandlungen hatten zwei Abgesandte der jungen Reformergruppe, der damals erst 25-jährige Fürst Karl Schwarzenberg und der Tiroler Sägewerkbesitzer Rudolf Schwaiger, später ÖVP-Bundesrat, Josef Klaus überredet, in der alten „Großen Koalition“ nicht mehr mitzumachen. Klaus war damals wegen seines harten Sparkurses im eigenen Regierungslager isoliert. Bei dem nächtlichen Geheimtreffen im Finanzministerium, dem ehemaligen Winterpalais des Prinzen Eugen in der Himmelpfortgasse, konnten Schwarzenberg und Schwaiger Klaus davon überzeugen, sich als „Reservekanzler“ nach dem absehbaren Sturz des schwachen Kanzlers Gorbach bereitzuhalten.

Der Chefplaner war der mit der steirischen Gruppe um Landeshauptmann Krainer, mit Fürst Schwarzenberg und mit dem Kreis um Withalm eng verbundene Diplomat Fritz Hoess. Schwarzenberg-Biografin Barbara Tóth schildert mehr als 40 Jahre später: „Wenn Karl Schwarzenberg von diesem Treffen erzählt, von diesem ersten persönlichen Eingreifen in das Räderwerk der Politik, dann leuchten noch heute seine Augen ... Es war Karls Schlüsselerlebnis mit der, wenn man so will, ‚Droge Politik' – sie beeindruckte ihn nachhaltig und weckte Lust auf mehr. Auf ein Leben mit und in der Politik". Wer hätte damals gedacht, dass der junge Fürst selbst (er war immer tschechischer und Schweizer Staatsbürger) zuerst für drei Jahre als Kanzleichef Präsident Havels (1990–1993), dann im Jahre 2004 als Senator und schließlich ab Januar 2007 sogar als Außenminister der Tschechischen Republik in der tschechischen und internationalen Politik eine wichtige Rolle spielen würde?![3]

Aus heutiger Sicht erscheint der 1963 voll entbrannte Konflikt um die Einreisegenehmigung für Otto Habsburg als unverständlich und bizarr. Kurz die Vorgeschichte: Nach der Gründung der Republik beschloss der Nationalrat ein Gesetz, demzufolge alle Habsburger, die nicht ausdrücklich auf ihre Herrschaftsansprüche verzichten, des Landes verwiesen sind und bleiben. Eine Rückkehr nach Österreich war ihnen nicht gestattet, solange sie nicht eine derartige Verzichtserklärung abgegeben hatten. Nach dem Tod von Ex-Kaiser Karl I., der 1921 zwei gescheiterte Restaurationsversuche in Ungarn unternommen hatte, wurde Otto Habsburg Oberhaupt des Hauses Habsburg-Lothringen. Von Paris aus rief er, nach dem deutschen Einmarsch in Österreich, zum Widerstand auf und half österreichischen Flüchtlingen, unter ihnen vielen Juden, Visa nach den Vereinigten Staaten, nach Kuba und in die Dominikanische Republik zu beschaffen. Die Kriegsjahre verbrachte er in den USA.

Das Misstrauen der Sozialisten und bürgerlichen Republikaner ging auf Ottos Aktivitäten gegen die Renner-Regierung und seine späteren politischen Absichtserklärungen zurück. So forderte er in einem Brief vom 2. Juli 1945 an US-Präsident Harry Truman die Nichtanerkennung der Provisorischen Regierung – sie sei ein trojanisches Pferd der Kommunisten. Schließlich siedelte sich die Habsburg-Familie im bayerischen Pöcking an. Von hier aus betrieb dann Otto Habsburg die Rückkehr nach Österreich. Manche Andeutungen von seiner möglichen Rolle als „Staatsnotar“ oder „Justizkanzler“ lieferten sozusagen auf silbernem Tablett Scheinargumente für den „Habsburgkannibalismus“ (Günther Nenning).

Die Lunte der Habsburg-Krise begann im Juni 1961 zu brennen, als zum ersten Mal in der Geschichte der Zweiten Republik in einer Grundsatzfrage im Ministerrat keine Einigung erzielt wurde: Bundeskanzler Gorbach beantragte die Anerkennung der ihm von Otto Habsburg überreichten Verzichtserklärung. Die Sozialisten lehnten die Loyalitätserklärung ab. Zwei Jahre später, im Mai 1963, entschied der Verwaltungsgerichtshof, den Habsburg wegen der deklarierten Unzuständigkeit des Verfassungsgerichtshofes angerufen hatte, dass dessen Verzichtserklärung ausreichend sei. Die SPÖ-Kampagne gegen die Höchstrichter entpuppte sich als ein Sprengsatz für die Koalition. Der sozialistische Justizminister Christian Broda sprach von einem „Justizputsch im Richtertalar“. Die Sozialisten versuchten eine mögliche Rückkehr Otto Habsburgs als eine große Gefahr für die Republik zu stilisieren. Am 4. Juli 1963 kam es zu schweren Tumulten im Nationalrat. Dieser Tag war zugleich die Sternstunde für Hermann Withalm als Parlamentarier. In einer glänzenden und ruhigen Rede – trotz 156 Zwischenrufen („Faschist“, „Totengräber der Republik“ usw.) – zeigte der überzeugte Republikaner Withalm durch genaue Zitate von sozialistischer und freiheitlicher Seite, dass es sich im Fall Habsburg um die Wirksamkeit der Grund- und Freiheitsrechte selbst handele.

An diesem Tag stimmten zum ersten Mal nach 1945 SPÖ und FPÖ in einer zentralen Frage gemeinsam gegen die ÖVP, um eine Rückkehr Otto Habsburgs trotz Beschluss eines Höchstgerichtes zu verhindern. Das hatte es bis dahin nie gegeben: dass einer der beiden großen Koalitionspartner mit Hilfe der Freiheitlichen den anderen in einem Entschließungsantrag überstimmte. Auf die Folgen dieses Tabubruches in den Beziehungen zwischen ÖVP und SPÖ einerseits und in den innerparteilichen Kräfteverhältnissen in beiden Großparteien andererseits kommen wir noch zurück. Was aber die Habsburg-Frage betrifft, bewies Withalm nicht nur seinen kämpferischen Mut in der wilden Parlamentsdebatte, sondern auch sein großes politisches Geschick.

Angesichts der realen Gefahr einer Kleinen Koalition zwischen Sozialisten und Freiheitlichen durch den Vorwand des „Habsburg-

Gespenstes“, setzte sich Withalm in ein Auto und fuhr im März 1964 nach Pöcking, um die gespannte Lage zu entschärfen. Es ist ihm gelungen, Otto Habsburg zum zeitweiligen Verzicht (für eine Legislaturperiode) auf das ihm zustehende Recht der Heimkehr nach Österreich zu gewinnen. In der Folge verlor die SPÖ den so leidenschaftlich geführten Kampf: Unter der ÖVP-Alleinregierung bekam Otto Habsburg am 1. Juni 1966 aufgrund seiner Verzichtserklärung einen österreichischen Reisepass. Am 31. Oktober desselben Jahres reiste er zum ersten Mal legal in Österreich ein – es gab keine Massendemonstrationen. Am Rande der 50sten Jubiläumstagung der von Habsburg geführten Paneuropa-Bewegung kam es schließlich am 4. Mai 1972 bei einem Empfang Kreiskys im Bundeskanzleramt zu dem „historischen Händedruck“ mit Otto Habsburg.[4]

Während der Habsburg-Krise 1961–1964 erschienen viele einseitige und manchmal absurde Meldungen in den kontrollierten Medien der benachbarten Ostblockstaaten. So behauptete zum Beispiel damals die ungarische KP-Zeitung „Népszabadság“ in vollem Ernst: Die Tatsache, dass so viele Putzereien den Namen „Habsburg“ tragen, sei ein Zeichen für die Stärke der Restaurationskräfte!

Das heute in Österreich und Ungarn spürbare positive Verhältnis zur Doppelmonarchie – freilich vor allem im Bereich der Fremdenverkehrsindustrie und zum Teil im kulturellen Verständnis – ist nach dem Zusammenbruch des Kommunismus ein wichtiges Bindeglied zwischen Budapest und Wien geworden. Es handelt sich aber um keinerlei Nostalgie für die Monarchie im politischen Sinne. Von einer ernst zu nehmenden monarchistischen Bewegung kann in den zwei Ländern keine Rede sein. Otto Habsburg war übrigens für die bayerische CSU zwanzig Jahre lang (1979–1999) europäischer Abgeordneter. Er war von seiner Mutter Zita auch zum künftigen König von Ungarn erzogen worden und musste dementsprechend Ungarisch erlernen. Sofort nach der Wende stattete Otto Habsburg Ungarn einen Besuch ab. Seine erste öffentliche Rede hielt er dann, vielleicht symbolträchtig, vor der jüdischen Gemeinde in Budapest. Als ich ihn bei einer Konferenz von Auslandsungarn um 1995 in Budapest hörte, war ich, wie so viele andere Teilnehmer, über sein perfektes Ungarisch erstaunt. Geradezu leidenschaftlich beschwor er dort die nationale Einheit, „da wir Ungarn nur so in der Welt unsere Interessen richtig vertreten können“.

Einige Jahre später ließ er mich bei einer internationalen Konferenz in Prag, wo wir beide Reden gehalten hatten, zu sich rufen und führte mit mir ein längeres Gespräch auf Ungarisch. Zuletzt traf ich ihn in Innsbruck bei einer Tagung, wo ich moderierte und Otto Habsburg, immerhin schon über 85, eine glänzende Rede über die Lage in Europa, völlig frei, ohne Notizen, hielt. Nachher fragte er mich leise, wieder in perfektem Ungarisch, ob wir beide auf der Bühne bleiben sollen. Ottos jüngerer Sohn Georg lebt übrigens mit seiner Familie in Budapest und spricht schon fließend Ungarisch, wogegen der älteste Sohn Karl, den ich auch mehrmals getroffen habe, der ungarischen Sprache nicht mächtig ist.

Von der großen Aufregung um die „Habsburg-Frage" ist heute, fast 90 Jahre nach dem Ende der österreichisch-ungarischen Monarchie, für die Nachwelt eigentlich nur das berühmte Foto vom Handschlag Kreisky-Habsburg in den Geschichtsbüchern relevant geblieben.

Nichts könnte den Friedensschluss mit den Habsburgern überzeugender illustrieren als die Tatsache, dass Bundespräsident Fischer wenige Monate nach seiner Wahl zum Staatsoberhaupt Otto Habsburg eingeladen hat, ihn in der Hofburg zu besuchen. Im Arbeitszimmer des Bundespräsidenten haben sie ein „langes und gutes Gespräch geführt", es hat auch „irgendwie symbolischen Charakter gehabt ...". Fischer fügte noch hinzu, die österreichische Sozialdemokratie wurde in der Zeit Kaiser Franz Josephs I. oft als „k. u. k. Sozialdemokratie" bezeichnet, weil sie ja zunächst ein durchaus pragmatisches Verhältnis zur Monarchie gehabt hat.[5]

Der Reformer Josef Klaus

In der Atmosphäre der offenen Feindseligkeit innerhalb der Koalition erschien der kurzfristige Finanzminister Josef Klaus in den Augen von immer mehr ÖVP-Funktionären und Anhängern als der einzige Hoffnungsträger. Der Sohn eines Bäckers aus dem Kärntner Gailtal amtierte nach einer kurzen Anwaltspraxis fast zwölf Jahre lang als Landeshauptmann von Salzburg. Er war übrigens der einzige Landeshauptmann in der Nachkriegsgeschichte gewesen, der bereit war, einen Ministerposten in einer Bundesregierung in Wien zu übernehmen. Während seiner knapp zweijährigen Amtszeit erwies sich der tiefgläubige und in der christlichen Soziallehre verankerte Politiker als ein Mann der absoluten Integrität und völligen Unabhängigkeit. Klaus nahm nie Rücksicht auf taktische Fragen und gehörte zu keinem Bund, war niemandem zu Dank oder Gehorsam verpflichtet. Von Anfang an benahm er sich wie ein unbarmherziger Sparmeister auch gegenüber den Ministern aus der ÖVP, also aus seiner eigenen Partei.

Als Auslands- und Wirtschaftskorrespondent hatte ich ihn schon im Frühjahr 1961 kurz nach der Übernahme des Finanzressorts kennengelernt. Wie so viele spätere Gesprächspartner war auch ich überrascht, als der Minister in meiner Anwesenheit meine Fragen oder kritische Bemerkungen über die Regierungspolitik sofort in einem gelben Schulheft notierte. Er tat das übrigens immer wieder, auch als Bundeskanzler, wenngleich er später zu einem handlicheren schwarzen Ringbuch überging. Seine große Lernbereitschaft war für mich faszinierend. Der bei Konferenzen oder Gesprächen eifrig mitschreibende Minister und spätere Regierungschef gab dadurch natürlich auf dem sprichwörtlich glatten Wiener Parkett Anlass für spöttische Bemerkungen.

Als ich ihn einmal in seinem Ministerbüro fragte, ob die Behauptungen stimmten, dass er vor einigen Monaten tatsächlich mit seinem Rücktritt gedroht habe, weil die Ressortchefs für Unterricht und Landwirtschaft, noch dazu von der ÖVP-Seite, seine Sparappelle zurückgewiesen hatten, bestritt Klaus die Richtigkeit der Meldungen nicht. Er fügte aber hinzu: „Ich bin ein Vertreter der absoluten Budgettreue, das heißt, ich muss mit dem Geld des Volkes so umgehen, als ob es sich ums eigene Geld handelte.“ Er hatte weder zu den hohen Beamten noch zur Industriellenvereinigung ein enges, geschweige denn besonders herzliches Verhältnis. Da ich seinen Vorgänger, den legendären Finanzminister Reinhard Kamitz („Raab-Kamitz-Kurs"), nunmehr als Präsident der Nationalbank (1960–1967) auch von Zeit zu Zeit besuchte, stellte ich ihm manchmal Fragen über die Budgetpolitik der Koalitionsregierung. Kamitz war nicht nur ein glänzender Nationalökonom, sondern auch ein Gesprächspartner mit unnachahmlichem Charme. Als ich ihn einmal über die kritische Haltung von bekannten Industriellen gegenüber Klaus befragte, antwortete Kamitz lächelnd: In den Augen des Herrn Finanzministers sei Profit etwas Suspektes. Bei unserem nächsten Treffen konfrontierte ich Klaus mit dieser Bemerkung, ohne den Namen Kamitz zu erwähnen. Klaus sagte mir nur freundlich, diese Meinung sei nicht falsch.

Eine ähnliche Meinung vertritt sein damaliger Redenschreiber und enger Berater, Josef Taus aus der Girozentrale: „Klaus stand den kleinen Leuten, den kleinen Gewerbetreibenden und dem Handel viel näher als der Industrie."[1] In der ersten Gorbach-Regierung entstanden enorme Spannungen zwischen Klaus und den ÖVP-Ministern sowie mit den Bundesobmännern. Klaus scheute sogar den direkten Konflikt mit Kanzler Gorbach nicht und torpedierte seine Abmachung mit den der ÖVP nahestehenden Gewerkschaften des öffentlichen Dienstes. Klaus selbst schreibt in seinen Memoiren: „Gorbach wurde Großzügigkeit und Konzilianz nachgerühmt, mir wurde übermäßige Empfindlichkeit und alpenländische Sturheit nachgesagt." Großen Einfluss auf die innere Unabhängigkeit und den Charakter von Josef Klaus hatte im Übrigen die katholische Jugendbewegung der Zwischenkriegszeit mit ihrem Erneuerungswillen und ihrer Absage an wirkliche oder vermeintliche Korruptions- und Dekadenzerscheinungen.

In informellen, unter vier Augen geführten Gesprächen mit mir konnte Klaus entspannt und freundlich wirken, vor allem wenn er ein gewisses Maß an Vertrauen gegenüber dem Partner gewann. Andererseits hatte er bei Diskussionen über Subventionen und Budgetansätze eine „gewisse missionarisch belehrende Art" (Karl Pisa) – in langen Diskussionen, noch dazu ohne Rückendeckung durch den Bundeskanzler. Pisa, dieser hochrangige Mitarbeiter der ÖVP-Zentrale, erzählte später: „Gorbach reagierte beinahe allergisch bei einem Anruf von Klaus und hielt das Telefon immer so, als würde er sagen: Jetzt werde ich wieder belehrt, was ich nicht tun soll und wie ich gegenüber den Sozialisten auftreten müsse. Beide entwickelten sich sowohl psychisch als auch sachlich auseinander". In seinen Memoiren schrieb Klaus, dass er „bald der bestgehasste Mann" in der Regierung geworden sei.

Seit dem Abschluss des Staatsvertrages wurden die Schattenseiten des Koalitionssystems immer offensichtlicher. Der Preis für den Konsens war das durch das Prinzip der Einstimmigkeit im Koalitionsausschuss erzwungene Junktim zwischen den jeweiligen Vorlagen der beiden Parteien, auf gut Wienerisch „Packelei" genannt. Vor allem der diskreditierte Proporz bei den Stellenbesetzungen und Subventionen hat bei den reformorientierten ÖVP-Politikern Unwillen erregt. Die politischen Absprachen gingen so weit, dass sogar Regierungs- oder Beamtendelegationen, die ins Ausland reisten, im Verhältnis 1:1 zusammengesetzt werden mussten. Gegenseitige Anschuldigungen und Vetodrohungen am laufenden Band führten immer öfter zur wechselseitigen Blockade.

Die unabhängigen Zeitungen kritisierten scharf die Auswüchse des erstarrten Systems ohne parlamentarischen Freiraum. Nicht nur die Aufsichtsräte und Vorstände der Verstaatlichten Industrie und der Banken, sondern auch die Chefredakteure und ihre Stellvertreter bei Hörfunk und Fernsehen wurden nach Nationalratswahlen zwischen den beiden Koalitionsparteien in ihrem Koalitionspakt genau aufgeteilt. Die absurde und zugleich peinlich genaue Festschreibung der „roten" und „schwarzen" Machtpositionen ging so weit, dass im Koalitionspakt „der bereits im Fernsehen tätige Dr. Helmut Zilk" namentlich als „zweiter Hauptreferent der Abteilung Jugend und Familie vorgesehen" war!

Die Empörung der Journalisten wegen des Versuchs der beiden Koalitionsparteien, den Rundfunk durch einen geheimen Pakt dem totalen Parteiproporz zu unterwerfen, löste dann das erste Volksbegehren der Zweiten Republik aus. Es ging auf eine Initiative des „Kurier"-Chefredakteurs Hugo Portisch und anderer namhafter Publizisten zurück und forderte ein neues Rundfunkgesetz zur Schaffung eines unabhängigen Rundfunks. Unterstützt von 52 unabhängigen Zeitungen und Zeitschriften, hatten schließlich 832.353 Österreicherinnen und Österreicher das Volksbegehren unterschrieben – ein von niemandem vorausgesehener ungeheurer Erfolg!

Schon ein Jahr vorher hatte der ÖVP-Kandidat bei der fälligen Bundespräsidentenwahl, der gesundheitlich erkennbar angeschlagene Ex-Kanzler Julius Raab, im April 1963 eine schwere Niederlage gegenüber dem amtierenden sozialistischen Bundespräsidenten Adolf Schärf hinnehmen müssen. Vor dem Hintergrund der wachsenden Unzufriedenheit vieler kleiner ÖVP-Funktionäre mit der Führungsschwäche Bundeskanzler Gorbachs und mit der mangelnden Schlagkraft der Kanzlerpartei brach sich dann der Unmut in der Volkspartei auf beispiellose Art Bahn. In Klagenfurt kam es auf dem ÖVP-Parteitag im September 1963 erstmals zu einer offenen Kampfabstimmung.

Josef Klaus sollte neuer Parteichef werden. Die Initiative zu seiner Nominierung hatten der als Motor der Erneuerung wirkende Generalsekretär Withalm sowie die Landeshauptleute Krainer sen. (Steiermark) und Lechner (Salzburg) ergriffen. Die jungen Reformer, die als Gastdelegierte anwesend waren, empfingen Klaus mit demonstrativem Beifall. Withalm rief in einer leidenschaftlichen Rede zur Erneuerung der Partei und zu einer selbstbewussten Haltung gegenüber der SPÖ auf, selbst wenn das einen Bruch der „Großen Koalition" bedeuten sollte. Als Kandidat der alten Garde für den Parteiobmann trat der langjährige Unterrichtsminister Heinrich Drimmel an; und als Kandidaten für den Generalsekretär neuerlich Withalm beziehungsweise Staatssekretär Franz Hetzenauer.

Die Abstimmung fand übrigens nach der programmatischen Rede von Klaus, aber noch vor der Wortmeldung des Gegenkandidaten Drimmel statt. Die Stimmung und der zeitliche Ablauf ließen das Endergebnis vorausahnen: Klaus erhielt 251 Stimmen und Drimmel 144. Withalm, die eigentliche treibende Kraft der Reform, wurde in seinem Amt als Generalsekretär mit noch größerer Mehrheit, nämlich mit 278 Stimmen gegen 116 Stimmen für den Gegenkandidaten bestätigt. Gorbach wurde also als Parteiobmann abgesetzt und die meisten Kommentatoren der in- und ausländischen Presse erwarteten auch seine baldige Ablöse als Bundeskanzler. Dies geschah nach einem längeren innerparteilichen Tauziehen und nach regelmäßig platzierten Zeitungsmeldungen über einen „bevorstehenden Rücktritt" Gorbachs, wie erwartet, im Februar 1964. Anfang April wurde Klaus als Kanzler angelobt.

Die Strategie der „Neuen Sachlichkeit“ und der neue Kurs in Richtung freies Spiel der Kräfte mit wechselnden Mehrheiten im Nationalrat leiteten eine bahnbrechende Entwicklung in der Geschichte der Zweiten Republik ein: Klaus und Withalm hatten eigentlich schon in Klagenfurt die Weichen für den späteren Wahlsieg am 6. März 1966 und die Bildung einer Alleinregierung der ÖVP gestellt. Die internationale Presse schenkte der Bestellung von Klaus zum Bundeskanzler bereits mehr Beachtung als den sattsam bekannten Streitigkeiten in der Koalitionsregierung. So erlaubte mir die Zürcher „TAT“, eine halbe Zeitungsseite mit einem Porträt des vierten Nachkriegskanzlers Österreichs zu füllen. Im Rückblick nach dreiundvierzig Jahren ist es vielleicht für die Leser von heute aufschlussreich, im Spiegel von einigen Zitaten vom 26. Februar 1964 – also zwei Tage nach seiner Nominierung durch den Parteivorstand, aber noch vor seiner Vereidigung – nachzulesen, wie man den neuen Star gesehen hat.

In meinem damaligen Beitrag für die „TAT“ hieß es: „... Die heftigen Kontroversen um Klaus entbrannten erst, als er im April 1961 nach zwölfjähriger Tätigkeit als Landeshauptmann von Salzburg den langersehnten Sprung in die Bundeshauptstadt machte. Damals holte der heute so verbittert scheidende Bundeskanzler Gorbach den praktizierenden Katholiken und ehemaligen Vorsitzenden des Verbandes der katholischen Universitätsstudenten als Finanzminister nach Wien. Mit phantastisch anmutendem Ehrgeiz ging Klaus, der nie Nationalökonomie studiert hat, an die Arbeit, um den Staatshaushalt in Ordnung zu bringen. Als seine Beamten morgens ins Ministerium kamen, nahm der Minister schon das zweite Frühstück ein, da er täglich um sechs Uhr in seinem Arbeitszimmer eingetroffen war. Während seiner zweijährigen Ministerschaft wurden umfassende Konzepte für die Schaffung eines Kapitalmarktes, für die Beseitigung der Doppelbesteuerung der Aktien und zur Förderung der gewerblichen Wirtschaft ausgearbeitet. Er konnte sich aber nicht durchsetzen, da der gemütliche Regierungschef, Bundeskanzler Gorbach, der bei aller Liebenswürdigkeit nie einen Überblick von den komplizierten Vorgängen in einer modernen Industriegesellschaft besaß, immer wieder zuerst die Auffrisierung und dann das stille Begräbnis der Klaus-Rezepte seitens der Sozialisten ohne energischen Widerspruch hinzunehmen bereit war ... In einem Land, wo Minister nur im Ausnahmefall von sich aus aus dem Amt scheiden, hat Klaus durch seine Zivilcourage an Prestige, Autorität und Sympathie in der Bevölkerung gewonnen ...“

„Seit seiner Wahl zum Bundesobmann hat sich der bescheidene Sohn eines Kärntner Bäckermeisters und einer Bergbäuerin mit eisernem Willen und sagenhaftem Arbeitseifer auf die Übernahme des Kanzlerpostens vorbereitet. Im Gegensatz zu Raab, Figl und Gorbach vertritt Klaus nicht nur altersmäßig, sondern auch in seinen Ansichten die neue Führungsgeneration. Im Grunde genommen ist der ehemalige Mitarbeiter der Arbeitervertretungen im Ständestaat der dreißiger Jahre weder ein Neo-Dollfuß noch ein de Gaulle im Taschenformat, wie ihn ein SPÖ-Minister boshaft bezeichnete, sondern ein österreichischer Vorzugsschüler, der im Laufe der Jahre ein unpolitischer Politiker geworden ist. Da viele österreichische Politiker, von löblichen Ausnahmen abgesehen, eher zum Plaudern als zur methodischen Arbeit neigen und kaum Bücher, geschweige denn Fachbücher lesen, ist Klaus bereits sowohl von ‚Parteifreunden‘ als auch von Gegnern als ein machtgieriger Fanatiker, ein Asket, ja gar ein Missionär geschildert worden. Es ist zwar kein jovialer Typ, wie etwa Dr. Gorbach, dafür aber ein Musikliebhaber, ein Kenner der Architektur und ein begeisterter Skifahrer. Er ist Anwalt, der keine Tricks kennt, ein Politiker, der bereit ist, für seine Prinzipien zu kämpfen, *ein unösterreichischer Österreicher*, der den Sozialisten ebenso wie manchen Industriellen höchst unsympathisch ist. ‚Klaus steht zu links. In seinen Augen ist so etwas wie Profit immer suspekt ...‘, seufzte vor einigen Monaten ein führender ÖVP-Mann. Zu gleicher Zeit griff ihn die Wiener ‚Arbeiter Zeitung‘ als mit den ‚westdeutschen Kapitalisten und Monarchisten liierten Koalitionsfeind‘ an“.

Mein „TAT“-Porträt vom Februar 1964 über Josef Klaus schloss mit den Sätzen: „In einem paradoxen Land hat auch der vierte Nachkriegskanzler scheinbar widerspruchsvolle Aufgaben zu bewältigen. In der 41-köpfigen Bundesparteileitung zählt man gegenwärtig nur 13 Mitglieder als echte Klaus-Anhänger, die anderen sind teils schwankend, teils offene oder geheime Feinde des neuen ‚starken Mannes‘... Es bleibt abzuwarten, ob Dr. Klaus sich zu der in Österreich so oft vermissten prinzipientreuen Härte auch eine in der Koalitionspolitik ebenso notwendige Geschmeidigkeit und Kompromissbereitschaft aneignen will und kann.“[2]

Dieses Stimmungsbild der völlig gegensätzlichen Einschätzungen seines politischen und menschlichen Profils charakterisiert bis heute auch die Urteile der einstigen Weggefährten, Mitarbeiter und Historiker. Man muss unabhängig von der Wertung der einzelnen Maßnahmen und der persönlichen Einstellung der Mitstreiter und Rivalen bereits jetzt der These widersprechen, wonach die Regierung Klaus keine Spuren hinterlassen habe.[3] Auch die Behauptungen, Klaus sei ein „Rechtsextremist", ein extrem konservativer „Alpenkönig", ja ein „Mini-Mussolini" (SPÖ-Klubsekretär Heinz Fischer), waren fehl am Platze. Es ging den Sozialisten einfach darum, die Scharte von November 1962 wieder auszuwetzen, die Aufmerksamkeit von der sich abzeichnenden schweren innerparteilichen Krise um den Gewerkschaftschef und späteren Innenminister Franz Olah abzulenken und den neuen Bundeskanzler von Anfang an in die Defensive zu drängen.

Bruno Pittermann (1905–1983) hatte als Parteiobmann zwar versagt, doch konnte er als Vizekanzler im Koalitionsausschuss und in der Regierung seine ÖVP-Gegenspieler von Raab bis Klaus durch seine taktischen Finten und mit seinem Spott zur Weißglut reizen. Klaus hat mehrmals, schriftlich und auch in Gesprächen mit mir, daran erinnert, dass Pittermann kurz nach seinem Amtsantritt als Kanzler gedroht hatte: „Wir werden die Regierung Klaus in der Agonie der Koalition sterben lassen." Klaus und Withalm hatten freilich auch kein Hehl daraus gemacht, dass ihnen zwar ein freies Spiel der Kräfte im Parlament mit wechselnden Mehrheiten statt der starren Koalition als Basis der Politik vorschwebte, allerdings doch, wenn irgendwie möglich, im Rahmen einer lockeren Zusammenarbeit der beiden großen Parteien. Man darf nicht vergessen, dass das Land damals, trotz 20 Jahren der Koalition, noch immer unter dem Trauma des Bürgerkrieges von 1934 lebte. Wohl deshalb hatte die SPÖ-Führung die ganze Habsburg-Frage als Popanz aufgebaut, um das Gespenst eines neuerlichen Bürgerkrieges oder Staatsstreichs an die Wand zu malen und von der eigenen Krise abzulenken.

Im Schatten der kommenden Wahlauseinandersetzung fand nach dem Tod des amtierenden Bundespräsidenten Schärf eine neuerliche Präsidentenwahl im Mai 1965 statt. Sie war politisch außerordentlich interessant und menschlich berührend für uns Berichterstatter, die den gestürzten Gorbach als noblen Politiker zu schätzen lernten. Der ÖVP-Parteivorstand hatte nämlich den nicht vor allzu langer Zeit als Bundesparteiobmann und als Bundeskanzler abgelösten Gorbach als Kandidaten nominiert. Entgegen unseren Erwartungen unterlag Gorbach, wenn auch ganz knapp, mit einem Rückstand von nur 63.000 Stimmen dem farblosen SPÖ-Kandidaten, dem Wiener Bürgermeister Franz Jonas. Außenminister Kreisky lobte in einem Gespräch mit mir Jonas als einen „gütigen Menschen“, aber er widersprach mir nicht, als ich die Vorzüge des geeigneteren Alfons Gorbach betonte. In seinen Memoiren hob dann Bruno Kreisky die Meriten Gorbachs für das Amt des Bundespräsidenten hervor und ließ spöttische Bemerkungen über „die Dummheit und Kleinkariertheit so mancher ÖVP-Politiker“ fallen.

Trotz oder vielleicht gerade wegen der Niederlage Gorbachs[4] war die Ausgangslage für die ÖVP bei den wegen der Budgetkrise vom Herbst auf Anfang März 1966 vorgezogenen Nationalratswahlen günstig. Bei meinen Gesprächen im Palais Todesco mit dem hochbegabten Geschäftsführer (und späteren Autor von Österreich-Büchern) Gottfried Heindl, dem wohl besten Ghostwriter Österreichs, Chefredakteur Karl Pisa, und dem vom Ministerialrat des Bundespressedienstes zum Leiter des von Klaus neu geschaffenen politischen Büros gewechselten Hans Kronhuber konnte ich die Wende zum ÖVP-Sieg aus der Nähe mitverfolgen. Der Klaus-Withalm-Kurs stellte die „Erneuerung“ und nicht das Ende der Koalition zum Ziel. Dafür sollte eine „klare Mehrheit“ für die ÖVP sorgen. Im Zeichen der Öffnung konnten ausgewählte Auslandskorrespondenten, etwa vom Nachrichtenmagazin „Spiegel“, von der „Frankfurter Allgemeinen“, der „Neuen Zürcher“ und der „Financial Times“, auch Vieraugengespräche mit Generalsekretär Withalm und Bundeskanzler Klaus führen.

Dass Josef Klaus in vielen Bereichen ein Pionier war, erlebte ich zusammen mit vielen Kollegen nach dem Beginn des sogenannten Intensivwahlkampfes am 14. Januar 1966 im Presseklub Concordia in der Bankgasse. In diesem kleinen Barockpalais, das auch den Auslandspresseverband beherbergt, das neben der von Fischer von Erlach erbauten Ungarischen Botschaft und gegenüber dem Palais Starhemberg liegt (heute Sitz der Ministerien für Bildung und Wissenschaft), fand eine der ungewöhnlichsten Pressekonferenzen statt, deren Zeuge ich wurde. Klaus präsentierte die später berühmt gewordene „Aktion 20“, die organisierte und zukunftsorientierte Verbindung zwischen Wissenschaft und Politik.

Neben ihm saßen einige herausragende Wissenschaftler, wie die Universitätsprofessoren Karl Fellinger (Medizin), Stephan Koren (Nationalökonomie), Hans Tuppy (Biochemie), Leopold Rosenmayr (Soziologie) und Günther Winkler (Rechtswissenschaft). Die Wände waren rundum mit großen Bildstatistiken und Diagrammen verkleidet: Darstellungen zur Lage und zu den Chancen vom Bildungswesen bis zur Gesundheitspolitik, von der Wirtschafts- und Sozialpolitik bis zur Außenpolitik. Es ging um einen institutionalisierten Dialog zwischen Politik und Wissenschaft und um die Aufstellung von Arbeitsgruppen für die Schaffung von zukunftsorientierten Projekten. Hinter dem Tisch, wo die Minister und Professoren Platz genommen hatten, stand in Riesenlettern zu lesen: AKTION 20. Die geheimnisvolle Bezeichnung „Aktion 20“ sollte Verschiedenes bedeuten: die heute Zwanzigjährigen und die nächsten 20 Jahre, in denen man sich „von der Zukunft nicht überrollen lassen“ wollte.

Es war die Vorstellung eines Sachpolitikers, eines Politikers ohne Populismus, eines neuen politischen Arbeitsstils, der sich „durch Sachlichkeit und nicht Emotion, Systematik und nicht Opportunismus, Dynamik und nicht Statik, dauerhafte und nicht nur durch Augenblickslösungen“ auszeichnen sollte. Es folgten in den nächsten Monaten und Jahren Zusammenkünfte der Wissenschaftler mit Vorträgen und Diskussionen, die dann interessante Konzepte in den Arbeitsgruppen produzierten. Es war für uns Journalisten offensichtlich, dass es sich hier nicht um einen billigen Wahlkampfgag, sondern um die mediengerechte Präsentation der „Politik der Sachlichkeit“ ging.

Angesichts der allgemeinen Stimmung erwarteten zwar die meisten Beobachter am Wahltag, am 6. März 1966, Stimmengewinne für die ÖVP. Doch das Endergebnis am späten Abend war doch eine Sensation: Die ÖVP errang mit 85 Mandaten von 165 die absolute Mehrheit vor den 74 der SPÖ. Eine absolute Mehrheit hatte es zum ersten Mal bereits am 25. November 1945 gegeben. Damals herrschten allerdings außergewöhnliche Bedingungen (fast eine halbe Million ehemalige Mitglieder der NSDAP beziehungsweise Hunderttausende Kriegsgefangene konnten am Urnengang nicht teilnehmen); außerdem gab es in der Besatzungszeit einfach keine Alternative zur Koalitionsregierung. Eine jubelnde Menschenmenge erwartete Klaus, als er gegen 10 Uhr abends aus der Hauptwahlbehörde im Innenministerium in das Palais Todesco kam und dann auf dem Balkon in der Kärntnerstraße seine begeisterten Anhänger begrüßte, während die Deutschmeisterkapelle aufspielte.

Es folgten in den nächsten Tagen hektische Beratungen zur Vorbereitung der schwierigen Koalitionsgespräche. Die meisten Beobachter meinten, die SPÖ würde aus machtpolitischen Gründen nicht in die Opposition gehen. Es gab damals noch keine gründliche Wahlanalyse. Klaus, der Sieger, hat nicht nur im Moment, sondern auch später die Tatsache verdrängt, dass für den unerwarteten Erfolg der Volkspartei in erster Linie die gravierenden Fehler der durch ihre tiefe innerparteiliche Krise gelähmten SPÖ verantwortlich waren. Zu diesen Faktoren zählten der Machtkampf um Innenminister Olah und sein Parteiausschluss unter einem fadenscheinigen Vorwand. Olahs neu gegründete Gruppe, die DFP, erhielt fast 150.000 Stimmen, in Wien sogar acht Prozent. Dazu kamen die turbulenten Vorgänge in Fussach am Bodensee. Der SPÖ-Verkehrsminister Otto Probst bestand auf den Namen „Karl Renner“ für ein neues Schiff, obwohl die Vorarlberger Landesregierung einstimmig den Namen „Vorarlberg“ gewünscht hatte. 30.000 Demonstranten versammelten sich in der Fussacher Werft, um das zu verhindern. Probst kam dann doch nicht, das Schiff wurde schließlich auf „Vorarlberg“ notgetauft und die SPÖ erlitt wieder einmal eine große Schlappe.

Dass im Gegensatz zur ÖVP die Sozialisten sich offen gegen das Volksbegehren für einen unabhängigen Rundfunk gestellt hatten und bei der parlamentarischen Behandlung erklärten, sie hätten „nicht die Absicht“, sich „zu Stiefelleckern einer gewissen präpotenten Journaille degradieren zu lassen“ (so der Abgeordnete Otto Winter), trug zur Entfremdung vieler unabhängiger Journalisten bei. Der gescheiterte Versuch der sozialistischen Gewerkschafter, die Redaktionsräume der von dem Rebellen Olah unterstützten und angeblich von ihm mitfinanzierten „Kronen Zeitung“ mittels einstweiliger Verfügung zu besetzen und einen amtlichen Verwalter zu installieren, löste im ganzen Land Proteste aus.

Schließlich beging der SPÖ-Chef Vizekanzler Bruno Pittermann in der Endphase noch einen folgenschweren Fehler. Die winzige Kommunistische Partei Österreichs, seit 1959 nicht im Parlament, trat nur noch in ihrer traditionellen Hochburg Wien-Nordost überhaupt zur Wahl an und hat in den übrigen Wahlkreisen ihren Anhängern empfohlen, diesmal die SPÖ zu wählen. Die SPÖ-Führung hat dieses Angebot nicht zurückgewiesen; sie nahm es stillschweigend zur Kenntnis. Die theoretisch vielleicht nützlichen KPÖ-Stimmen wurden laut Karl Pisa „in der Praxis vom antikommunistischen Wahlreflex weit übertroffen. Der ÖVP-Slogan ‚Die rote Volksfront droht!' erwies sich durch Tests als der mit Abstand erfolgreichste des Wahlkampfs."

Der Schock der Wahlniederlage besiegelte für die SPÖ nach 21 Jahren den Untergang der Koalition: Mit 30 gegen 10 Stimmen lehnte die erweiterte Führung der Partei im April das letzte ÖVP-Verhandlungsangebot ab. Josef Klaus war der große Sieger. Doch er musste bald aus eigener bitterer Erfahrung den Vorarlberger Minister Kolb zitieren: „Was wirtschaftlich richtig ist, das ist politisch falsch!" Die Alleinregierung der ÖVP bedeutete zweifellos eine Wende in der Nachkriegsgeschichte Österreichs. Einerseits bewiesen die weise Zurückhaltung der Sieger und die maßvolle Reaktion der Verlierer den Reifeprozess der österreichischen Demokratie. Andererseits barg der Sieg auch den Keim der künftigen Niederlage in sich.

Glanz und Niedergang der ÖVP-Alleinregierung

In den Abendstunden des 6. März 1966 ging die Nachkriegsepoche Österreichs zu Ende. Das Pressezentrum des Innenministeriums war bis zum Bersten voll. Zusammengepfercht mit Kollegen und Beamten stand ich vor den Leuchtziffern an der Stirnfront des Saales, die immer wieder den neuesten Stand der Mandate anzeigten. Der unaufhaltsame Trend hatte sich schon von Anfang an abgezeichnet, als die ersten Ergebnisse in den Parteizentralen telefonisch eingelangt und zumeist per Hand addiert worden waren. Wir spürten trotz der vor dem Fernsehen bekundeten Bereitschaft der Sieger, mit den Verlierern neue Koalitionsverhandlungen aufzunehmen, dass das Endresultat: ÖVP 85, SPÖ 74, FPÖ 6 Mandate einen politischen Erdrutsch, also das unaufhaltsame Ende von 21 Koalitionsjahren, bedeutete.

Josef Klaus, 56-jähriger Anwalt und seit nunmehr zwanzig Jahren Berufspolitiker, hatte den Gipfel seiner Laufbahn erreicht und war von dem Jubel seiner Anhänger überwältigt. Als siegreicher Wahlgewinner rückte er in den Mittelpunkt der medialen Aufmerksamkeit. Nach dem Scheitern der Koalitionsverhandlungen mit der SPÖ musste er schnell über die Besetzung der sechs bisher von Sozialisten geleiteten Ressorts entscheiden. Klaus war der erste Bundeskanzler, der eine Frau in die Regierung holte: Grete Rehor, einstige Textilarbeiterin, Kriegswitwe und christliche Gewerkschaftssekretärin, wurde Sozialministerin. Ein symbolträchtiges Zeichen, das ebenso wie die Bestellung des 33-jährigen Josef Taus zum für die Reorganisation zuständigen Staatssekretär im Verkehrsministerium ein positives Medienecho fand.

Wenige wussten, dass der gefeierte Sieger Klaus gerade in diesen Tagen die Folgen einer Familientragödie verkraften musste: Nur eine Woche nach dem triumphalen Wahlsieg verstarb seine mit einem Herzfehler geborene 21-jährige Tochter Hildegard an einer bakteriellen Infektion. Dieser Schicksalsschlag erschütterte vor allem seine Frau Erna, die sich in diesen schweren Tagen – wegen der politischen Hektik in Wien – allein gelassen sah. Die ununterbrochenen, von der Früh bis in die Nacht reichenden politischen Aktivitäten ihres Mannes hatten das Verhältnis der beiden tiefgläubigen Ehepartner mehrmals Zerreißproben ausgesetzt, zumal Erna Klaus mit den vier anderen Kindern weiterhin in Salzburg lebte und nicht völlig nach Wien zog. Diese verborgene Spannung soll dazu beigetragen haben, dass Klaus sein cholerisches Temperament nicht immer rechtzeitig kontrollieren konnte.[1]

Ein ganz anderes Problem entstand durch die geschäftliche Tätigkeit seiner Frau, die mit Immobilien handelte. Klaus war ja der „Inbegriff der individuellen Moral" (Heinrich Neisser) und ein „ausgesprochener Moralist" (Gerd Bacher). Erna Klaus kam aus einer Halleiner Kaufmannsfamilie und hatte ein Leben lang Immobiliengeschäfte betrieben. Nun wurden in einem Wiener Boulevardblatt Beschuldigungen gegen die „Familie Klaus" erhoben, sie verletzten und erbitterten den Kanzler zutiefst. Ich erinnere mich, dass Klaus selbst mich nach einem Gespräch plötzlich fragte: „Was soll ich denn machen? Meine Frau ist einfach tüchtig. Ich habe nichts zu tun mit ihren Transaktionen, aber man kann ihr das ja nicht verbieten. Sie war ja immer dagegen, dass ich nach Wien komme und die Familie allein lasse ..." Die Vorwürfe gegen Erna Klaus wegen unsauberer Grundstücksgeschäfte waren haltlos und der betreffende Journalist wurde auch verurteilt.[2]

Josef Klaus war vom Anfang bis zum Ende seiner politischen Laufbahn eine sendungsbewusste Persönlichkeit, nach seiner eigenen Charakterisierung ein „Reformer zwischen Sachlichkeit und Messianismus". In seinen Memoiren gab er offen zu, wie schwer sein Familienleben unter seiner „chronischen Arbeitswut und Unrast" gelitten habe. Bereits als Finanzminister konnte er zur Silberhochzeit 1961 seiner Frau nur eine stille Messe in der kürzlich renovierten Kapelle des Finanzministeriums mit einem kleinen Frühstück danach anbieten. Die anschließende knappe Verabschiedung kränkte Erna Klaus sehr. Ihr Mann gestand selbstkritisch viele Jahre später: „Das hat sie mir nie verziehen." Gerade weil „Klausische Sturheit und alpiner Messianismus" (Selbstdefinition) sich für das Wiener Parkett nicht eigneten, hatte Erna Klaus beim Einzug in die Wiener Wohnung am Stephansplatz gegenüber dem Erzbischöflichen Palais ihrem Mann eine Porträtskizze von Mahatma Gandhi über den Schreibtisch in seinem Arbeitszimmer gehängt. „Damit er die Bescheidenheit nicht vergißt."[3]

Eine der auch für die Zukunft bedeutsamen Entscheidungen des neuen Bundeskanzlers war die Einführung eines modernen

Führungsstils in der Volkspartei und in der Regierung. Hochbegabte, engagierte und loyale junge Mitarbeiter zogen in das neu geschaffene Kanzlerkabinett und schon früher unter Generalsekretär Withalm in die Parteizentrale ein. Statt in den satzungsmäßig vorgesehenen, freilich umfangreichen Organen, nämlich der Bundesparteileitung und dem Vorstand, wurde die politische Willensbildung in einen kleineren Kreis „ausgelagert". Die Generalstabsarbeit und die gesamte Koordination zwischen Regierungs- und Parteiführung ließ Josef Klaus mehrmals in der Woche bei – damals als Neuigkeit angesehenen, heute selbstverständlichen – „Postsitzungen" mit vier Kurzreferaten, Lagebesprechungen und einmal monatlich bei einer „kleinen Kabinettssitzung" mit den engsten Mitarbeitern vorbereiten und durchführen. Kein österreichischer Regierungschef hat je so viele politische Talente entdeckt und gefördert wie Josef Klaus. Damals hörten auch wir Auslandsjournalisten die Namen der künftigen Spitzenpolitiker, Bundesminister und Generaldirektoren der Zukunft „aus der Baumschule Klaus" zum ersten Mal, und manche von ihnen lernten wir später kennen: Thomas Klestil und Alois Mock, Michael Graff und Heinrich Neisser, Josef Krainer jun. und Leo Wallner, Fritz Hoess, Wolfgang Schmitz und Josef Taus gehörten unter anderen zu diesem engeren Kreis.

Die Regierungserklärung stand zwar unter dem Motto einer „Politik für alle Österreicher"; doch war es bis auf den parteifreien Justizminister eine reine ÖVP-Regierung, in der noch dazu die meisten Minister und Staatssekretäre, wie übrigens auch die bereits erwähnten engsten Mitarbeiter, Mitglieder des CV, des Cartellverbandes der katholischen, farbentragenden Hochschulverbindungen waren. Der traditionsreiche Studentenverband war besonders mächtig in der ständestaatlichen Ära zwischen 1934 und 1938. In der NS-Zeit wurden seine Mitglieder verfolgt. Nur katholische Studenten durften dem CV beitreten; bis heute können Protestanten, Orthodoxe oder Juden nicht aufgenommen werden. Allerdings gab es keine „Arierparagrafen", das heißt, konvertierte oder getaufte Juden konnten Mitglieder werden. Nach 1945 nahm der CV in der neu gegründeten ÖVP eine wichtige Stellung ein. „Sehr viele Mitglieder des Cartellverbandes saßen bereits in der Regierung, in dem manche eine Art katholischer Freimaurerloge sahen", schrieb Klaus in seinen Erinnerungen. Nicht nur er, sondern alle Nachkriegskanzler der ÖVP außer Wolfgang Schüssel waren CV-Mitglieder. Zur Zeit der Klaus-Regierung gehörten rund 2142 „Aktive" und 5800 „Alte Herren" den 35 CV-Verbindungen in Wien und in den Universitätsstädten an. Alle Angehörigen des CV, unabhängig von Alter und Stellung, sprechen einander bis heute mit „Du" an.

Dieses katholische Netzwerk mit einem Korpsgeist stand immer im scharfen Gegensatz zu den „Schlagenden", also den nationalen Burschenschaften, die übrigens bis heute viele Berührungspunkte mit rechtsradikalen Gruppen haben. In den frühen sechziger Jahren war jedenfalls der CV-Einfluss besonders stark in der öffentlichen Verwaltung, vor allem in dem Bundeskanzleramt, aber auch in den Handels- und Landwirtschaftskammern, in manchen Landes- und Bezirksverwaltungen sowie bei den freien Berufen und an manchen Universitäten. Die einflussreichsten Verbindungen waren und sind die „Norica" (Raab, Figl, Withalm und Mock), die „Bajuvaria" (Klestil, Taus), die „Austria Wien" und die „Nordgau". Gorbach gehörte zur Grazer Verbindung „Carolina" und Klaus zur „Rudolfina" in Wien. Die Bedeutung des CV und besonders der „Norica"-Angehörigen mit dem weißblau-goldenen Band und der hellblauen Mütze wurde auch dadurch unterstrichen, dass Generalsekretär Withalm bis zu seiner Wahl als Vorsitzender der „Altherrenschaft" der höchste Funktionär des CV überhaupt und zugleich Mitglied der „Norica" gewesen war. Immerhin gehörten dem CV damals 23 Prozent der VP-Parlamentarier an.

Von den sechs Sektionschefs des Bundeskanzleramtes waren vier CVer. Der langjährige Präsidialchef am Ballhausplatz, Eduard Chaloupka, war das Alter Ego des jeweiligen ÖVP-Kanzlers. Der enge Kreisky-Mitarbeiter, der auch aus dem Exil zurückgekehrte Botschafter Hans Thalberg, beschrieb in seinen Memoiren „einen großen Vorbeimarsch der CV-Studenten in voller Wichs am Ballhausplatz in den fünfziger Jahren: Chaloupka stand auf einem kleinen Schemel vor dem Haupttor des Kanzleramtes und nahm das feierliche Defilee von Fahnen, Schärpen und Säbeln an". Es war übrigens die Zeit, da die ÖVP in ihren Statuten bestimmt hatte, dass „der jeweilige Bundeskanzler" Mitglied des Parteivorstandes sein sollte. Offenbar hatte man 1945 ausgeschlossen, dass es einmal einen sozialistischen Bundeskanzler geben könnte. Bruno Kreisky soll in diesem Zusammenhang in den siebziger Jahren während seiner Kanzlerschaft einmal scherzhaft erklärt haben, er werde jetzt zu einer Sitzung „in die Kärntnerstraße“ (das heißt: in die damalige ÖVP-Zentrale) gehen. Diese Textstelle musste man aus dem Statut streichen.[4]

Man hat von liberaler und sozialistischer Seite dem Cartellverband immer wieder „Freunderlwirtschaft“ vorgeworfen. Ich habe den Einblick in die Mentalität und in die Atmosphäre der Verbindungen meiner langen Freundschaft mit dem Journalisten Kurt Vorhofer und dem Unternehmer Josef Taus sowie den guten Kontakten mit mehreren einflussreichen Cartellbrüdern zu verdanken. Außerdem wurde ich manchmal in die „Buden“, so heißen die Vereinslokale, zu Vorträgen oder besonderen Klubabenden eingeladen.

Hier muss man auch kurz die liberale und inzwischen fast in Vergessenheit geratene Vorfeldorganisation der ÖVP, den 1953 von Finanzminister Kamitz gegründeten und lange auch geleiteten Akademikerbund, erwähnen. In der Klaus-Ära zählte die Organisation rund 8000 Mitglieder. Sie war in keiner Weise in den Parteiapparat eingebunden, und ihre Präsidenten, der Finanzminister und spätere Nationalbank-Präsident Stephan Koren sowie der angesehene liberale Generaldirektor der Creditanstalt, Heinrich Treichl, wirkten wie geistige und politische Eisbrecher. Generalsekretär Georg Zimmer-Lehmann und der fähige Kamitz-Assistent und spätere Geschäftsführer des Bankenverbandes, Fritz Diwok, sorgten für einen regen Dialog auch mit den Auslandskorrespondenten, nicht zuletzt bei den jährlichen Treffen der Bankiers und Nationalökonomen in Alpbach.

In der Zeit von Klaus (und in der viel längeren Kreisky-Ära) ging es um sachpolitische, zuweilen historische Fragen, kurz um Wissen, und nicht um Nachrichtenmanipulation. Heinrich Neisser, einer der „Klaus-Buben“ (später Bundesminister und Zweiter Nationalratspräsident), erinnert sich etwa daran, dass Klaus von der Sitzung bei einer Arbeitsgruppe der „Aktion 20“ mit einer ganzen Liste von Büchern herauskam, die ihm im Laufe der Diskussion genannt worden waren. Die wurden dann zum Teil gekauft und von ihm gelesen. Das sei seine persönliche Marke gewesen. Immer wieder stellten wir fest, dass Josef Klaus einer der humanistisch gebildetsten Politiker gewesen ist. Viele Jahre später durfte ich in der von mir redigierten „Europäischen Rundschau“ zwei lange Essays von Klaus über „Europa Mediterranea“ (1974) und „Hispanidad gestern und heute“ (1983) veröffentlichen.

Noch ein Wort zum Cartellverband, der heute bei der Elitebildung und den politischen Netzwerken nicht mehr eine so bedeutende Rolle spielt wie damals. Ohne Kenntnisse über den Cartellverband und auch über die zuweilen nicht so herzlichen Beziehungen zwischen den CVern einerseits und den Mitgliedern des katholischen Mittelschülerverbandes und der Katholischen Studierenden Jugend (KSJ) andererseits kann man das Vorspiel zu manchen wichtigen Weichenstellungen im bürgerlichen Lager kaum verstehen. In der KSJ und nicht im Cartellverband waren seinerzeit so wichtige Politiker wie die Ex-Vizekanzler Josef Riegler und Erhard Busek, der langjährige Landeshauptmann der Steiermark, Josef Krainer jun., und der frühere Bundeskanzler Wolfgang Schüssel aktiv. Darüber hinaus war die Zugehörigkeit zu einer CV-Verbindung keineswegs ein Garant für wirkliche Freundschaft. Zum Beispiel hatten bei der persönlichen Tragödie des Bundespräsidenten Thomas Klestil gerade einige seiner „Cartellbrüder" als die eigentlichen Drahtzieher hinter den Kulissen intrigiert.

Das jüngste Mitglied der Regierung Klaus, Staatssekretär Josef Taus im Bundesministerium für Verkehr und Verstaatlichte Wirtschaft, war für eine der zukunftsträchtigsten Reformen, nämlich die Umstrukturierung der Verstaatlichten Industrie, verantwortlich. Er schuf eine neue Holding-Konstruktion, zunächst die ÖIG, später die ÖIAG, um eine gewisse Entpolitisierung, eine vernünftige Konzernierung (Branchenholdings) und eine Finanzierung über den Kapitalmarkt zu ermöglichen. Er verließ die Regierung bereits im März 1967, um als Aufsichtsratsvorsitzender die Reformen durchzuführen. Zugleich wurde er Generaldirektor der Girozentrale, des Spitzeninstitutes des Sparkassensektors. Es ist ihm unter anderem gelungen, die erste große Reprivatisierung, die der Siemens-Betriebe, durchzuführen und zugleich eine ÖIAG-Beteiligung von 43,6 Prozent sicherzustellen.

Ich habe Josef Taus in beiden Funktionen – als Spitzenbankier und als Reformer der Verstaatlichten – kennen- und schätzen gelernt. Ich verdanke ihm seit Jahrzehnten unverwechselbare Einblicke in die Politik und Wirtschaft Österreichs und in die Mentalität der Österreicher. Klaus hatte seine brillante wirtschaftspolitische Kompetenz schon als Finanzminister bewundert. Taus war nicht nur Redenschreiber, sondern auch sein engster wirtschaftlicher Berater. Seine Fähigkeiten und seine Integrität beeindruckten Klaus so tief, dass er Bundeskanzler Gorbach 1963 nach seinem Rücktritt als Finanzminister den nicht einmal 30-jährigen Taus sogar als einen der Kandidaten für seine Nachfolge (vergeblich) vorgeschlagen hatte. In die Alleinregierung zog dann Wolfgang Schmitz, Abteilungsleiter der Wirtschaftskammer, als Finanzminister ein. Taus spielte in den folgenden Jahren als Parteiobmann der ÖVP (1975–1979), danach bis 1991 als Wirtschaftssprecher seiner Partei sowie als erfolgreicher Unternehmer eine herausragende Rolle in der österreichischen Politik. Er wäre mit Sicherheit ein ausgezeichneter Finanz- oder Wirtschaftsminister in einer Allein- oder Koalitionsregierung gewesen.

Doch gegen eine Ausnahmeerscheinung wie Bruno Kreisky hatte der – nach dem tödlichen Verkehrsunfall Karl Schleinzers – über Nacht zum neuen Parteiobmann gewählte Taus kaum eine Chance, zumal das Machtstreben einiger Landeshauptleute, die kurzsichtige Interessenpolitik der ÖVP-Bünde und die mangelnde Gefolgschaftstreue mancher Parteifreunde einer offensiven Oppositionspolitik von vornherein einen Riegel vorschoben. Taus ist stets ein Anhänger der katholischen Soziallehre und breiter Eigentumsstreuung geblieben. Der von manchen Journalisten, aber auch etlichen Parteifreunden als überheblich und abgehoben kritisierte Taus ist trotz seiner Erfolge ein Mann des bescheidenen Lebensstils und der absoluten persönlichen Integrität geblieben, der im selben Haus mit denselben Möbeln wie vor 30 Jahren wohnt. Meine enge persönliche Beziehung zu Bruno Kreisky und die Tatsache, dass ich ein Agnostiker jüdischer Herkunft bin, wirkten sich auf meine lebenslange Freundschaft mit diesem ungewöhnlichen Mann (und unserem gemeinsamen engen Freund Kurt Vorhofer) nie negativ aus.

Im Gegensatz zu Taus war der frühere langjährige Salzburger Nationalratsabgeordnete Lujo Tončić-Sorinj, der als Nachfolger Kreiskys zum Außenminister der ÖVP-Alleinregierung bestellt worden war, für Kanzler Klaus so etwas wie ein Problemfall. Es war vor allem der Lebensstil und die auf Repräsentation erpichte Persönlichkeit des aus Kroatien stammenden sprachkundigen und eleganten Politikers, die den introvertierten Sparmeister immer irritierten. Im Außenamt nannten die Damen den feschen Chef „Minister des schönen Äußeren“. An einem Sommertag erschien Tončić zum Beispiel, von einer Fahrt zurückkommend, in einem hellen Anzug im Parlament. Klaus war schockiert und fand dies völlig unpassend. „Wenn Du ins Parlament kommst, musst Du völlig unauffällig gekleidet sein", sagte er zu Tončić, worauf dieser antwortete: „Was soll ich denn machen, ich kann mich doch nicht deswegen, weil ich ins Parlament gehe, schlecht anziehen." Der Wunsch des Außenministers, der in Wien nur eine kleine Zweizimmer-Wohnung besaß, nach einer standesgemäßen offiziellen Residenz, wo man auch Empfänge geben könnte, oder seine Vorliebe für französische Weine waren für Klaus „entsetzlich".[5]

Als Auslandskorrespondent hatte ich zwei indirekte Erlebnisse mit Tončić. Der Auslandspresseverband hatte den neuen Außenminister sozusagen als Einstand zu einem Mittagessen im Hotel Imperial eingeladen. Jeder von uns musste einen relativ hohen Betrag bezahlen. Der illustre Gast ließ so lange auf sich warten, dass wir schließlich ohne ihn mit dem Lunch anfingen. Damals gab es noch kein Handy; erst bei dem Dessert nach anderthalb Stunden ließ Tončić auf die besorgte Anfrage unseres Verbandspräsidenten in seinem Sekretariat kühl ausrichten, er sei im Parlament und könne nicht mehr weg. Sein Benehmen hatte uns alle irritiert und manche Kollegen revanchierten sich später mit spöttischen Kommentaren zu den Meinungsverschiedenheiten zwischen ihm und Vizekanzler Bock in der Frage der europäischen Integration.

Irgendwann im Jahre 1967 gab das Ehepaar Klaus anlässlich einer internationalen Konferenz einen großen Empfang in Schönbrunn. Vorne standen Klaus und seine Frau und nebenan Tončić mit seiner Frau. Beide waren sehr groß, sehr fesch und sehr elegant. Die zwei Tončićs überstrahlten das biedere Ehepaar Klaus in jeder Hinsicht. Der Vergleich ist gewagt: Ich hatte an das sowjetische Politbüro gedacht, wo neben Stalin kein Mitglied hochgewachsen war. Nach seiner Ablöse durch Kurt Waldheim bei der Regierungsumbildung im Januar 1968 wurde Tončić zum Generalsekretär des Europarates (1969–1974) gewählt. Zuletzt sah ich ihn persönlich anlässlich der Überreichung des Kulturpreises 1992 der österreichisch-kroatischen Gesellschaft an mich, als er eine freundliche Laudatio hielt. Nach der Veranstaltung plauderten wir in einem dalmatinischen Restaurant beim Abendessen über die kroatische Geschichte. Kurz danach stand er im Mittelpunkt einer unglücklichen Kontroverse: „aus Verbundenheit mit Dalmatien" hatte er die kroatische Staatsbürgerschaft angenommen.

Daraufhin wurde ihm die österreichische aberkannt und auch die Politikerpension gestrichen. Erst nach viel Aufregung und der Vorlage von Dokumenten, die den „nicht rechtmäßigen Erwerb" der kroatischen Staatsbürgerschaft beweisen sollten, wurde Tončić-Sorinj wieder Österreicher.[6]

Im Zusammenhang mit der Außenpolitik ist es übrigens in unserer schnelllebigen Zeit schon vergessen oder wird kaum erwähnt, dass Josef Klaus bereits Mitte der sechziger Jahre in einer beachtlichen Rede vor dem Europarat in Straßburg ostpolitische Akzente gesetzt hatte. Der Bundeskanzler stellte sich mit „Civis Europaeus sum" („Ich bin europäischer Bürger") vor und mahnte dann das internationale Publikum, dass man beim Bau des „europäischen Hauses" auf den „Ostflügel" nicht vergessen dürfe. Als erster österreichischer Bundeskanzler unternahm er Reisen nach Jugoslawien, Ungarn, Rumänien und Bulgarien. Man kann rückblickend bestätigen, dass Klaus in seinen Erinnerungen zu Recht betonte, dass „die österreichischen Ostkontakte, von Illusionen ebenso frei wie von hysterischem Misstrauen, durch ihre Moderiertheit für die anderen Länder des freien Europa ein Pionier 118 dienst waren."[7] Was die Klaus-Reisen von ähnlichen diplomatischen Ausflügen österreichischer Regierungschefs unterschieden hat, waren die menschliche Note und das Bestreben, zumindest durch elementare Sprachkenntnisse einen direkten Zugang zu den Menschen in fremden Ländern zu finden.

Ich habe das selbst im März 1965 am Rande eines denkwürdigen Staatsbesuches von Klaus und Außenminister Kreisky in Belgrad erlebt und für meine Leser in der Wiener Zeitung „Die Presse" und in der Zürcher „TAT" festgehalten. Um die Regionalpolitik (schon damals!) zu unterstreichen, wurde der Kanzler auch von den Landeshauptleuten Josef Krainer sen. (ÖVP-Steiermark) und Ferdinand Wedenig (SPÖ-Kärnten) begleitet. Die Belgrader „Politika" bezeichnete diesen ersten Besuch eines österreichischen Regierungschefs seit einem halben Jahrhundert als „nicht das Ereignis eines Tages, sondern einer Generation." Durch seinen Kabinettschef, den hoch qualifizierten Franz Karasek (Generalsekretär des Europarates 1979–1984), war Klaus auf die Verhandlungen bestens vorbereitet. In einem leeren Abteil des Zuges arbeitete er noch einmal den serbokroatischen Text der geplanten Fernsehansprache durch, der Handelsdelegierte Dr. Draszyk brachte ihm noch „den letzten Schliff der Aussprache“ für den Fernsehtext bei.

Ich erinnere mich noch heute an den starken Eindruck, den die auf Serbokroatisch gehaltene Rede des Kanzlers sowohl bei den offiziellen Gesprächspartnern als auch bei dem „Mann auf der Straße“ hinterlassen hat. Auch bei einem Vortrag im Belgrader Institut für Internationale Politik und Wirtschaft sagte Klaus seine einleitenden persönlichen Worte auf Serbokroatisch. Die Gespräche mit Marschall Tito wurden zum Teil auf Deutsch geführt. Klaus hatte übrigens auch bei seinem späteren Moskau-Besuch seine Fernseh- und Rundfunkrede auf Russisch gehalten. Dass er überall mit den Menschen und nicht zuletzt mit den Vertretern der Kirche Kontakt suchte, war neben den Bemühungen um Sprachkenntnisse eine besondere Note seiner Ostreisen. Trotz des damals noch intakten Überwachungssystems der kommunistischen Diktaturen war Josef Klaus auch in dieser Hinsicht ein höchst ungewöhnlicher Besucher.

Hier muss auch sein überaus positives Verhältnis zur slowenischen Minderheit in Kärnten hervorgehoben werden. Klaus hatte auf dem humanistischen Gymnasium in Klagenfurt als Freigegenstand Slowenisch gewählt. In einer außerordentlich warmherzigen und konstruktiven Rede anlässlich der Republikfeier des Rates der Kärntner Slowenen im Mai 1965, versprach er im Schlussabsatz auf Slowenisch, er werde alles tun, um ihre Rechte zu sichern. Das Wichtigste sei das gegenseitige Vertrauen, und das Zweite, fast noch Wichtigere sei, dass es um die Erhaltung, um die Zukunft und um die Existenz der Volksgruppe geht: „Alle kleinen Dinge, alle Einzelmaßnahmen haben ja nur den einen Sinn, daß die Volksgruppe letzten Endes in ihrem Bestand und in ihrer Zukunft gesichert ist: Unter Mitwirkung der Minderheit wollen wir auch in Hinkunft alle Fragen lösen, denn wir wissen, daß dies für die Slowenen, für Kärnten und für Österreich das Beste ist.“ [8]

Bei der Bilanz der kurzen Ära Klaus sollte man also statt der heutzutage oft zu lesenden Negativwertung oder zumindest Verniedlichung seiner Persönlichkeit die Vorbildwirkung des Politikers Josef Klaus und seine zum Teil erstaunlichen Leistungen und Reforminitiativen hervorheben. Zu diesen gehörten zweifellos die aktive Nachbarschaftspolitik und der Abschluss der Südtirol-Verhandlungen mit dem Paket und dem Operationskalender, die

Kapitalmarktgesetze und der bereits erwähnte Anlauf zur Reform der Verstaatlichten, die stufenweise Einführung der 40-Stunden-Woche, die endgültige Abschaffung der Todesstrafe und die Reduzierung des aktiven und passiven Wahlalters.

Auch für die Regierung Klaus und ihren Stellenwert in der österreichischen Zeitgeschichte gilt die Feststellung Nietzsches: „Nicht wenn es gefährlich ist, die Wahrheit zu sagen, findet sie am seltensten Vertreter, sondern wenn es langweilig ist.“[9] Die vielleicht größte Errungenschaft der Alleinregierung war, was Gerd Bacher so treffend „die Einführung der Normalität des demokratischen Wechsels“ nannte.[10] Für die Zukunft gilt die Wertung des Historikers Ernst Hanisch: „Obwohl Klaus und Kreisky zwei völlig verschiedene Politikertypen repräsentierten, bildete, historisch gesehen, die Ära Klaus-Kreisky eine Einheit, vor allem in den ersten zehn Jahren von Mitte der 60er bis Mitte der 70er Jahre, eine Reformperiode wie selten in der österreichischen Geschichte.“

Man darf nicht vergessen, dass viele führende Funktionäre der beiden Großparteien nach mehr als 20 Jahren der Koalitionsregierungen wegen des einmaligen Experiments einer Alleinregierung Unbehagen fühlten und diese Bedenken auch von so manchen bürgerlichen Publizisten geteilt wurden. Dazu kam die bewusste Panikmache der Wahlverlierer in der SPÖ. Die Gespenster eines Generalstreiks, gar Bürgerkriegs, wurden anfänglich an die Wand gemalt. Für mich, der „aus der Kälte“ einer Diktatur kam, war der Reifeprozess der österreichischen Demokratie ein unvergessliches Erlebnis. Gerd Bacher war zwar der Nutznießer des von der Regierung Klaus, wie versprochen, verabschiedeten Rundfunkgesetzes, als Bacher Generalintendant des neuen ORF wurde. Doch besteht kein Zweifel, dass er mit seinem Lob für Klaus als „Medienpolitiker“ recht hat: „Das Rundfunkgesetz ist die einzige medienpolitische Großleistung irgendeiner Bundesregierung bis zum heutigen Tag“.

Bacher erzählt oft, dass der erste Anruf, den er am Abend des 9. März 1967 unmittelbar nach seiner Wahl zum Generalintendanten erhielt, von Klaus stammte. Nachdem er ihm gratuliert hatte, sagte er: „Sie wissen, dass Sie ursprünglich nicht mein Kandidat waren. Ich verspreche Ihnen, nie bei Ihnen zu intervenieren, und sollte ich es tun, so erinnern Sie mich an dieses Versprechen.“[11] Nie haben sich Klaus und Withalm später in ORF-Angelegenheiten eingemischt. Der Chefredakteur der sozialistischen „Arbeiter-Zeitung“, Franz Kreuzer, wurde zum Beispiel zum neuen TV-Chefredakteur im ORF bestellt, obwohl er in einer Fernseh-Diskussionsrunde nicht allzu lange Zeit zurück Bundeskanzler Klaus als „Niete“ bezeichnet hatte.

Die ORF-Reform erwies sich freilich für die ÖVP als Bumerang. Vor allem aus zwei Gründen: Erstens hatte Klaus, wie er selbst zugab, „lähmende Scheu vor dem Interviewer, vor dem Mikrophon und vor der Fernsehkamera.“ Zweitens war der am 1. Februar 1967 zum SPÖ-Vorsitzenden und zum Kanzlerkandidaten gewählte Bruno Kreisky „ein Weltmeister im medialen Ring und siegte nicht nur nach Punkten.“[12] Während Kreisky durch seine dynamische Führung in den nächsten Jahren das Gesetz des Handelns an sich und an seine Partei riss, geriet die „katastrophal uneinige“ (so Klaus wörtlich) ÖVP-Mannschaft bereits knapp eineinhalb Jahre nach dem unerwarteten Sieg in immer größere Turbulenzen.

Die Niederlage der ÖVP bei den oberösterreichischen Landtagswahlen im Oktober 1967 (minus 3,4 Prozent) löste eine beinahe panische Reaktion aus. Bereits im Januar 1968 entschloss sich Klaus zu einer radikalen Regierungsumbildung. Der Außen-, Innen-, Handels- und der Finanzminister wurden abgelöst. Der „Eiserne Hermann“, Klubobmann und ÖVP-Generalsekretär Withalm, übernahm zusätzlich den Posten des Vizekanzlers. Der neue Finanzminister, Professor Stephan Koren, versuchte mit einem „Paukenschlag“, mit dem sogenannten Koren-Plan, das Budgetdefizit zu kürzen und die Investitionen zu beleben. Teile der von seinem Vorgänger durchgeführten Steuerreform nahm er zurück und führte bei gleichzeitiger Abgabenkürzung eine befristete 10-prozentige Sondersteuer auf Wein und neue Autos ein. Sie traten im Herbst 1968 in Kraft. Dazu kamen ab Januar 1969 die 10-prozentige Erhöhung der Lohn-, Einkommens- und Körperschaftssteuer sowie eine Anhebung der Vermögenssteuer von 0,5 auf 0,75 Prozent. Diese Maßnahmen trafen die Kernschichten der ÖVP-Anhänger, also den Mittelstand und die Bauern.

Die erzürnten Bauern fuhren mit Hunderten Traktoren vor dem Bundeskanzleramt auf. Klaus weigerte sich aber, unter dem Druck der Straße zu verhandeln, geschweige denn die notwendigen Sparmaßnahmen zurückzunehmen. Es war die Aufgabe des neuen Staatssekretärs für Information, Karl Pisa, die viel zu spät ergriffenen Maßnahmen zu „verkaufen“. Der ursprünglich von Klaus in

Aussicht genommene „Kurier"-Chefredakteur Hugo Portisch hatte das Angebot abgelehnt und wechselte als Chefkommentator zum neuen reformierten ORF. Doch sagen heute rückblickend alle wichtigen bürgerlichen Politiker, wie zum Beispiel der Landeshauptmann von Niederösterreich, Erwin Pröll, oder der frühere Parteiobmann Josef Taus, dass die Wirkung des Koren'schen „Paukenschlages" in der Öffentlichkeit katastrophal war. In dieser Stunde hatte die Regierung Klaus alle Trümpfe aus der Hand gegeben.[13]

Indessen nahm der unermüdliche Klaus ein neues Vorhaben in Angriff. Als einer der ersten Politiker in Mitteleuropa hatte er die fundamentale Veränderung durch den Siegeszug der Computer erkannt. Fast ein halbes Jahr lang nahm er mehrmals in der Woche in aller Morgenfrühe Privatstunden bei Univ. Prof. Heinz Zemanek im IBM-Laboratorium am Parkring in Wien, um sich Wissen über die Kybernetik und die Computerwissenschaft anzueignen. Doch die Aufmerksamkeit der Journalisten wandte sich einem anderen Thema zu. Schon bald nach der Regierungsumbildung lenkte Klaus durch einen schwerwiegenden taktischen Fehler das öffentliche Interesse auf die anhaltende parteiinterne Gärung.

Klaus hatte nämlich vor dem ÖVP-Parlamentsklub die „Hofübergabe" an Vizekanzler Withalm „in absehbarer Zeit" angekündigt und damit eine Büchse der Pandora geöffnet. Statt der Stärkung seiner Autorität wurde diese erst recht durch seine unüberlegte hastige Bemerkung unwiderruflich beschädigt. Es gab kaum eine Pressekonferenz, wo die Frage der „Hofübergabe" nicht aufgeworfen wurde. Klaus wollte offensichtlich vor seinen Abgeordneten nur unterstreichen, dass er kein „Sesselkleber" sei. Es war, wenn ich mich richtig erinnere, der in ÖVP-Angelegenheiten stets bestens informierte Kurt Vorhofer von der „Kleinen Zeitung", der als Erster die Spekulationen über einen möglichen Rücktritt des Bundeskanzlers ins Gespräch brachte.

Im Gegensatz zu den Gerüchten und Annahmen war Klaus nie ein Machtpolitiker. „Ich habe kein persönliches Verhältnis zur Macht gehabt", schrieb er in seinen Erinnerungen und zitierte zustimmend den Spruch der Dichterin Marie Ebner-Eschenbach: „Wer in die Öffentlichkeit tritt, hat keine Nachsicht zu erwarten und keine zu fordern." Es kam allerdings in der ÖVP-Führung zu keinem Machtkampf, weil Withalm trotz seiner beachtlichen Machtfülle (Vizekanzler, Klubobmann und Generalsekretär) bis zuletzt trotz wachsender Zweifel bezüglich des Regierungskurses absolut loyal gegenüber Klaus geblieben war. Withalm bemerkte in seinen Erinnerungen, dass er des Öfteren den Kanzler und die Minister auf die Konsequenzen der „Überschwemmung“ des Parlaments (600 Regierungsvorlagen zwischen dem 20. April 1966 und dem 31. Oktober 1969!) aufmerksam gemacht hatte. Nach der Serie von Misserfolgen bei anderen Landtagswahlen beging Klaus den weiteren Fehler, alles auf eine Karte zu setzen und anzukündigen, dass er keine Koalitionsregierung mehr führen wolle. Auch ich gehörte zu jenen Journalisten, die bei jeder Gelegenheit den gestressten Regierungschef fragten, ob und wann die „Hofübergabe“ geschehen und ob er tatsächlich im Falle einer verlorenen absoluten Mehrheit zurücktreten werde.

Zwei bizarr wirkende Ereignisse in der Außen- und in der Innenpolitik trugen zusätzlich zum negativen Image der Regierung Klaus bei. Die Warschauer-Pakt-Intervention in der Tschechoslowakei in der Nacht zum 21. August 1968 war trotz der traditionell erstklassigen militärischen Auslandsaufklärung für die österreichische Regierung, wie für die ganze Welt, eine totale Überraschung. Es fehlte gänzlich an Koordination und an einem „Notstandsplan“. Der Kanzler war in seinem Wochenendhaus in Wolfpassing ohne Telefon, Vizekanzler Withalm in Gösing auf der Jagd, Bundespräsident Jonas in seiner Dienstvilla in Mürzsteg, der Informationsstaatssekretär in Tunesien und Oppositionsführer Kreisky auf Urlaub in Dalmatien. Während die meisten Regierungen schon ihre Krisenstäbe mobilisierten, musste Kanzlersekretär Thomas Klestil um vier Uhr früh nach Wolfpassing im Tullnerfeld fahren, um seinen Chef zu holen. Noch vor Klosterneuburg begegnete Klaus dem Wagen des ORF-Generalintendanten Gerd Bacher, der ihn ebenfalls schleunigst informieren wollte.

Die Regierung wirkte in diesen Tagen überfordert und unsicher. Ich wurde zusammen mit den Korrespondentinnen der „Frankfurter Allgemeinen“ und des „Spiegel“, Hanni Konitzer und Inge Santner, zu einem vertraulichen Informationsgespräch mit dem Kanzler, mit Außenminister Waldheim und Verteidigungsminister Georg Prader sowie mit einigen hohen Offizieren eingeladen. Klaus war vor unserer Zusammenkunft schon kritisiert worden, da er in seiner ersten Erklärung die Invasion nicht sofort verurteilt und auch in seinen späteren Erklärungen zu behutsam formuliert hatte. Ferner gab es Unsicherheiten bezüglich der Mobilmachung der Reservisten und der Zuständigkeit und Arbeitsteilung zwischen dem Bundespräsidenten (laut Verfassung der Oberkommandierende des Heeres), dem Verteidigungsminister und der Regierung.

Auch bei unserem Pressegespräch am Ballhausplatz wirkten die drei Politiker nicht sehr eindrucksvoll, wie sie unsere Fragen beantworteten. Nach einiger Zeit gaben sie eine Verzögerung von etwa acht Stunden bei der Sicherung der österreichischen Grenze, also den Zeitverlust zwischen Marschbereitschaft und Ausrückungsbefehl, zu. Dazu kamen missverständliche Berichte über angebliche Vorbereitungen, im Notfall die Regierung Klaus mit hohen Offizieren nach Zell am See in Westösterreich zu übersiedeln. Damals wussten wir noch nichts über die bis heute nicht restlos aufgeklärte Weisung des Außenministeriums an den österreichischen Gesandten (und späteren Außenminister und Bundespräsidenten) in Prag, Rudolf Kirchschläger, er möge die Erteilung österreichischer Visa an tschechoslowakische Staatsbürger sofort einstellen. Kirchschläger ignorierte die Weisungen und bat das Ministerium, den Erlass noch einmal zu überlegen. Kirchschläger hat nie seinen Vorgänger Waldheim namentlich für die inhumanen Weisungen kritisiert, aber in einem Kabel darauf hingewiesen: „Wenn wir die humanitäre Note aufgeben, verlieren wir die moralische Rechtfertigung für die Neutralität.“[14] Mir bestätigte allerdings Kirchschläger viele Jahre später, schon als Bundespräsident, dass diese Weisung im Zeichen des opportunistischen Zurückweichens von Waldheim persönlich erlassen, allerdings einige Tage später auch rückgängig gemacht worden sei.

Bruno Kreisky nützte die Invasion der Warschaupaktstaaten in der ČSSR zu einer groß angelegten staats- und informationspolitischen Aktion, die auch humanitäre Maßnahmen umfasste. In einer glänzenden Rede vor 3000 SPÖ-Funktionären in der Wiener Stadthalle wies er auf drei Lehren aus der Tragödie hin: Hoffnungen, eine kommunistische Diktatur zu „demokratisieren“, seien trügerisch; die militärische Intervention gehöre zum Inventar aller Diktaturen, und schließlich machten auf Diktaturen nicht Willfährigkeit und Leisetreten Eindruck, sondern ein Zusammenstehen und entschlossenes Auftreten. Ein Jahr später folgte die bedeutsame „Eisenstädter Erklärung“ gegen Diktatur und jedwede Zusammenarbeit mit der KPÖ. Damit korrigierte er den folgenschweren taktischen Fehler des Jahres 1966, als die kommunistische Wahlempfehlung von der SPÖ nicht eindeutig zurückgewiesen worden war.

Warum verlor die Regierung Klaus trotz einer positiven ökonomischen und sozialpolitischen Bilanz am 1. März 1970 nicht nur die absolute, sondern sogar die relative Mehrheit? Das Resümee des früheren Außenministers und Staatssekretärs unter Klaus, Karl Gruber, lautete: „Klaus war eine ausgesprochen gute Regierung für das Volk Österreichs, aber sie war – so absurd das klingen mag – eine katastrophale Regierung für die Österreichische Volkspartei ... Josef Klaus war einfach ein zu großer Idealist, um mit dem bündischen Haufen, aus dem immer ein Teil ausschert, wenn es an einer starken Autorität fehlt, fertigzuwerden." Klaus war ein Reformpolitiker ohne Hausmacht, der sich im ÖVP-Parlamentsklub „nie wahrhaft zu Hause fühlte".[15] Einer der begabten „Klaus-Buben", Heinrich Neisser, sieht ihn heute so: „Er war ein Mann der versuchten, aber nicht ganz geglückten Wende, ein Mann, der die Sachlichkeit der Politik in den Mittelpunkt gestellt hat, aber schließlich ohne Kraft, das durchzusetzen. Ein Übergang zu einer neuen Zeit, allerdings ist dieser Übergang durch Kreisky vollendet worden."[16]

Josef Klaus überraschte uns Journalisten am Wahlabend im großen Saal der Hauptwahlbehörde im Innenministerium und empörte (insgeheim) viele anwesende Parteigranden, als er vor den Fernsehkameras kurz und bündig eine „Koalition der Verlierer" ablehnte, also eine Option für die FPÖ. Seinen Vizekanzler und Generalsekretär Withalm traf die Aussage des Bundeskanzlers wie „ein Blitz aus heiterem Himmel". Eine ÖVP-FPÖ-Koalition hätte ja über 84 gegen die 81 Mandate der SPÖ verfügt, doch – sagte Klaus viele Jahre später in einem ORF-Interview – das hätte er nie getan, das wäre unanständig gewesen.

Klaus schied ohne Groll und ohne Schmerz 60-jährig aus der Politik. Er mag, etwa verglichen mit Bruno Kreisky, der „wie ein Elementarereignis in die erstarrte politische Landschaft Österreichs einbrach",[17] eine Übergangserscheinung gewesen sein, doch bleiben seine Haltung gegenüber der Macht, sein freiwilliger, schneller und schmerzloser Rückzug aus der Politik sowie seine innerhalb eines Jahres niedergeschriebenen, ungewöhnlich offenen und selbstkritischen Erinnerungen Beweise für jene menschliche Größe, die wir Medienleute damals und später erlebten.

Kreiskys geheime Hausmacht

Ein Vierteljahrhundert, nachdem Bruno Kreisky zurückgetreten war, und 17 Jahre nach seinem Tod ist die Faszination dieses Mannes ungebrochen. Das beweist die Flut von diversen Publikationen, Artikeln und Stellungnahmen mit Angriffen und Rechtfertigungen, Erinnerungen und Betrachtungen. Ein Großbürger jüdischer Herkunft, der noch das Begräbnis von Kaiser Franz Joseph I. miterlebt hatte, der als Sozialist für zwei Jahre in den Kerker und dann für 12 Jahre ins schwedische Exil musste, der in der NS-Zeit 21 Verwandte verlor, wird der längstdienende sozialistische Bundeskanzler in einem eher konservativen Land sowie Langzeit-Vorsitzender einer auch für den Antisemitismus anfälligen Sozialdemokratie.

Bruno Kreisky war vor allem der Sieger. Er hatte seine sozialistische Partei zu einer in der modernen europäischen Geschichte einzigartigen Serie von fünf Wahlsiegen (1970–1983) geführt, die schließlich in der dreimaligen Erringung der absoluten Mehrheit der Mandate und – zum ersten Mal in der österreichischen Geschichte – der Wählerstimmen (1971–1975 und 1979) ihren Höhepunkt erreichten. Er hat der Republik Österreich als Außenminister und Bundeskanzler während zwei Jahrzehnten einen internationalen Glanz verliehen, den sie niemals zuvor gehabt hatte und höchstwahrscheinlich in der Zukunft kaum mehr gewinnen wird.

Das Phänomen Bruno Kreisky hat unter anderen so verschiedene Menschen wie Norbert Leser, den kritischen Historiker der österreichischen Sozialdemokratie, Kurt Vorhofer, den bedeutendsten Journalisten der katholischen „Kleinen Zeitung", und Armin Thurnher, den linksliberalen Chefredakteur der Stadtzeitung „Falter", aber auch ausgesprochene politische Gegner fasziniert. Trotz allen persönlichen Enttäuschungen sah ihn Leser (1988) als „eine epochemachende Erscheinung" der österreichischen Geschichte und des internationalen Sozialismus: „Es ist meine feste Überzeugung, daß ohne die besondere Ausstrahlung Kreiskys, ohne seinen Einsatz und seine proteusartige Vielgestaltigkeit die historische Chance, die die Sozialistische Partei in den siebziger Jahren hatte, zur führenden politischen Kraft zu werden, überhaupt nicht, aber jedenfalls nicht in dieser Intensität und Dauer zum Tragen gekommen wäre."

Der für mich sachkundigste Kreisky-Kenner war Kurt Vorhofer, der die inzwischen so oft ohne Quellenangabe verwendeten Attribute „Journalistenkanzler" und „Sonnenkönig" erfunden hatte. Kurz vor seinem Tod sagte (das ÖVP-Mitglied!) Vorhofer im Mai 1995 bei einer Diskussionsveranstaltung, Kreisky sei für ihn „der letzte Glanz der Märchenstadt", das heißt, des Wien der Jahrhundertwende (nach dem Titel eines Buches von Otto Friedländer). Kreisky war für ihn „wie eine Laune der Natur ... etwas Unfassbares an Talentausstattung – von seiner Talentausstattung könnten ein halbes Dutzend tüchtiger Politiker bequemst leben."

Schließlich die Diagnose von Armin Thurnher (Jahrgang 1949): „1970 gewann Bruno Kreisky die Wahlen – nicht die neue SPÖ, Bruno Kreisky, der großbürgerliche Jude. Nie hätte er geglaubt, sagte er einmal, dass ein Jude in Österreich Bundeskanzler werden könne, und sein Rivale, der bürgerliche Josef Klaus, hatte sich denn auch als ein „echter Österreicher" plakatieren lassen. Es nützte ihm nicht. Stattdessen muss eine Ahnung von einem anderen echten Österreich im Wahlvolk durchgebrochen sein, die Ahnung eines Österreich jenseits deutschnationaler Enge und obrigkeitsstaatlicher Bürokratie. Der ‚Sonnenkönig', wie Kreisky von Spöttern respektvoll genannt wurde, ist im Urteil von Kritikern und Wegbegleitern der bedeutendste Politiker, den das Österreich beider Republiken hervorgebracht hat."[1]

Was diesen Urteilen eine besondere Bedeutung verleiht, ist die Tatsache, dass sie lange nach dem Abgang Kreiskys von äußerst kritischen und unabhängigen politischen Beobachtern stammen. Wenn ich mich jetzt ebenfalls kritisch und um Objektivität bemüht mit der Persönlichkeit Kreiskys und der von ihm geprägten Ära beschäftige, so will ich meine Sympathie für Bruno Kreisky nicht verbergen. Dreißig Jahre meines Lebens waren einmal eng, einmal locker, manchmal sichtbar, manchmal hinter den Kulissen, oft in Eintracht, zuweilen auch im Streit, aber nie in gleichgültiger Distanz mit ihm verbunden.[2] Dass diese ungewöhnliche Beziehung zwischen einem Journalisten ungarischer Herkunft, der als Flüchtling erst 1957 in Österreich eine neue Heimat gefunden hatte, und einem österreichischen Staatsmann während und nach seiner Amtszeit auch von seiner Seite vom Vertrauen getragen wurde, zeigte sein elf Monate vor seinem Tod an mich gesandtes Glückwunschtelegramm, das ich hier nach fast 20 Jahren zum ersten Mal veröffentliche:

„Lieber Freund, zu der Zahl der wenigen Freunde, die man in meinem Alter noch hat, zähle ich Sie, Herr Professor Lendvai, da Sie mir seit dem Beginn Ihres Aufenthaltes in Österreich sehr verbunden sind. Auch ein Gleichklang unserer Grundhaltung trägt dazu bei. Darf ich Ihnen daher noch einmal sagen, wie sehr ich Sie schätze. Ich verbleibe in Freundschaft.

Ihr Bruno Kreisky."

Ich habe Bruno Kreisky, als er Außenminister war, sehr bald nach meiner Bestellung zum „Financial Times"-Korrespondenten besucht und bereits am 21. Juni 1960 das erste längere Interview mit ihm gemacht. Beim Durchblättern meiner 44 Bände mit Zeitungsausschnitten fand ich Dutzende Interviews mit und größere Artikel über Kreisky. Sein überragender Intellekt, sein politischer Einfallsreichtum, seine taktische Begabung und seine Sensibilität, mit deren Hilfe er die Strömungen der Zeit erkannte, gekoppelt mit seinen Fremdsprachenkenntnissen, führten dazu, dass er anfänglich außerhalb Österreichs mehr geschätzt wurde als im eigenen Land und vor allem in der eigenen Partei, in der damals noch eher kleinkarierte und oft engstirnige Funktionäre der alten Schule den Ton angaben.

Es ist schwierig, ja fast grotesk, sich heute vorzustellen, dass nach der katastrophalen SPÖ-Niederlage bei den Nationalratswahlen auf dem entscheidenden Parteitag am 1. Februar 1967 bei der Wahl des Parteivorsitzenden nur knapp 63 Prozent der Parteivorstandsmitglieder und anschließend 70 Prozent der Delegierten für Kreisky gestimmt hatten. Der anfängliche Gegenkandidat des Partei-Establishments war ein längst vergessenes Monument der biederen Durchschnittlichkeit namens Hans Czettel, damals Landeshauptmann-Stellvertreter Niederösterreichs. Er lehnte allerdings eine Kandidatur im letzten Augenblick vor der Abstimmung ab.

Das schriftliche Protokoll des Parteitages liefert heute einen geradezu gespenstisch anmutenden Lesestoff. Nach den Brandreden des Gewerkschaftschefs Anton Benya (Vorwürfe der „Brunnenvergiftung" und Informierung der „Fremdpresse"), des gescheiterten Parteiobmanns Bruno Pittermann und anderer mächtiger Männer aus Wien wurde schließlich Kreisky durch die Vertreter der

Bundesländer und „Dissidenten" aus Wien auf den Schild gehoben. In einer improvisierten und gerade deshalb besonders eindrucksvollen Rede nach den Hasstiraden der als „Genossen" verkleideten Todfeinde zitierte der neue Parteichef die Worte Abraham Lincolns als seine Devise für die nächsten Jahre: „Ohne Feindschaft, ohne Groll gegen irgendjemanden – Verständnis, Freundschaft für jeden". Nach seiner Wahl diktierte Kreisky ein fulminantes Tempo bei der Verwirklichung des Reformprogramms und erhielt im Oktober 1968 bei seiner Wiederwahl bereits 97,5 Prozent der Stimmen.

Diese einzigartige Persönlichkeit an der Spitze der SPÖ war – und daran ist nicht zu rütteln – in erster Linie für die in der Geschichte Österreichs und auch international einmalige Erfolgsserie bei demokratischen Wahlen verantwortlich. Keine andere sozialdemokratische Partei Europas hatte so oft ein solches Maß an Zustimmung erreicht. Auf dem Villacher Parteitag 1972 sagte Kreisky die berühmten Worte über die vielen Menschen, „die mit uns ein großes Stück des Weges gemeinsam gehen wollen, ohne dass sie sich vorerst deshalb zur Gänze unseren Zielvorstellungen zu verschreiben wünschen." Er betrachtete sich als verspäteten Vollender der liberalen Reformen, als den Zerstörer der Tabus innerhalb und außerhalb seiner Partei und der Relikte des Obrigkeitsstaates. Während eines längeren Gesprächs über seine Zielvorstellungen sagte mir einmal Kreisky, er betrachte es als ein großes Glück, dass „von dem liberalen Erbe, das zum Teil herrenloses Gut geworden ist, die österreichische Sozialdemokratie, vielleicht auch durch meine Mitwirkung, ein größeres Stück bekommt."

Trotz der Vorbereitungen für den wichtigen Villacher Parteitag verbrachte Kreisky unendlich viel Zeit für Gespräche mit den drei Autoren, die damals unabhängig voneinander an seiner Biografie gearbeitet hatten. Nach dem entscheidenden zweiten Wahlsieg am 10. Oktober 1971, der mit dem Schlagwort „Lasst Kreisky und sein Team arbeiten!" die absolute Mehrheit für die SPÖ sicherte, hatten zwei Verlage offenbar unabhängig voneinander – oder eher nach einem Wink Kreiskys? – beschlossen, eine Biografie des siegreichen Bundeskanzlers herauszubringen. Der Wiener Paul Zsolnay-Verlag (inzwischen mehrmals verkauft) und der deutsche Econ-Verlag, dessen damaliger Besitzer ein Klassenkamerad Kreiskys aus der Mittelschule gewesen war, planten gemeinsam einen Bildband mit zwei biografischen Essays. Den einen sollte der Chefredakteur der angesehenen konservativen „Salzburger Nachrichten“, Karl Heinz Ritschel, und den anderen (beide auf Vorschlag Kreiskys) ich schreiben. Ich hatte damals keine Ahnung, dass auch der Molden-Verlag ähnliche Buchpläne hegte, allerdings nur mit einem Autor, dem Kolumnisten der „Neuen Kronen Zeitung“, Viktor Reimann, und ohne Bilder.

Noch vor diesen beiden Biografien hatte übrigens unter dem Decknamen „Spectator“ der bekannte Sachbuchautor Hellmut Andics im Auftrag der SPÖ eine Broschüre mit dem Titel „Mann auf Draht“ über den neuen Kanzler verfasst. Sehr gut geschrieben, voll mit Einzelheiten über den Werdegang Kreiskys wurde diese völlig unkritische Auftragsarbeit offensichtlich in großer Auflage vor dem entscheidenden Wahlgang im Herbst 1971 verteilt.

Mir sagte Kreisky damals im Vertrauen, dass der Autor Andics gewesen sei. Diese kleinformatige bebilderte Broschüre diente also der SPÖ als Wahlkampfmunition und mir gerade deshalb als eine nützliche Warnung. Vor der Vertragsunterzeichnung hatte ich dem Wiener Verlagsleiter jedenfalls in aller Form mitgeteilt, dass ich nur bereit wäre, stilistische Korrekturen, aber keine substanziellen Änderungen ohne meine Zustimmung zu akzeptieren.

Ritschel, Reimann und ich bekamen dann Stöße von Dokumenten, die bewiesen, dass Kreiskys Vorfahren, die Familien Kreisky und Felix (von mütterlicher Seite) schon seit mehr als 200 Jahren als Ärzte, Lehrer, Militärs und Industrielle, einer sogar als Rittmeister des mährischen Dragonerregiments und später Magistratsrat in Wien und ein Großonkel gar als liberaler Abgeordneter im österreichischen Reichsrat, dem Staate gute Dienste geleistet hatten. Glücklicherweise konnte ich mich laut unserer internen Abmachung mit Ritschel eher mit der Außenpolitik und Fragen der Ideologie beschäftigen, wenn sich auch die beiden Essays, vor allem die Kreisky-Aussagen, stellenweise überschnitten. Die einzige Person, die alle drei Manuskripte sowohl während der Fertigstellung als auch bei der Endredaktion gelesen haben dürfte, war wohl nur Kreisky selbst.

Der Arbeitsaufwand an meinem Essay „Der Beginner – Mut zum Unvollendeten“ stand in keinem Verhältnis zur relativen Kürze des Textes. Die vielen Stunden mit Kreisky, die freundlichen Streitigkeiten mit Marietta Torberg, seiner engsten Vertrauten, und mit der Lektorin hinterließen ihre Spuren im Text, aber er beinhaltet nichts, was ich nicht auch heute vertreten würde. Problematisch ist eher das, was ich nicht geschrieben habe (und auch die beiden anderen Autoren nicht). Zum Teil aus mangelnder Kenntnis, zum Teil deshalb, weil ich die Zeit der leidenschaftlichen und hasserfüllten Zornausbrüche in Sachen Simon Wiesenthal und Hannes Androsch erst viel später erlebte.

Als Motto wählte ich für meine Studie Franz Kafkas Gleichung: „Es ist schwer, die Wahrheit zu sagen, denn es gibt zwar nur eine; aber sie ist lebendig und hat daher ein lebendig wechselndes Gesicht." In der Einleitung dankte ich jenen 29 „kritischen Freunden" und „freundlichen Gegnern" Bruno Kreiskys, die mir beim Finden der „lebendig wechselnden Wahrheit" behilflich waren. Einige der einflussreichsten Interviewpartner, wie zum Beispiel Finanzminister Hannes Androsch, Justizminister Christian Broda, Gewerkschaftsbund-Präsident Anton Benya und die Wissenschaftsministerin sowie Vorsitzende der sozialistischen Frauenorganisation Hertha Firnberg, bildeten einige Jahre später aus unterschiedlichen Gründen eine innerparteiliche Fraktion gegen Kreisky. Als die beiden Biografien im Herbst 1972 erschienen, waren die innerparteilichen Konflikte (sie werden später behandelt) noch verdeckt. Am Ende meines Essays schrieb ich damals unter anderem: „Kreisky hat seine Partei mit den Intellektuellen und mit der Jugend, mit den Katholiken – und mit den ehemaligen Nazis versöhnt. Darin liegt die Stärke und die Schwäche seiner einzigartigen Stellung. Eine charismatische Führungspersönlichkeit, die aber nur so lange die Widersprüche seiner Position aufheben kann, als er sich durch Wunder und Erfolge ‚bewährt'."

Der geniale Stratege und Taktiker Kreisky hatte sich nie auf Netzwerke, Clans oder organisierte Klientel in seiner Partei stützen können. Er war trotz seiner glänzenden Wahlerfolge nie ein allmächtiger Parteiführer, sondern vor allem gegen Ende der siebziger Jahre immer wieder die Zielscheibe innerparteilicher Angriffe. Ich habe ihn in allen Phasen, von den Wahltriumphen bis zum verbitterten Rückzug, kränkelnd und von seinen engsten Parteifreunden im Stich gelassen, erlebt. Auch von ihm könnte der verkürzte Ausspruch stammen, der dem Parteigründer Victor Adler zugeschrieben wird: „Ich bin der einsamste Mann in der Partei".[3]

Dass er sich relativ lange Zeit virtuos in allen Richtungen halten konnte, ist nur der Tatsache zuzuschreiben, dass er „wirklich der größte Kommunikator war, den Österreich hervorgebracht hat".[4] Was der deutsche Publizist Johannes Gross über den legendären Außenminister Hans-Dietrich Genscher schrieb, galt sinngemäß auch für Bruno Kreisky, sowohl in seiner sechsjährigen Amtszeit als Außenminister wie auch während der 13 Jahre der Kanzlerschaft: „Er hatte erkannt, dass die *public relations* zur Substanz der Politik selber gehören, und ihr nicht wie beim Marketing für ein Auto oder für eine Zigarettenmarke als Werbung nachträglich angeheftet werden dürfen ... Er ist der unerreichte Meister in der Kunst gewesen, öffentliche Meinung zu beeinflussen, sie zu bilden."[5]

Kreiskys Hausmacht war das gesprochene und geschriebene Wort; seine unnachahmliche Art, weltbekannte Publizisten, aber auch die jungen Reporter eines Boulevardblattes oder des Fernsehens in seinen Bann zu ziehen. Die Tatsache, dass er in jungen Jahren in der schwedischen Emigration selbst auch journalistisch tätig war, unter anderem für die Londoner „Tribune", zeitweilig für die Zürcher „TAT" und unter dem Decknamen Gustav Pichler auch für schwedische Zeitungen, verhalf ihm zu einem besonderen Verständnis für die Arbeit der Auslandskorrespondenten in Wien. Schon als Staatssekretär seit 1953 und erst recht als Außenminister, Oppositionschef und Bundeskanzler war er nicht nur Architekt, sondern auch im übertragenen Sinn Verkäufer seiner politischen Ideen gewesen, in einer Person für „Produktion" und „Marketing" verantwortlich. Die Kreisky'sche Presse- und Medienpolitik war ein Maßanzug, der nur ihm passte und niemandem sonst.

Im Gegensatz zu seinen Nachfolgern hatte Kreisky nie ein generalstabsmäßig organisiertes Netz von voll- und teilzeitbeschäftigten Pressesprechern und Pressesekretären. Abgesehen von einem einzigen Pressesekretär oder von dem für die Presseangelegenheiten zuständigen Diplomaten oder Mitarbeiter verließ sich Kreisky immer in erster Linie auf sich selbst, auf seine Fähigkeit, die Massenmedien mit echten News zu „füttern", auf sein Verständnis für die journalistische Arbeit und auf seine Formulierungskunst. Dazu gehörte auch die Berücksichtigung des Fallbeils der „Deadline", des letzten Abgabetermins des Berichts für die erste Ausgabe der Zeitung oder für die TV-Abendnachrichten. Er war der erste Politiker, der sich immer auch um die Jungjournalisten kümmerte. Bereits als Außenminister hat er zum Beispiel einen ganz jungen Journalisten einer Bundesländerzeitung wegen eines kritischen Artikels angerufen und ihn eingeladen, die umstrittenen Fragen bei einem Kaffee zu diskutieren.

Obwohl es damals keine Mobiltelefone gab, beruhte sein Einfluss auf seiner fast immerwährenden telefonischen oder persönlichen Erreichbarkeit. Er hat sich immer gestellt und vermittelte nicht nur einem C. L. Sulzberger von der „New York Times“ oder Marion Gräfin Dönhoff von der „Zeit“, sondern auch einem jungen Reporter den Eindruck (oder gab ihnen die Illusion), dass er sie alle ernst nimmt. Bereits um 8 Uhr beim Frühstück stand er zum Beispiel dem jungen Außenpolitiker der „Neuen Kronen Zeitung“, Kurt Seinitz, ebenso Rede und Antwort wie dem Wiener Bürochef der Nachrichtenagentur „Reuters“ oder der Korrespondentin der „Frankfurter Allgemeinen Zeitung“. Journalisten, die er aus welchem Grund auch immer für wichtig hielt oder die ihm sympathisch waren, lud er zu einem Vieraugengespräch zuerst in sein Büro am Ballhausplatz und dann zu einer Jause und schließlich, als besondere Auszeichnung, zu einem Mittagessen ein.

Es muss Anfang 1962 gewesen sein, als ich vor einer Südtirol-Reise zum ersten Mal in die Kreisky-Mietvilla in die Armbrustergasse in Döbling zum Mittagessen eingeladen wurde. Für Kreisky war damals die publizistische Unterstützung gegen Italien, vor allem durch die britische Presse, offensichtlich wichtig. Es war seinerzeit ein Paukenschlag und eine riskante Entscheidung, als der neue Außenminister Kreisky im September 1959 die Südtirol-Frage vor die Generalversammlung der Vereinten Nationen brachte. Das bildete den Auftakt zu den jahrelangen, zeitweilig durch Bombenterror und Massenverhaftungen unterbrochenen italienisch-österreichischen Verhandlungen. Sie hatten schließlich durch das von der Regierung Klaus beschlossene „Paket“ die bestmögliche Autonomie für die deutschsprachigen Südtiroler sichergestellt.

Kreiskys Aktivitäten zugunsten der Minderheit haben sein Ansehen auch in konservativen Kreisen und vor allem in Nordtirol bei dem langjährigen Tiroler Landeshauptmann Eduard Wallnöfer gesteigert. Auf Anraten Kreiskys hatte ich damals in Innsbruck Station gemacht. Die Hintergrundgespräche mit dem Landeshauptmann sowie dem früheren Staatssekretär Nationalrat Prof. Franz Gschnitzer und der legendären Südtirolreferentin der Landesregierung, Viktoria Stadlmayer, haben mir geholfen, die unglaublich komplexe Südtirol-Frage besser zu begreifen. Zwei lange Interviews mit dem impulsiven Landeshauptmann Silvio Magnago und anderen Persönlichkeiten in Bozen hatten dann genug Stoff für mehrere Artikel in der „Financial Times" und im Londoner Wirtschaftswochenblatt „The Statist" geliefert.

Nach meiner Rückkehr traf ich Kreisky wieder und berichtete über den Eindruck der tiefen Kluft zwischen den Vertretern der beiden Volksgruppen in Südtirol. Der Außenminister machte keinen Hehl aus seinen Motiven hinter den von manchen Beobachtern als übertrieben kritisierten Aktivitäten der österreichischen Diplomatie. Was Kreisky mir damals im Vertrauen andeutete, schrieb er selber in seinen Memoiren. Gerade er, der Sozialist mit jüdischen Wurzeln und kosmopolitischem Einschlag, wollte der österreichischen und der italienischen Öffentlichkeit und darüber hinaus der internationalen Gemeinschaft ein sichtbares Zeichen dafür geben, dass die Lösung des Südtirol-Problems für ihn und für das Außenamt eine vorrangige Frage bleibe. Die maßgeblichen Vertreter Tirols und Südtirols bedankten sich später bei ihm in herzlichen Briefen für seine „jahrelange zähe Arbeit" und für seinen Einsatz mit „Geschick und Energie". Besonders stolz war Kreisky später als Bundeskanzler, dass er von Wallnöfer eine der höchsten Auszeichnungen des Landes Tirol für sein Südtirol-Engagement erhielt.

Rund zwei Jahrzehnte nach jenem ersten Mittagessen charakterisierte er bei einem Sondertermin, den ich an einem Sonntagnachmittag im Garten seiner Villa für meine Arbeit am Essay „Der Kreisky-Effekt und die internationalen Medien" erbeten hatte, seine Verhaltensregeln gegenüber den Medien folgendermaßen:

„Was hat das ausgemacht, dass ich mit der Presse relativ gut war? Der Umstand, dass ich mir gleichzeitig gesagt habe, ja, wenn ich dem Journalisten nichts sage, da darf es mich nicht wundern, dass sie eh nichts schreiben oder das Falsche schreiben. Daher bin ich eigentlich immer da, man kann mich anrufen, man kann mich fragen. Zweites Prinzip, wenn ich hingegen mich immer sehr kryptisch ausdrücke, darf ich mich nicht wundern, dass die Journalisten damit nichts anfangen können. Sie müssen Aussagen bekommen, die natürlich unangenehm sind oder indiskret wirken; aber es muss für die Journalisten einen ‚news value' haben, es muss einen Sinn haben, darüber zu schreiben, und daher bin ich für die Journalisten ein vielleicht nicht immer angenehmer, aber ein unentbehrlicher Partner."

Was war nun die „Magie“, die „Narkose“ oder das „Opium“ Kreiskys – Begriffe, die Kritiker und Bewunderer immer wieder benützten? Mit vordergründigen Etikettierungen wie „Showmaster“ oder „Schauspieler“ konnte die für viele heimlichen Feinde und Rivalen in der eigenen Partei und auch für manche Hinterwäldler in der Opposition stets aufs Neue irritierende beiderseitige Faszination zwischen Kreisky und den Medien nicht erklärt werden. Im eingangs zitierten Gespräch mit mir sagte er unter anderem: „Ich habe zu den Journalisten ein zwar gutes, aber distanziertes Verhältnis, soweit es sich um den Durchschnittsjournalismus handelt. Zu den Journalisten, die kenntnisreich sind, die etwas verstehen, habe ich ein sehr kameradschaftliches Verhältnis, weil ich sie als im höchsten Maße gleichberechtigte Partner ansehe.“

Hugo von Hofmannsthal schrieb einmal: „Politik ist Magie. Welcher die Mächte aufzurufen weiß, dem gehorchen sie.“ Kreisky war in der Tat ein Magier, wie es im „Duden“ heißt: „ein Zauberer“, ein „berufsmäßiger Zauberkünstler“; ein pausenlos agierender, improvisierender, oft von seiner eigenen Formulierungs- und Gesprächslust berauschter Mensch, zugleich aber auch eine politische Spielernatur, die hundert Dinge gleichzeitig in Bewegung hielt. Für einen Journalisten war es schwer, von ihm nicht gefesselt zu sein. Ihm ging es natürlich um politisches Kalkül, uns um Nachrichten oder Wertungen, die für unsere Blätter beziehungsweise für die Leser, später für die TV-Programme und die Zuschauer interessant waren. Bei seiner ersten Pressekonferenz als Bundeskanzler antwortete er auf die Frage Kurt Vorhofers, was ihn nun erfülle, mit den Worten: „Mut und Lust“. Vorhofer sagte treffend: „Bei Kreisky kommt der Journalist immer auf seine Kosten, wogegen der Besuch vieler anderer Pressekonferenzen für den Zeitungsschreiber meist pure Zeitvergeudung ist und höchstens einen Akt der Pietät im Sinne demokratischer Brauchtumspflege darstellt.“

Dass seine Telefonnummer (37 12 36) und seine Adresse stets im Wiener Telefonbuch standen, dass er die Institution des sogenannten Pressefoyers nach dem dienstäglichen Ministerrat eingeführt hatte, wo auch jeder Redaktionsaspirant oder Auslandsjournalist ihn direkt und formlos vor den laufenden Fernsehkameras befragen konnte, war ein Politikum ersten Ranges im Sinne der täglichen Verfügbarkeit. Es war zweifellos ein zugkräftiger Werbegag, aber auch eine Quelle tiefer persönlicher Genugtuung für ihn.

Mehrmals war ich nicht nur Zeuge, sondern auch indirekt – wie so viele andere Besucher Kreiskys – Opfer der Anrufe von wildfremden Menschen, die von Kreisky etwas wissen und vor allem Hilfe wollten. Er unterbrach dann ein für den Partner sehr wichtiges Gespräch mitten im Fluss, oft machte er sich Notizen und beauftragte sein Sekretariat, den Härtefällen nachzugehen. Seine langjährige Mitarbeiterin Margit Schmidt erinnerte sich an eine Gewitternacht, in der ein Mitarbeiterstab mit ihm an einer großen Parlamentsrede gearbeitet hatte: Plötzlich rief eine alte Frau um Mitternacht bei Kreisky an, weil ihr Dach schadhaft war und der Regen ins Haus strömte. Kreisky unterbrach seine Arbeit und hat zum Erstaunen aller um ihn Versammelten sofort die Feuerwehr mobilisiert. Schmidt fügte hinzu: „Die Menschen haben gespürt, dass er ansprechbar war."

Für seine spontane Hilfsbereitschaft und unbürokratische Haltung war auch die „Kokoschka-Episode" charakteristisch. Die Nazis hatten dem berühmten „entarteten" Künstler die Staatsbürgerschaft aberkannt, nun sollte er wieder in Österreich eingebürgert werden. Da er seinen Wohnsitz in der Schweiz hatte, meldete ihn Kreisky an seiner eigenen Wohnadresse in der Armbrustergasse 15 an. Es gibt einen Dankbrief des „Untermieters" Kokoschka, der jetzt in einem Rahmen neben einem Selbstbildnis von Kokoschka (von seiner Witwe zur Verfügung gestellt) im Kreisky-Forum hängt.

Dieser Sozialdemokrat hatte nicht nur eine unverkennbare Schwäche für Künstler und Intellektuelle, sondern auch eine versteckte Neigung zur Aristokratie und zur Tradition. Während eines Gesprächs mit ihm als Außenminister in den frühen sechziger Jahren hat er mir mit unverkennbarem Stolz die erste Seite eines vertraulichen Berichtes von dem damaligen österreichischen Botschafter in London, Prinz Johannes Schwarzenberg, über den Stand der europäischen Integrationsverhandlungen gezeigt. Da hieß es wörtlich: „Vorgestern auf der Jagd sagte mir der Premierminister im Vertrauen, dass ..." Der britische Regierungschef und vormalige Außenminister war damals Lord Home, befreundet mit dem österreichischen Aristokraten. „Sehen Sie, welch exklusive Kontakte dieses kleine Land mit einer Großmacht pflegen kann!", prahlte Außenminister Kreisky, um sofort hinzuzufügen: „Das ist aber vertraulich!" Der gelegentliche Zusatz „Das dürfen Sie aber nicht schreiben" konnte im Allgemeinen nur von geübten Kreisky-

Kennern enträtselt werden; dabei war nämlich keineswegs sicher, ob er es ernst meinte oder ob es im Gegenteil eine Aufforderung zum Schreiben war.

Dem herausragenden konservativen Publizisten und langjährigen „Presse"-Chefredakteur Otto Schulmeister wurde oft vorgehalten, er sei ein Kreisky-Fan. Er hatte 1966 das Angebot von Josef Klaus, das Unterrichtsressort in der ÖVP-Regierung zu übernehmen, abgelehnt. Schulmeister sagte: „... es wäre glatt gelogen, würde man die Faszination, die von diesem Mann ausging, abstreiten ... Unvergessen bleibt diesem Mann, dass er mehr wollte, als in ihm selbst und in den Ressourcen seines Landes vorhanden war. Da war er ein ‚Großösterreicher', einer also, der Österreich nicht als Summe seiner Quadratkilometer verstand." Die besondere Beziehung zwischen Schulmeister und Kreisky prägte auch die Vorstellung des ersten Bandes der Kreisky-Memoiren 1986 im Prunksaal des Belvedere, als der Altkanzler seinen „liebsten Feind" Otto Schulmeister um die Präsentation seiner Erinnerungen ersuchte.[6]

Diese von Schulmeister „großösterreichisch" oder „österreichisch-patriotisch" genannte Einstellung Kreiskys hat bereits in seiner Außenminister-Zeit Auswahl und Beförderung seiner Beamten geprägt. Auch gegen Widerstände in der eigenen Partei und zum Verdruss des Cartellverbandes und der Freimaurerlogen favorisierte er die sogenannte „Blutgruppe Null" im Außenministerium, wo zahlreiche Aristokraten tätig waren. Es war wohl ein spätes Erbe seiner Ära, dass (Graf) Wolfgang Schallenberg und (Prinz) Albert Rohan in den neunziger Jahren als langjährige Generalsekretäre wirken konnten. Manche erblickten gar eine Art „Renaissance der Aristokratie" im mehrheitlich sozialdemokratischen Österreich: Der Berufsdiplomat Erich Bielka (von) Karltreu wurde Außenminister, Karl (Freiherr von) Lütgendorf Verteidigungsminister (er beging später Selbstmord infolge eines Korruptionsskandals) und General Emil (Graf) Spannochi Armeekommandant.[7] Im Zeichen der Öffnung und ohne Rücksicht auf das Parteibuch machte zum Beispiel Kreisky 1970 trotz innerparteilichen Widerstands den praktizierenden Katholiken (und zeitweiliges ÖVP-Mitglied) Rudolf Kirchschläger zum Außenminister und ab 1974 zum (zwei Mal erfolgreichen) Kandidaten für die Bundespräsidentenwahl, 1971 den national-freiheitlichen Franz Geist zum Chef der Verstaatlichten und 1978 durch einen genialen taktischen Schachzug den ÖVP-Klubobmann Stephan Koren (einst Finanzminister unter Klaus) zum Nationalbankpräsidenten.

Kreiskys Persönlichkeit hatte viele Facetten und man spürte bei ihm eine geradezu erotische Beziehung zum Journalismus, unabhängig davon, ob es sich um Zeitungen oder die elektronischen Medien handelte. Wenn er auf gemeinsamen Osteuropa-Reisen oder bei Pressekonferenzen ein neues Gesicht erspähte, das er nicht kannte, da wollte er sofort Kontakte anknüpfen. Bei einer Ungarn-Reise im Frühjahr 1973 im Sonderzug nach Budapest, begleitet von drei Landeshauptleuten (Maurer aus Niederösterreich, Niederl aus der Steiermark, Kery aus dem Burgenland) und von den drei Klubobmännern (Gratz, Koren und Peter) sowie zahlreichen Berichterstattern, wollte der Kanzler bereits in der Nähe der ungarischen Hauptstadt plötzlich mit mir sprechen. „Wer ist der mir unbekannte junge Mann mit der blonden Frau? Warum kommt er nicht zu mir?“ Es handelte sich um den aus Ungarn stammenden Journalisten Stephan Vajda, später Mitarbeiter von „Profil“ und „Trend“, der sich einfach nicht traute, Kreisky ohne Weiteres direkt anzusprechen. Ich habe ihn dem Kanzler vorgestellt, der dann mit dem Ehepaar Vajda kurz und zufrieden plauderte. Bei einer Pressekonferenz erlebte Vorhofer, dass Kreisky zu einem unbekannten jungen Mann hingegangen ist und ihn gefragt hat: „Ah, wo arbeiten Sie?“ Er antwortete höflich: „Inspektor Sedlacek – Staatspolizei ...“

Von der erwähnten Ungarn-Reise blieben mir noch zwei Episoden in Erinnerung. „Bundeskanzler Kreisky hat einen festen Platz in der ungarischen Geschichte: Er ist der erste Ausländer, der das rigoros bewachte Land ohne Reisepass verlassen konnte. Auf der Rückfahrt bei der Passkontrolle stellte sich nämlich heraus, dass der Diplomatenpass des Kanzlers entweder im Budapester Regierungsgästehaus, wo die Mitglieder der österreichischen Delegation wohnten, geblieben oder irgendwo verloren gegangen ist. Auch nach Durchstöbern aller Gepäckstücke konnten die Sekretäre des Regierungschefs den Pass nicht finden ...“, schrieb ich damals in einem atmosphärischen Bericht. Am nächsten Tag erfuhren wir, dass der Pass doch von seinem Chauffeur und „Faktotum“ Karl Blauensteiner in die innere Tasche eines nicht benützten Sakkos gesteckt worden war. Bei der zweiten Geschichte ging es um den burgenländischen Landeshauptmann Theodor Kery, der sich in fließendem Ungarisch mit den Gastgebern unterhielt. Bei strahlendem Wetter machte ein entspannter Kreisky das ungarische Staatsoberhaupt Pál Losonczi darauf aufmerksam, hier könne er sehen, wie weit es die ungarische Minderheit in Österreich gebracht habe ...[8]

Dass Kreisky mit einzigartiger Virtuosität die stille Koalition mit den Medien und den Intellektuellen so erfolgreich schmieden konnte, hing auch mit seinen über einen langen Zeitraum geknüpften wechselvollen Kontakten mit dem mächtigsten und umstrittensten Verleger Österreichs, dem Chefredakteur der „Neuen Kronen Zeitung", Hans Dichand, zusammen. Der trotz seiner heute 86 Jahre noch immer hochaktive Dichand schlug in einem Gespräch mit mir eher einen versöhnlichen Ton an, obwohl Kreisky im dritten Band seiner Memoiren das Blatt scharf kritisiert hatte:

„Ich bin mit ihm auch mehrere Male spazieren gegangen, das wollte er so, auf den Kahlenberg am Sonntagvormittag. Er hatte mich angerufen. Wir sind also gegangen, und da sind uns Leute entgegen gekommen, Ausflügler, die haben ihn auch nett gegrüßt, und auf einmal hör ich, wie jemand sagt, ‚der Kreisky und sei' Kieberer'. Wir hatten ein gutes Verhältnis, ich hab' ihn oft besucht. Er hat mir immer offen gesagt, das Gute und das Schlechte. Da hat er sich manchmal ein bisserl geirrt. Ich will ihm nichts Schlechtes nachsagen, aber das ist auch passiert."

Obwohl Kreisky der größte Nutznießer der von der Regierung Klaus beschlossenen Rundfunkreform und besonders der vom neuen Generalintendanten Gerd Bacher gemanagten „Informationsexplosion" gewesen war, führten der Kanzler und seine Partei einen jahrelangen Kampf gegen Bacher und um die Kontrolle des ORF. Es ist Kreisky zwar gelungen, die Stellung des Generalintendanten zu schwächen und Bacher 1974 ablösen zu lassen, aber trotz Unterbrechungen ist Gerd Bacher während fast 20 Jahren die überragende Führungsfigur des Österreichischen Rundfunks geblieben.

Dass Kreisky persönlich so stark mit der Welt der Medien verbunden war, wie kein Regierungschef vor oder nach ihm, ist auch mit seiner einstigen Sehnsucht nach einer Journalistenlaufbahn verbunden. Er selbst schreibt im dritten Band seiner Memoiren: „Ich wollte auch nicht Abgeordneter oder so etwas werden, sondern Journalist. Jeden Tag gedruckt seine Meinung sagen zu können, das ist ja sehr faszinierend." Diesen Wunsch sahen indessen manche Kritiker als erfüllt an. So beschrieb ihn seinerzeit Andreas Unterberger (Chefredakteur der „Wiener Zeitung“) in einem sehr kritischen Aufsatz über „Die Mythologisierung der österreichischen Außenpolitik“ tatsächlich als „einen rund um die Uhr wirkenden und allwissenden Leitartikler“.[9]

Es gab kaum einen bekannten Journalisten, der nicht irgendwann Streit mit Kreisky – freilich nicht über seine Indiskretionen, sondern über seine Wertungen – gehabt hätte. War Kreisky sehr verärgert, reagierte er mit demonstrativem Ignorieren des Journalisten. So geriet auch ich nach meiner ausführlichen Berichterstattung über den Klaus-Besuch in Belgrad 1965 und erst recht wegen der kritischen Kommentare zu den vier ehemaligen Nationalsozialisten in der ersten SPÖ-Alleinregierung zeitweilig in seine Missgunst.

Er hat sich allerdings nie ein Interview vorlegen oder etwa durch einen Pressesprecher kontrollieren lassen. Die Redaktion oder Kürzung von sehr langen und ausführlichen Gesprächen über heikle außen- und innenpolitische Themen für die „Europäische Rundschau“ überließ er stets mir als Chefredakteur. Auch Kurt Vorhofer musste nie eines der zahlreichen Kreisky-Interviews während und nach seiner Kanzlerschaft vor der Drucklegung ihm zeigen. Er hat höchstens gesagt, „die ordinären Sachen streicht's weg.“

Es kam freilich öfter vor, vor allem in den Jahren der innerparteilichen Spannungen nach dem letzten großen Wahlsieg 1979 und auch wegen seines angeschlagenen Gesundheitszustandes, dass der irritierte oder beleidigte Kanzler mit gewissen ORF-Reportern nichts mehr zu tun haben wollte. Der am häufigsten zitierte Fall war sein unwirscher (und ungerechter) Zuruf an den hartnäckig fragenden ORF-Redakteur Ulrich Brunner im Presse-Foyer vor laufenden Kameras: „Lernen Sie Geschichte, Herr Redakteur!“ Zwischen Gegnerschaft und Bewunderung schwankte das ambivalente Verhältnis zu dem von Oscar Bronner kurz nach Kreiskys Angelobung gegründeten Nachrichtenmagazin „Profil“. Das Wochenmagazin widmete ihm 1970–1983 nicht weniger als 30 Mal die Titelseite. Dazu kamen noch weitere sechs Coverstories in den sieben Jahren bis zu seinem Tod. Der brillante „Profil“-Kolumnist Reinhard Tramontana schrieb in einem berührenden Nachruf: „Er hat uns Journalisten fraglos korrumpiert: Er ist mit uns verfahren, wie es ihm gerade beliebte; er hat uns jovial aufblicken lassen oder mokant übersehen, er hat uns animiert oder abgefotzt, er war uns gegenüber Grandseigneur oder Grantscherben – aber kann Haßliebe Sünde sein?"

Eine tiefenpsychologisch bedeutsame Episode erzählt Franz Kreuzer, damals Chefredakteur der „Arbeiter-Zeitung" (AZ): Noch in der Nacht seiner Wahl zum Parteivorsitzenden sei Kreisky zum „Vorwärts"-Gebäude gegangen und habe das Zimmer des Chefredakteurs betreten, um sich nebenan unter einem Bild seines Idols Otto Bauer zu stellen und dort fünf Minuten zu verweilen. „Er, der immer Chefredakteur der AZ und Parteiführer werden wollte, aber nie daran dachte, Bundeskanzler zu werden, fühlte sich als Weiterführer von Bauers Werk und erwies ihm seine Reverenz", so Kreuzer.

Kreisky hat auch als Bundeskanzler mehrmals damit kokettiert, dass er am liebsten Chefredakteur der „AZ" geworden wäre. Gegenüber Franz Kreuzer, der durch seine berühmten und mutigen „Sommer-Gespräche" im Sommer 1966 den Boden für die Abwahl der gescheiterten SPÖ-Führung um Pittermann und damit für den überraschenden Sieg Kreiskys am Parteitag bereitete, verhielt sich der neue Parteichef aber unfair und undankbar. Er hat bald nach seiner Bestellung dem Druck der Wiener Parteiorganisation und der Gewerkschaften nachgegeben und Kreuzer ohne Begründung durch einen unfähigen Vertrauensmann dieser Gruppen abgelöst.[10]

Andererseits habe ich selber Geschichten über seine große Herzlichkeit und Hilfsbereitschaft gegenüber Diplomaten und Medienvertretern gehört. Menschliches Leid, gekoppelt mit bürokratischer Gedankenlosigkeit gegenüber Schwächeren, ob Menschen oder Volksgruppen, hat Kreisky immer wieder erbittert. Wie erklärte man aber die Tatsache, dass so viele seiner zeitweiligen Freunde und Weggenossen ihn als einen „kühlen und berechnenden" Menschen beschrieben, der kein Mitleid für Parteifreunde, für jene, die nicht „mühselig und beladen" waren, erkennen ließ? Echtes Mitleid und perfektes Rollenverständnis waren unauflöslich miteinander verquickt. Das Zitat Conrad Ferdinand Meyers, das Kreisky zuerst bei einer Totenehrung für den indischen Ministerpräsidenten verwendete, gilt auch für ihn: „Er war kein ausgeklügelt Buch, er war ein Mensch mit seinem Widerspruch."

Schatten der Vergangenheit – Kreisky versus Wiesenthal

Zwei dramatische und hoch emotionale, im Rampenlicht der Öffentlichkeit ausgebrochene Konflikte haben 1970, 1975 und 1980 die wirtschaftlich und außenpolitisch glanzvolle Kreisky-Ära überschattet. Durch meine Arbeit als Auslandskorrespondent und meine persönlichen Kontakte war ich den Dramatis personae sehr nahe. Daher habe ich die beiden Auseinandersetzungen, die von allen Seiten leidenschaftlich geführt wurden, nicht als ein lediglich unbeteiligter Zuschauer, sondern als menschlich und beruflich involvierter Beobachter erlebt. Beide Geschichten sind so spannend wie spannungsreich und reichen zum Teil tief in die Vergangenheit, zum Teil prägen sie bis heute direkt oder indirekt das Bild Österreichs nach innen und nach außen. Daher möchte ich versuchen, die persönlichen und politischen Faktoren im Lichte der in den letzten Jahrzehnten zugänglich gewordenen Informationen auch für Leser aus den späteren Generationen zu beleuchten.

Nur einen Tag nach der Regierungserklärung Bundeskanzler Kreiskys am 27. April 1970 platzte eine politische Bombe. Der neue Landwirtschaftsminister Hans Öllinger gab in einem Gespräch mit der „Kleinen Zeitung" zu, bei der SS gewesen zu sein. Als ich Kreisky anrief, sagte er mir ohne Umschweife, über die SS-Vergangenheit des Kärntner Agrarfachmanns nichts gewusst zu haben. In der Hast der Regierungsumbildung habe er sich auf den Vorschlag seiner Kärntner Parteifreunde verlassen, da er nie damit gerechnet hätte, einen Landwirtschaftsminister stellen zu müssen. Empört schrieb ich einen Bericht, der am nächsten Tag in der Zürcher „TAT" als „Aufmacher" auf Seite eins mit dem Titel „Peinliche Panne in Wien – Ein Minister mit SS-Vergangenheit" erschien.

Nach der Zusammenfassung der Details hieß es in meinem Korrespondentenbericht für die „TAT": „In Österreich mit 567.000 ehemaligen eingetragenen NSDAP-Mitgliedern ist es nicht überraschend, dass im Zuge des Generationswechsels auch Politiker mit einer hell- oder tiefbraunen Vergangenheit eine Rolle spielen ... Trotzdem wird in politischen Kreisen mit Besorgnis registriert, dass nun sogar SS-Angehörige ‚salonfähig' geworden sind. Waren es immerhin nur 22.000 Österreicher, die dem Totenkopf-Orden seinerzeit angehört hatten. Und diese waren nicht Opportunisten, Freiwillige oder gezwungene Mitläufer, sondern meist fanatische Nationalsozialisten“. Schließlich zitierte ich – ohne Namensnennung – Friedrich Heer, den Kulturhistoriker als „bekannten katholischen Intellektuellen“, wonach mit der Berufung eines SS-Mannes die Reizschwelle überschritten worden sei.

Damals wusste ich freilich nicht, dass auch der hervorragende ÖVP-Finanzminister (1952–1960) Reinhard Kamitz als Parteimitglied (und SS-Anwärter) in der NS-Ära eine steile Karriere gemacht hatte. Im Zeichen der koalitionären Eintracht soll ihm der seinerzeitige sozialistische Innenminister Oskar Helmer sogar seinen „Gauakt“, also die NS-Unterlagen, als Geburtstagsgeschenk überreicht haben. Dass sich Helmer bei der Abwehr der kommunistischen Unterwanderung des Sicherheitsapparates große Verdienste erworben hat, ändert übrigens nichts an der Tatsache seiner allgemein bekannten antisemitischen Ressentiments, die er auch gegenüber Kreisky persönlich kundgetan hat.

Rosa Jochmann, jene (nichtjüdische) Arbeiterin und sozialistische Frauenfunktionärin, hatte sechs Jahre im KZ Ravensbrück verbracht und wurde nach dem Krieg prominente Frauenpolitikerin der SPÖ. Sie erzählte mir als Beispiel für die Ignoranz in der SPÖ-Führung über die Gräuel der NS-Ära, dass sie einmal mit Helmer in einer Kutsche zu einer Veranstaltung in Niederösterreich unterwegs war, als er sie freundlich fragte: „Sag mal, Rosa, war es in Ravensbrück wirklich so schlimm?“ Jochmann war so entsetzt, dass sie das Gefährt sofort stoppen ließ, heraussprang und mit dem Innenminister überhaupt nicht mehr sprechen wollte.

Zurück zum Fall Öllinger, der damals auch in den Weltblättern berichtet wurde.

Einige Tage nach der aufsehenerregenden Veröffentlichung hielt Kreisky eine Pressekonferenz im überfüllten Saal des Presseklubs Concordia. Ich stellte dem Kanzler als Erster die eigentliche Kernfrage in der Causa Öllinger: Ob und – wenn ja – wann der umstrittene Mann zurücktreten werde? Kreisky, unter Beschuss von allen Seiten, zeigte seinen Ärger, als er mich in seiner Antwort nicht, wie bei ihm üblich, mit meinem Namen, sondern, wie stets, wenn er missmutig war, nur mit „Herr Redakteur“ ansprach. Der neben mir sitzende Kurt Vorhofer, damals Leiter der Wiener Redaktion der „Kleinen Zeitung“, stellte dann peinliche Zusatzfragen über die Begleitumstände. Diese Pressekonferenz war übrigens der Grundstein für meine lebenslange enge Freundschaft mit Vorhofer. Der höchst irritierte Kreisky vermied bei der Pressekonferenz eine klare Antwort, aber Öllinger trat nach nur einem Monat aus „Gesundheitsgründen" zurück. Damit war die unbewältigte Vergangenheit der SPÖ keineswegs schon vom Tisch.

Ausgerechnet am Vorabend des als „Feier des Sieges" geplanten SPÖ-Parteitages im Juni enthüllte das Hamburger Nachrichtenmagazin „Der Spiegel" unter Berufung auf Simon Wiesenthal, den Leiter des Jüdischen Dokumentationszentrums in Wien, dass in der ersten sozialistischen Alleinregierung von elf Ministern nicht weniger als vier ehemalige Nationalsozialisten waren: außer Öllinger Innenminister Otto Rösch, Bautenminister Josef Moser und Verkehrsminister Erwin Frühbauer. Auch Öllingers Nachfolger Oskar Weihs war NSDAP-Mitglied gewesen.

In den Mittelpunkt rückte aber nicht die verblüffende Tatsache, dass ehemalige NSDAP-Mitglieder ein Drittel der ersten SPÖ-Regierung bildeten, sondern die Person des Anklägers, d. h. Simon Wiesenthal, weil er den „Spiegel" informiert hatte. Auf dem SPÖ-Parteitag richtete Unterrichtsminister Leopold Gratz scharfe Angriffe gegen das Dokumentationszentrum als „eine private Feme-Organisation", eine private Staatspolizei, die mit Spitzeln Unschuldige jage und eine gezielte Kampagne gegen die „Sozialdemokratie" führe. Er hat auch die Unterbindung der Tätigkeit des Wiesenthal-Zentrums angedroht.[1]

Obwohl ich Wiesenthal kaum kannte und obwohl ich wusste, dass er der ÖVP nahestand, habe ich in der „TAT" mit aller Deutlichkeit die „groteske Allianz" zwischen den irritierten Sozialisten, den polnischen „Antizionisten", die ihn wegen Wiesenthals Enthüllungen über die antisemitische Kampagne der polnischen KP der Spionage beschuldigten, der kommunistischen „Volksstimme" und der rechtsextremen „Nationalzeitung" aufs Korn genommen. Nach einer Serie von skandalösen Freisprüchen von mutmaßlichen NS-Massenmördern durch Geschworenengerichte beschlossen Kreisky und sein Justizminister Christian Broda im Jahre 1972, alle weiteren Verfahren einzustellen, um eine internationale Blamage zu vermeiden.[2] Treffend schrieb Kreiskys langjähriger Mitarbeiter, der Diplomat Wolfgang Petritsch, in seinem biografischen Essay, dieser Beschluss sei „ein opportunistisches Zurückweichen" in einer grundlegenden Frage von Österreichs Mitverantwortung an den Gräueln des Nazi-Regimes gewesen.

In seinem Buch „Recht, nicht Rache" zog der erbitterte Wiesenthal zwei Schlussfolgerungen: „Die SPÖ wurde im Laufe der Jahre zur wichtigsten Fürsprecherin der ehemaligen Nationalsozialisten" und „Christian Broda, ein ehemaliger Kommunist und erbitterter Nazi-Gegner, zum Vollstrecker der ‚kalten Amnesie' der österreichischen Nazi-Verbrecher". Diese Pauschalurteile mögen im Lichte der späteren, noch heftigeren Zusammenstöße mit Kreisky und der SPÖ – im Zusammenhang mit Wiesenthals Vorwürfen gegen FPÖ-Obmann Friedrich Peter – zwar menschlich verständlich sein, doch wäre es ungerecht, die ganze Verantwortung für die fehlende Aufarbeitung der NS-Vergangenheit ausschließlich der Kreisky-Regierung in die Schuhe zu schieben.[3]

Was Kreisky selbst betrifft, war er wiederholt Zielscheibe von subtilen und von derben antisemitischen Angriffen. Nicht betrunkene, sondern nüchterne ÖVP-Funktionäre erklärten in den Wahlkämpfen der sechziger Jahre lautstark: „Ich kann als Österreicher nicht in Israel Außenminister werden, warum wird kein Österreicher Außenminister in Österreich?" Der niederösterreichische Bauernbundführer und langjährig führender ÖVP-Abgeordneter Alois Scheibenreif hatte auf einer Wahlversammlung 1966 Außenminister Kreisky als „Saujud" beschimpft, wie übrigens auch manche Kärntner Demonstranten im Oktober 1972, die gegen die vom Nationalrat beschlossene Aufstellung von zweisprachigen Ortstafeln in 205 Südkärntner Gemeinden protestiert hatten.[4] Zu diesen Attacken gegen Kreisky kam es, als er es ablehnte, das Gebäude der Klagenfurter Arbeiterkammer, wie von der Polizei empfohlen, durch einen Nebenausgang zu verlassen: „Ein österreichischer Bundeskanzler verlässt das Haus nicht durch die Hintertür".

Was nun die Vorwürfe Wiesenthals betrifft, so waren beide Großparteien etwa ab 1947 bestrebt, zuerst die Unterstützung der „Ehemaligen", konkret der 1949 bereits wahlberechtigten 440.000 „Minderbelasteten" zu gewinnen. Es folgten diverse Versuche, mit zwei Parteien in diesem Spektrum geheime Abmachungen zwecks einer „schwarz-blauen" oder „rot-blauen" Kleinen Koalition zu schließen: zunächst mit dem VdU (Verband der Unabhängigen), der bei den Wahlen im Oktober 1949 auf Anhieb mit 16 Mandaten zur drittstärksten Partei geworden war, und später mit dessen Nachfolgepartei, der FPÖ. Es ist bekannt, dass Kreisky noch in der Nacht des 1. März 1970 bei einem Geheimtreffen mit FPÖ-Obmann Friedrich Peter die Weichen für die Duldung einer sozialistischen Minderheitsregierung stellte, nachdem er ihm die Reform des für die FPÖ äußerst nachteiligen Wahlrechtes versprochen hatte. Was den Kreisky-Peter-Pakt betrifft, so lautet im Rückblick der zynische, aber wohl treffende Kommentar Erhard Buseks in einem Gespräch mit mir: Kreisky habe Peter „entnazifiziert" und Peter habe Kreisky für einen bestimmten Wählerkreis „entjudet".

Darüber hinaus hat Kreisky stets die Meinung vertreten, dass „auch ein NSDAP-Mitglied oder ein SS-Mann in Österreich jedes politische Amt bekleiden dürfen muss, solange ihm kein Verbrechen nachgewiesen wird". Für einen Emigranten und Juden, schreibt Heinz Fischer in seinem Buch „Reflexionen", sei es „eine bemerkenswerte Einstellung zu diesen Fragen gewesen, aber er vertrat seinen Standpunkt mit Souveränität und Konsequenz und hatte zweifellos rechtstaatliche Grundsätze, insbesondere die Ablehnung einer Kollektivschuld, auf seiner Seite und nicht gegen sich. Es war unfair, ihm dies als Opportunismus oder gar als unklare Haltung gegenüber dem Nationalsozialismus anzukreiden.[5]

Kreisky hat mit seiner verständnisvollen Haltung „das öffentliche Gewissen des Landes ruhig gestellt" (Werner A. Perger). Als Jude konnte er sich einen oft schmerzlichen Mangel an Sensitivität für die Gefühle der Opfer leisten und auch in seinem Wortgebrauch manche geheiligte Tabus über Bord werfen. Tiefenpsychologen behaupteten von Anfang an, dass Kreisky sogar vom latenten Antisemitismus, von verdrängten Schuldkomplexen und von der Tatsache profitiert habe, dass breite Bevölkerungsschichten ihn als die personifizierte Autorität und Glaubwürdigkeit betrachteten, gerade deshalb, weil er jene Merkmale, die die antisemitische Propaganda den Juden zuschrieb, so offensichtlich nicht hatte. Was Kreisky betrifft, so kann ich aufgrund vieler persönlicher Gespräche bestätigen, dass ihm nichts eine so tiefe innere Genugtuung verschaffte wie die unwiderlegbare Tatsache, dass das österreichische Volk mehrmals (und drei Mal sogar mit absoluter Mehrheit) gerade ihn, den seinerzeit Entrechteten, Ausgestoßenen und Verfolgten, gewählt hat.

In Sachen NS-Vergangenheit, Israel und Judentum war er zu oft unbeherrscht und ließ nicht das richtige Augenmaß walten.

Seine persönlichen Erlebnisse wurden zu sehr durch zeitweiliges gemeinsames Leiden der Nationalsozialisten und der Sozialdemokraten zur Zeit des austrofaschistischen Staates geprägt. Die allerschlimmste Zeit hatte er freilich „aus zweiter Hand“ erlebt. Bereits während der Arbeit an seiner Biografie hatten wir mehr als einmal lautstarken Streit über seine scharfe, kompromisslose und übertrieben harte Ablehnung des Ständestaates unter Dollfuß und Schuschnigg und im krassen Gegensatz dazu über seine verblüffend tolerante Behandlung der Nazis. In diesem letzten Fall wurde er nie müde zu betonen, jeder habe ein Recht auf politischen Irrtum.

Bei einem solchen Disput während eines Mittagessens in Lech am Arlberg in Anwesenheit seiner langjährigen und auch in solchen Situationen bewundernswert ruhigen Büroleiterin Margit Schmidt griff Kreisky zu seinem Lieblingsargument: „Sie wissen, ich habe doch 21 Verwandte im Holocaust verloren.“ Meine Gegenfrage war wegen meiner eigenen Toten unbeherrscht: „Haben Sie die 21 Verwandten gefragt, ob Sie in ihrem Namen reden dürfen?“ Kreisky explodierte förmlich und verließ den Tisch – wir waren schon beim Kaffee: „Was erlauben Sie sich? Unerhört, diese Frechheit!“ Ich blieb mit Margit noch eine Weile sitzen, dann machte ich einen längeren Spaziergang und bereitete mich auf eine vorzeitige Abreise vor.

Kaum war ich zurück, fand ich eine Nachricht von Kreisky vor, ich solle zu ihm kommen. In seinem Zimmer sagte er mir, als ob nichts geschehen wäre, wir müssten uns mit der Fortsetzung des Interviews für das Buch beeilen, denn um halb sechs seien wir bei Prinzessin Gracia von Monaco (d. h. Grace Kelly) eingeladen, die, eben aus Persien zurück, uns zu Kaviar und Wodka bitte. „Uns? Ich kenne doch die Fürstin nicht“, bemerkte ich verlegen. „Was heißt das? Wir beide sind schon angemeldet“, schloss Kreisky das Thema ab und begann mit einer langatmigen Beschimpfung der deutschen und österreichischen kommunistischen Emigration in Schweden.

Es war diese Mischung aus scheinbar unkontrollierten Eruptionen und darauf folgenden Perioden distanzierter Gleichgültigkeit, der monologisierenden Rechthaberei und toleranten Diskussionsfreudigkeit, der abrupte Wechsel zwischen Kontaktfreudigkeit und Kontaktlosigkeit, die zum Rätsel dieser komplexen Persönlichkeit gehörte. Er war aber auch – vor allem in den innerparteilichen Machtkämpfen – ein weicher, empfindlicher Mensch, der zuweilen sich selbst spielte. Wie ein Schauspieler das Publikum, so brauchte Kreisky Resonanz, die er, wenn nötig, auch erzwang.

Es gab außer seinem verstoßenen illoyalen Kronprinzen Hannes Androsch nur noch einen Mann, den Kreisky mit der gleichen Verbissenheit und überbordenden Emotion, ja mit biblischem Hass bekämpfte. Das war Simon Wiesenthal. Was 1970 im Zusammenhang mit den „Spiegel"-Enthüllungen passierte, war so etwas wie eine Generalprobe zum wirklichen internationalen Eklat im Herbst 1975. Wiesenthal wollte eine geplante, aber inzwischen durch die neuerliche absolute Mehrheit der SPÖ überholte „Kleine Koalition" mit der FPÖ und die damals durchaus realistisch erscheinende Bestellung Peters zum Vizekanzler verhindern. Deshalb hatte er Bundespräsident Kirchschläger wenige Tage vor der Wahl ein brisantes Dossier über den Dienst Peters 1941–42 in einer berüchtigten SS-Infanteriebrigade, die im Hinterland in der Sowjetunion Massenmorde an Juden und anderen Zivilisten begangen hatte, geschickt.[6]

Nach der Wahl verteilte Wiesenthal bei einer Pressekonferenz Dossiers mit den neuen Unterlagen. Am 10. November lud der Verband der Auslandskorrespondenten den Kanzler zu einem Pressegespräch ein. Ich war dabei und erlebte einen vor Wut ganz außer Rand und Band geratenen Kreisky. Außer sich vor Zorn, ging er so weit, mit einer kryptischen Bemerkung Wiesenthal indirekt eine Zusammenarbeit mit der Gestapo zu unterstellen: Er habe zur Gestapo „eine andere Beziehung gehabt als ich." Bereits damals stand es für die Ostexperten bald fest, dass hinter den Kreisky zugespielten angeblichen Informationen über Wiesenthals „zwielichtige Vergangenheit" der polnische Geheimdienst die Fäden zog.[7]

Wiesenthal drohte eine Klage gegen Kreisky an, der seinerseits um die Aufhebung seiner Immunität ersuchen wollte. Klubobmann Heinz Fischer drohte an, einen parlamentarischen Untersuchungsausschuss gegen Wiesenthal einzuberufen. Nach diskreter Vermittlung jüdischer Persönlichkeiten wurden zwar die diversen Klagsdrohungen zurückgezogen; doch blieb der Konflikt bis zum Lebensende Kreiskys eine offene Wunde im Verhältnis zwischen ihm und dem Judentum in und außerhalb Österreichs.

Was war der Grund für die irrationalen Ausbrüche gegen Wiesenthal und für den emotionellen Überschwang in Kreiskys Stellungnahmen gegen Israel? Vor allem wohl der völlig unterschiedliche Lebensweg und die völlig entgegengesetzte politische Einstellung zum jüdischen Staat. Hier der Spross einer voll assimilierten, alteingesessenen jüdischen Familie, der sich zugleich als Österreicher, als Sozialisten und als Juden betrachtete, mit der ersten Loyalität zur Heimat und zur Gesinnungsgemeinschaft – dort der Flüchtling und KZ-Überlebende aus Galizien, mit seinem Lebensweg und mit seiner Haltung sowohl zum jüdischen Staat als auch zur Verfolgung und Verurteilung der Schuldigen am Holocaust.

Alles in allem war dieser Konflikt ein Trauerspiel, das Kreiskys aufrichtige Freunde erbitterte und seine heimlichen Feinde freute. Vier Jahre nach unserem Streit in Lech entluden sich auch in der Causa Wiesenthal die zwischen uns aufgestauten Spannungen. Auf einer denkwürdigen Reise nach Prag Mitte Februar 1976, während des ersten Besuches eines österreichischen Regierungschefs in der Tschechoslowakei seit 1945, kam es im Salonwagen der österreichischen Delegation zu einem Wortwechsel zwischen Kreisky und mir. Nachdem der mitreisende Friedrich Peter den Tisch verlassen hatte, kritisierte ich in Anwesenheit der Landeshauptleute Wenzl (Oberösterreich) und Maurer (Niederösterreich) sowie von ÖVP-Klubobmann Professor Stephan Koren offen die Wortwahl und den Ton seiner Attacken gegen Wiesenthal. Möglicherweise war Kreisky nicht über den Inhalt meiner Bemerkungen aufgebracht, sondern über die Tatsache, dass sich das alles in Anwesenheit von mitreisenden Honoratioren abspielte. Er rief mich, als ob ich ein Dienst habender Amtsrat gewesen wäre, zur Ordnung: „In welchem Ton reden Sie mit mir? Das wird Konsequenzen haben!“ Ich verließ wortlos den Waggon, und wir wechselten während des restlichen Besuches kein Wort mehr miteinander.

All das wurde später noch überschattet von dem, was sich bei einem Abstecher ins Konzentrationslager Theresienstadt zutrug. Wir besichtigten das Konzentrationslager und das Krematorium, wo sich unter den 43.000 Ermordeten auch 6182 österreichische Juden, einschließlich naher Verwandte des Bundeskanzlers, befanden. Friedrich Peter, der zu jener Zeit, als nach Theresienstadt Juden, aber auch viele Antifaschisten nichtjüdischer Herkunft deportiert worden waren (insgesamt mehr als 200.000), seinen Dienst bei der 1. SS-Infanteriebrigade geleistet hatte, blieb mit seiner Frau diskret im Hintergrund. Die Szene war gespenstisch: Ein deutscher

Kameramann verfolgte Peter unerbittlich, in welche Richtung er sich auch drehte, um seinen Gesichtsausdruck zu filmen. All das spielte sich im Hof des Lagerkomplexes ab. Manche jungen Kollegen aus Wien genossen die Jagd auf Peter. Das stille Weinen von Margit Fischer, der Frau des SPÖ-Klubobmannes, und die allgegenwärtige Erinnerung an das Leiden der österreichischen und tschechischen, deutschen und ungarischen Opfer bildeten bloß die grausige Kulisse für eine Episode der österreichischen Innenpolitik.

Kreisky, blass und sichtlich bewegt, legte Kränze nieder. In respektvollem Abstand vom Ehepaar Kreisky stehend, hörte ich plötzlich hinter mir vertraute Laute: Landeshauptmann Kery aus dem Burgenland, selbst ungarischer Herkunft, und der tschechoslowakische Außenminister Chňoupek sprachen Ungarisch miteinander. Chňoupek, ein alter KGB-Agent und gebürtiger Slowake, hatte die ungarische Volksschule absolviert, nachdem die Südslowakei (Oberungarn) infolge des Wiener Schiedsspruchs der Achsenmächte von Ungarn besetzt worden war. Am Abend beim Empfang in Prag sagte mir der FPÖ-Klubobmann verbittert: „Ihre Kollegen behandeln mich als einen Aussätzigen, obwohl ich diese meine Partei vom Nazismus zur Demokratie weggeführt hatte!"

In seinen Erinnerungen schrieb der dort als SPÖ-Klubchef anwesende Heinz Fischer, Friedrich Peter sei vom Besuch des Konzentrationslagers „tief beeindruckt und betroffen" gewesen. „Der Friedrich Peter von 1976 ist ein völlig anderer Mensch als der Friedrich Peter von 1940 oder 1945. Und die Distanzierung von dieser Ära war für mich glaubwürdig."[8] Ich muss gestehen, dass ich damals und nach jedem Gespräch mit Peter ebenfalls von seiner Wandlung zum aufrechten demokratischen Politiker überzeugt gewesen bin – über seinen Dienst in der SS-Einheit wollte und konnte ich freilich nichts wissen ...

Noch einige Worte zu Kreiskys Haltung zum Judentum und zum Nahen Osten. Als ich zum zehnten Jahrestag seines Todes (zusammen mit Helene Maimann) eine TV-Dokumentation drehte, führte uns die Arbeit auch in den Nahen Osten. Dort waren wir immer wieder aufs Neue von den aufrichtig anerkennenden Worten über die Person und die Rolle Kreiskys von Außenminister Shimon Peres (Jerusalem), Präsident Hosni Mubarak (Kairo) und Revolutionsführer Muhammad Gadaffi (Tripolis) und (indirekt) von PLO-Chef Jassir Arafat beeindruckt.

Der ketzerische, weit links stehende israelische Politiker Uri Avnery skizzierte wohl einmal am treffendsten Kreiskys Verhältnis zu Israel: „Die israelischen Zionisten konnten Kreisky nie verzeihen, dass er ein Jude war. Das heißt, man denkt in Israel, dass ein jüdischer Politiker es Israel schuldet, Israel absolut, bedingungslos und kritiklos treu zu sein. Das hat Kreisky natürlich nie getan, er war äußerst kritisch, und das hat die Beziehung so schwer gemacht ... Er fühlte sich als Österreicher und hatte mit dem Judentum bewusst sehr wenig zu tun ... Kreisky war ein weiser Mensch und aus der Ferne hat er die existenziellen Probleme Israels bei Weitem besser verstanden als israelische Politiker, die sich täglich mit dieser Materie befasst haben. Daher hat er sehr früh verstanden, was die meisten israelischen Politiker auch heute noch schwer verstehen, dass es Israels Hauptaufgabe ist, Frieden mit seiner Umwelt, mit dem arabischen Nahen Osten zu machen." Ungeachtet aller Entgleisungen im Stil wies Kreisky engagiert und ohne Hintergedanken den Weg zum Durchbruch zwischen Israel und seinen Nachbarn, auch dann, wenn verblendete Fanatiker auf beiden Seiten diesen einzigen Weg blockieren wollten.[9]

Trotz aller Wutausbrüche gegen israelische Politiker und gegen seine jüdischen Kritiker verleugnete Kreisky niemals seine Zugehörigkeit zum Judentum als Schicksalsgemeinschaft – weder innerlich noch in Gesprächen mit Freunden. Doch als Politiker und damit wohl auch „aus taktischem Kalkül und nüchternem Realismus"[10] wählte Kreisky den umstrittenen Weg der (oft faulen) Kompromisse, der (oft undifferenzierten) Versöhnung und des (oft unverzeihlichen) Vergessens. Vor diesem Hintergrund war es nach meiner Meinung fast folgerichtig, dass (leider viel zu spät) ein nichtjüdischer sozialdemokratischer Bundeskanzler, nämlich Franz Vranitzky, jene klaren Worte über Österreichs Mitverantwortung an den nationalsozialistischen Verbrechen fand, welche Kreisky aus innenpolitischer Überlegung und wohl auch aus innerer Zerrissenheit nicht aussprechen wollte oder konnte.

Das Rätsel Otto Rösch und die „braunen" Flecken der SPÖ

Es war der 21. Dezember 1975, ein vorweihnachtlicher Sonntagvormittag, als das Telefon bei mir läutete. Ein Journal-Redakteur in der Londoner Zentrale der „Financial Times" alarmierte mich, dass ein Terroristenkommando die Konferenz der Organisation Erdöl exportierender Länder (OPEC) in Wien überfallen und alle Anwesenden, einschließlich elf Ölminister, als Geiseln genommen hatte.

Der Rohölexperte unseres Blattes, Richard Johns, war für die Berichterstattung zuständig gewesen. Er befand sich zu der Zeit in einem benachbarten Restaurant mit anderen Journalisten, hatte aber natürlich keine Möglichkeit, von den Ereignissen im und um das hermetisch abgeriegelte Gebäude am Dr.-Karl-Lueger-Ring gegenüber der Universität zu berichten. Damals gab es keine Mobiltelefone und nur ein einziges Telefon im Lokal.

So wurde ich Zeuge, Teilnehmer und Berichterstatter des insgesamt mehr als 21 Stunden dauernden Nervenkrieges um die Befreiung der Geiseln. Es war ein unvergesslicher Tag für alle, die das an Ort und Stelle, beziehungsweise nach der Rückkehr von Bundeskanzler Dr. Bruno Kreisky in das Bundeskanzleramt, am Ballhausplatz miterleben konnten.

Von Stunde zu Stunde änderte sich die Lage. Ich pendelte zwischen dem Bundeskanzleramt und meinem Büro im nahe gelegenen „Concordia"-Haus, wo der Verband der Auslandspresse sowie einige Auslandskorrespondenten ihre Büros hatten. Richard war von den dramatischen Geschehnissen praktisch isoliert, und so musste ich für die verschiedenen Ausgaben der Zeitung die Berichte je nach Nachrichtenlage übermitteln.

Da ich als langjähriger Auslandskorrespondent und Kreisky-Biograf nicht nur den Kanzler, sondern auch seine Mitarbeiter gut kannte, konnte ich meinen Platzvorteil ausnützen und direkt aus dem Vorzimmer des Kanzlerbüros sogar einen Hintergrundbericht nach London durchtelefonieren.

In diesen Stunden war Wien der Brennpunkt des Weltgeschehens. Der Überfall durch das sechsköpfige Kommando, geführt von dem Venezolaner „Carlos" (Ilich Ramírez Sánchez), kostete drei

Menschen, unter ihnen einen österreichischen Kriminalbeamten, das Leben. Nach hektischen Beratungen mit ausländischen Regierungen traf Kreisky um ein Uhr früh die Entscheidung, das Kommando samt den ausländischen Geiseln, also auch den elf Ölministern, in einem Sonderflugzeug nach Algier ausfliegen zu lassen. Dort wurden die Geiseln schließlich freigelassen. Der Terroristenführer „Carlos" verbüßt übrigens seit 1994 in Frankreich eine lebenslange Haftstrafe.

Bereits in meinem ersten Hintergrundbericht beschrieb ich in der „Financial Times" die Vorwürfe gegen die Regierung wegen der nicht ausreichenden Sicherheitsmaßnahmen. Der damalige Generalsekretär der ÖVP, Erhard Busek, kritisierte Innenminister Otto Rösch scharf. Dieser sagte mir noch in der Nacht, dass die österreichischen Behörden nach den Wünschen des OPEC-Sekretariats gehandelt hätten. Dass freilich die Terroristen so leicht die Konferenz überfallen konnten, hing auch damit zusammen, dass in dem Gebäude nicht nur die OPEC, sondern auch die kanadische Botschaft und eine Magistratsabteilung sowie mehrere Privatwohnungen untergebracht waren.

Als der Morgen dämmerte, traf ich meinen „verschollenen" „FT"-Kollegen wieder. Zwar hatte ich für das Londoner Weltblatt auch über dramatische Entwicklungen in Jugoslawien und der Tschechoslowakei berichtet. Es gelang mir aber in 22 Jahren nur ein Mal, eben im Falle des OPEC-Überfalles, dass ich eine namentlich gezeichnete Titelstory über sechs Spalten auf Seite eins unterbringen konnte. In den mehr als 30 Jahren seither, in denen der Terrorismus allgegenwärtig geworden ist, sind viele Regierungen, wie damals das Kreisky-Kabinett, wegen „Nachgiebigkeit", manche wegen „unmenschlicher Härte" kritisiert worden. Jene, die wie ich einen solchen Vorgang aus der Nähe miterleben konnten, wissen aber, dass es um Menschenleben und nicht um Popularitäts-Konkurrenzen geht. Es war nicht der erste und nicht der letzte Terroranschlag in Wien, doch mit Sicherheit der bisher spektakulärste.

Dass sich Innenminister Otto Rösch in der Früh am Flugplatz in Schwechat vor den Fernsehkameras mit einem Handschlag von dem Terroristen-Häuptling „Carlos" verabschiedete, löste scharfe internationale Kritik aus. Die Fotos mit der ausgestreckten Hand des hageren Innenministers und dem Handschlag mit dem Bandenchef wurden weltweit in allen Magazinen und Illustrierten abgebildet. Die Tageszeitung „Die Presse“ forderte sogar Röschs sofortigen Rücktritt.

Bis zu dieser peinlichen Panne in Schwechat war Rösch, der das Innenressort von 1970 bis 1977 leitete und anschließend bis 1983 der Kreisky-Regierung als Verteidigungsminister angehörte, der „unauffälligste und unbestrittenste“ Minister Kreiskys – so das Nachrichtenmagazin „Profil“ in einer Titelgeschichte Anfang 1975.[1] Der Regierungschef streichelte ihn einmal: „Der Rösch kann sich leicht so klein machen, weil er so groß ist (1,91) und sowieso auffällt.“ Zwar wurde auch Rösch in dem von Simon Wiesenthal 1970 dem „Spiegel“ zugespielten Bericht unter den vier ehemaligen NSDAP-Mitgliedern in der Minderheitsregierung erwähnt, doch überschattete der Skandal um den SS-Mann Öllinger den Fall Rösch. Man munkelte allerdings in oppositionellen ÖVP-Kreisen (und ich hörte es auch von einigen kritischen Intellektuellen), dass der wortkarge oberste Chef der Polizei selber nach dem Krieg irgendwie in ein Nazikomplott verstrickt gewesen sei.

Wenn diese Frage auftauchte – und ich habe sie einmal auch Kreisky gestellt –, lautete die Sprachregelung, dass Rösch mit Wissen, ja sogar im Auftrag der SPÖ beziehungsweise von Innenminister Helmer in die Naziorganisation hineingeschickt worden sei. Selbst der misstrauische Simon Wiesenthal neigte dazu, Rösch zu glauben. Allerdings scheint er eher von der Kompetenz und dem Arbeitseinsatz des Ministers („der seine Vorgänger bei weitem übertraf“) und von seinem „besonders scharfen Vorgehen gegen neonazistische Tendenzen“ als von seinen Erzählungen über die Vorgänge von 1947 beeindruckt gewesen zu sein. Es ergab sich laut Wiesenthal während Röschs Ministerschaft „eine etwas delikate Situation: Er wurde als Innenminister zum Vorgesetzten einiger jener Beamter, die ihn 1947 verhaftet hatten.“[2]

Warum wurde der 30-jährige Otto Rösch am 8. Dezember 1947 in Graz von zwei Kriminalbeamten des Staatspolizeilichen Büros der Polizeidirektion Graz verhaftet? Er wurde verdächtigt, einer vom Eisenhändler Theodor Soucek aus Graz organisierten, weitverzweigten nazistischen Untergrundorganisation anzugehören. Im Dokumentationsarchiv der österreichischen Widerstandsbewegung befindet sich ein vergilbter Gerichtsakt mit 106 Seiten, einschließlich Anzeigen gegen 80 Personen, unter anderen gegen Theodor Soucek, Otto Rösch und Dr. Ernst Strachwitz (ÖVP-Abgeordneter 1949–1951, parteilos 1951–1953).

Es handelte sich um die größte und gefährlichste illegale NS-Organisation in Österreich, mit einem politischen und einem „militärischen" Zweig. Sie war in erster Linie eine Fluchthilfeorganisation für verhaftete Nazigrößen aus Wolfsberg und Glasenbach. Funktionäre der „Heimkehrer-Hilfs- und Betreuungsstelle" hatten gefälschte Personalausweise vermittelt und durch Geldzuwendungen die Flucht gesuchter NS-Verbrecher, so unter anderen sogar des steirischen Ex-Gauleiters Siegfried Uiberreither, ermöglicht. Darüber hinaus wollten die Verschwörer die Spannungen zwischen den Alliierten ausnützen und schüren. 153 Seiten Vernehmungsprotokolle und Zeugenaussagen, aufgenommen allein in Graz, bestätigten das Komplott der „skrupellosen Bande von Verbrechern" (so die „Arbeiter-Zeitung" vom 4.1.1948). Laut dem Grazer SP-Blatt „Neue Zeit" (vom 30.12.1947) war es „das Ziel des Nazikomplottes, die ehemaligen Naziorganisationen wieder aufzubauen, um im Falle eines bewaffneten Konfliktes zwischen den Westmächten und Sowjetrußland mit der besonderen Aufgabe der Errichtung eines Großdeutschen Reiches auf naziideologischer Grundlage betreut zu werden."

Damals nahm die österreichische Justiz die Fahndung nach illegalen Nazis und ihre Bestrafung ernst. Soucek und zwei andere führende Mittäter wurden nach dem Verbotsgesetz wegen Wiederbetätigung sogar zum Tode verurteilt. Die Todesstrafe wurde später in lebenslänglichen Kerker umgewandelt, der genau drei Jahre dauerte – dann waren alle drei begnadigt. Und Rösch? Die vorliegenden Originaldokumente enthalten Zeugenaussagen von Soucek und mehreren anderen Häftlingen, wonach Rösch „für den Nachrichtendienst vorgesehen war; er sollte die erforderlichen Verbindungen zu Parteien, Ämtern, Polizei sowie zu einzelnen Vertrauenspersonen, die zur Nachrichtengebung dienlich schienen, aufnehmen. Tatsächlich hat Rösch verschiedene Mitteilungen aus der britischen Briefzensur und fallweise auch Mitteilungen der Fernsprech-Überwachung zukommen lassen." Rösch wurde ferner beschuldigt, einen Koffer voll gefälschter Personalausweise, Stempel, Blanko-Formulare und Fahndungslisten ab Mitte November 1947 aufbewahrt beziehungsweise weitergegeben zu haben.

Rösch verantwortete sich mit der Aussage, vom Inhalt des in seiner Wohnung gefundenen, versperrten Koffers keine Kenntnis gehabt zu haben.

Rösch war Chef der Zivilzensur in der britischen Zone der Steiermark und auch tätig als Funktionär der sozialistischen Heimkehrerbetreuung. Er war von Soucek auch laut mehreren Zeugenaussagen als Militärberater vorgesehen. Rösch stritt zwar jegliche Kenntnisse über die Ziele einer Untergrundbewegung oder die Teilnahme an Besprechungen ab. Er gab aber zu, dass er Soucek und eine Reihe anderer Beschuldigter wiederholt getroffen habe. Merkwürdig erscheint übrigens im Rückblick auch die Tatsache, dass Soucek, der mit Rösch angeblich geschäftliche Kontakte hatte, nach einem einstündigen Gespräch über die Folgen eines möglichen Ost-West-Konfliktes später noch „einige Kameraden" holte und in der Wohnung Röschs über das gleiche Thema weiter diskutiert wurde und die Gäste seine Wohnung „ziemlich spät" verlassen hatten.

Einige Tage später ging Rösch „wegen einer dringenden Schuhreparatur" zu einem bekannten und inzwischen auch verhafteten Schuhmacher. Im Nebenraum des Schuhgeschäftes befanden sich die gleichen Leute, mit denen er sich einige Tage vorher unterhalten hatte. Auch diesmal gab es einen politischen Meinungsaustausch, laut Rösch nur über die Möglichkeit einer Wahlreform und keineswegs über die Wahl des Führers einer Untergrundbewegung. Dann fiel es ihm doch ein, dass Soucek und seine Leute mit ihm auch über die Bestrebungen zur Gründung einer vierten Partei gesprochen hätten.

Bei einem anderen Verhör gab Rösch zu, dass er mit Soucek darüber sprach, ob im Falle eines Krieges genügend Zeit wäre, sich nach dem Westen abzusetzen. Er erklärte Soucek, dass er bei den Engländern beschäftigt sei und daher „sicherlich bemerken würde, wenn so etwas in der Luft läge". Rösch bestritt entschieden, vom Bestehen einer geheimen NS-Untergrundbewegung Kenntnis gehabt zu haben. Es sei ihm auch vollkommen neu, dass er als militärischer Berater vorgesehen gewesen sei.

Man hat in Röschs Wohnung ein Flugblatt der „monarchistischen Partisanen" gefunden und angeblich auch einen Zettel mit Angaben über ein abgehörtes Gespräch eines der mutmaßlichen Verschwörer. Darüber hinaus versprach er Soucek, einen von ihm empfohlenen Mann bei der Briefzensur einzustellen, doch nach dem ersten Gespräch meldete sich der Betreffende nicht mehr. Soucek und zwei Zeugen belasteten Rösch auch bezüglich der Weitergabe von Informationen aus der britischen Briefzensur. Es habe aber nur ungefährliche Gesprächsthemen gegeben, antwortete Rösch stets. Laut den drei zur Verfügung stehenden Vernehmungsprotokollen bestritt er jegliche Kenntnis und Aktivität hinsichtlich einer Neonazi-Organisation.

Was immer die volle Wahrheit gewesen sein mag: Rösch war ein idealer Kandidat für eine Anwerbung. Er war nicht nur Nazi, sondern so verlässlich, dass man ihn als Erzieher bei der Napola (Nationalpolitische Erziehungsanstalt), der Eliteschule der NS-Ära in Traiskirchen, von Oktober 1938 bis 15. Januar 1940 beschäftigte. Neue Recherchen einer Forschungsgruppe des Instituts für Zeitgeschichte ergaben, dass Rösch bereits 1935/36 Mitglied der HJ, seit 1936 Mitglied des illegalen NS-Studentenbundes und ab 1937 ein führender Funktionär der HJ in Graz gewesen war. In einem Personalbogen des Nationalsozialistischen Lehrerbundes gab er zudem an, im Jahre 1937 Mitglied des SA-Stabsturms in Graz gewesen zu sein. Er bewarb sich am 8. Oktober 1938 um die Mitgliedschaft in der NSDAP und erhielt sie auch am 1. Januar 1940 mit Nr. 8.595.796. Dann wurde er Berufsoffizier, mit dem „Deutschen Kreuz in Gold" ausgezeichnet und war bei Kriegsende im Range eines Hauptmannes.

Zwei Dinge waren im Rösch-Prozess merkwürdig: Erstens wurde er am 3. Juni 1949 freigesprochen, aber nicht wegen erwiesener Unschuld, sondern aus Mangel an Beweisen. Zweitens zeigen die Zeugenaussagen und viele Begleitumstände, dass hier lauter gläubige Nazis – zweieinhalb Jahre nach Kriegsende! – am Werk waren und dass Rösch so verdächtig erschien, dass er doch eine ungewöhnlich lange Zeit – acht Monate – in Untersuchungshaft verbringen musste.

Die spätere Rechtfertigung – erst nach 25 Jahren 1970 publiziert – ist nicht überzeugend. Zunächst bleibt die Geschichte der angeblich beabsichtigten Unterwanderung der Nazi-Gruppen unüberprüfbar. Dann hat bisher niemand klar erklärt, was Rösch oder seine Auftraggeber, zum Beispiel Oskar Helmer, eigentlich wollten. Was hätte die Unterwanderung für die SPÖ gebracht? Die Verhörprotokolle und die Zeugenaussagen geben überhaupt keine Hinweise darauf. Außerdem hätte man in diesem Fall in Kauf genommen, dass Rösch acht Monate lang in Untersuchungshaft saß.

Der von der Zeithistorikerin Maria Wirth verfasste sechs Seiten lange Lebenslauf im Rahmen des vom SPÖ-Vorsitzenden Alfred Gusenbauer initiierten Forschungsprojektes bestätigt die Zweifel über Röschs Glaubwürdigkeit. Ihr Urteil steht im krassen Gegensatz zur Wertung des Falles Rösch durch Heinz Fischer in seinen bereits schon zitierten „Erinnerungen".[3] Es bleibt wenig von der „unbelasteten" Vergangenheit des langjährigen Spitzenfunktionärs.

So teilte die britische Besatzungsmacht bereits im Januar 1948 mit, dass Rösch zum Zeitpunkt seiner Anstellung verschwiegen habe, dass er 1937 Mitglied der HJ und im Jahr 1938 bei der SA gewesen war. Im Zuge seiner „Entnazifizierung" behauptete Rösch, er hätte sich nur deshalb in einem Personalbogen des Nationalsozialistischen Lehrerbundes als SA-Mitglied bezeichnet, um eine Kollegiengeldbefreiung und eine Zurückstellung der Einberufung zu erreichen. Von der NSDAP-Mitgliedschaft habe er als Soldat nicht erfahren und deshalb die Registrierung unterlassen. Er habe sich zwar um die Mitgliedschaft bemüht, aber weder Mitgliedsbeiträge bezahlt noch einen Ausweis erhalten. So wurde er am 9. November 1949 von der Registrierungsliste gestrichen.

Noch im Jahr seiner Freilassung wurde Rösch von seinem Gönner, dem Landesparteisekretär Ernst Taurer, als Sekretär des Verbandes Sozialistischer Gemeindevertreter in der Steiermark vorgeschlagen und im September 1951 sogar für einen Sitz im Bundesrat nominiert. Es gab aber starke SPÖ-interne Opposition dagegen, vor allem von den Grazer Genossen, die auf Röschs NS-Vergangenheit hinwiesen (illegaler HJ-Führer, Soucek-Prozess und Pro-Nazi-Äußerungen nach 1945). Nach „sehr eingehender" Diskussion wurde Rösch schließlich doch für den Bundesrat nominiert.

Wirth betont, dass Rösch sich selbst mehrmals öffentlich korrigieren musste. So gab er nach der ersten „Spiegel"-Veröffentlichung an, nicht Parteimitglied gewesen zu sein; er musste dies umgehend richtig stellen. Landesparteisekretär Taurer war auch maßgeblich an der Karriere des ebenfalls von seiner NS-Vergangenheit belasteten Alfred Schachner-Blazizek beteiligt, der später stellvertretender Landeshauptmann, steirischer Parteichef und stellvertretender SPÖ-Bundesvorsitzender wurde. Parteisekretär Taurer soll Kreisky nach seiner Rückkehr aus Schweden die „Räubersidee“ über den Parteiauftrag von Rösch bezüglich der Soucek-Gruppe erzählt haben. In der kritischen Notiz der Zeithistorikerin wird freilich betont, es seien keine Belege für die Richtigkeit von Röschs Rechtfertigung bekannt![4]

Die berechtigte Frage bleibt also, wie seine Bilderbuchkarriere so schnell und so steil zustande kam? Trotz NSDAP-Mitgliedsnummer wurde er als „nicht registrierpflichtig“ eingestuft. Mit diesem Persilschein begann sein Aufstieg: 1951–53 Bundesrat, 1953–59 steirischer Landtag, 1959–66 Staatssekretär im Verteidigungsministerium und Mitglied des niederösterreichischen Landtags, 1966–70 Landesrat in der niederösterreichischen Landesregierung, 1970–77 Innenminister, 1977–83 Verteidigungsminister, 1983–91 Obmann im Pensionistenverband.

Was war der eigentliche Schlüssel zum Wiederaufstieg? Es war der Bedarf der SPÖ an tüchtigen, gebildeten jungen Leuten und es zählte auch Röschs „sozialistischer Stallgeruch“ trotz seiner Irrwege. Sein Großvater war sozialistischer Bürgermeister von Stockerau, Landtagsabgeordneter in Niederösterreich (1918–1927) und Bundesrat (1927–1934). Die Zugehörigkeit zum sozialistischen „Adel“ bildete zweifellos eine Brücke für Rösch, der in seiner kontrollierten Art für alle überzeugend und beruhigend wirkte.

Rösch war sicherlich ein guter Organisator, zurückhaltender Politiker und eine Säule der grauen Funktionärsgarde der SPÖ. Laut seinem Nachfolger Erwin Lanc ist in der Partei über Röschs NS-Vergangenheit „nie viel geredet worden.“ Als Innenminister sei er stark unter dem Einfluss von Justizminister Broda gewesen, meint dessen früherer enger Mitarbeiter Heinrich Keller. Rösch soll übrigens einem anderen Nachfolger, Karl Blecha, erzählt haben, wie er bis zum letzten Tag des Krieges in Niederösterreich an der Spitze eines sogenannten Raketenregiments gekämpft und 36 Panzer der Roten Armee vernichtet habe.

Die Zeithistorikerin Maria Wirth vermerkt zu Recht, dass „weite Bereiche von Röschs Vergangenheit, die in der SPÖ durchaus bekannt waren, ... aus seiner ‚erfolgreichen Entnazifizierung‘ ausgeklammert wurden“. Obwohl Rösch in der kritischen Aufarbeitung des Bundes Sozialistischer Akademiker (BSA) wahrscheinlich wegen fehlender Mitgliedschaft nicht erwähnt wurde, wollte ich über den Fall Rösch endlich Klarheit schaffen. Für mich war das überfällig. Nach der überzeugenden Arbeit der Forschungsgruppe des Instituts für Zeitgeschichte ist es mir fast unmöglich, an das rückdatierte parteioffizielle Happy End zu glauben.

Im Spiegel der sozialistischen Karrieren mit schrecklichem NS-Hintergrund wirkt das „Rätsel Rösch" fast wie eine zwar schillernde, aber doch im Grunde normale Laufbahn in der SPÖ. Sechs ehemalige NSDAP-Mitglieder in den Kreisky-Regierungen, ein Landeshauptmann und mehrere Landeshauptmann-Stellvertreter, ferner zahlreiche hohe Beamte, Landesräte und Generaldirektoren sowie 43 National- und Bundesräte der SPÖ (zwischen 1945 und 1990) waren NS-Angehörige (bei der ÖVP 51).[5] Die umstrittene, weil von zahlreichen sozialdemokratischen Politikern hinter vorgehaltener Hand verspottete kritische Aufarbeitung der so lange verdeckten „braunen Flecken" in der SPÖ ist ein Verdienst Alfred Gusenbauers und des BSA-Präsidenten Caspar Einem. Ein heilsamer Schock für manche nach den vielen Jahren der aus Eigeninteresse verordneten Amnesie.

Der Machtkampf am Hof des „Sonnenkönigs“

Am 21. August 1980 fand auf Wunsch der oppositionellen Österreichischen Volkspartei eine parlamentarische Sondersitzung statt. Sie war der Ausgangspunkt jenes Steuerverfahrens, das nach jahrelangen verdeckten und offenen Machtkämpfen der vielleicht außergewöhnlichsten politischen Karriere in der Geschichte der Zweiten Republik ein jähes Ende bereitet hat.

Der Nationalrat trat „in einer außerordentlichen Situation zu einer außerordentlichen Sitzung an einem außerordentlichen Ort“,[1] nämlich aus technischen Gründen in dem einem griechischen Theater nachgebildeten Sitzungssaal des Abgeordnetenhauses des ehemaligen Reichsrates der österreichisch-ungarischen Monarchie zusammen. Auf der symbolischen Anklagebank saß der 42-jährige Hannes Androsch, Vizekanzler, Finanzminister und zugleich stellvertretender Parteivorsitzender der SPÖ. Erst die Folgewirkungen dieses denkwürdigen Tages ließen im Rückblick erkennen, dass es sich hier um eine politische Hinrichtung handelte. Der Scharfrichter war der ÖVP-Abgeordnete Heribert Steinbauer.

Bei der dringlichen Anfrage der ÖVP an den Bundeskanzler betreffend die Entlassung von Finanzminister Hannes Androsch ging es um verschiedene Vorwürfe: zum einen um Berichte über dessen angebliche Verwicklung in den Korruptionsskandal um den Neubau des Wiener Allgemeinen Krankenhauses (AKH), dann um die angeblichen höchst profitablen Geschäftsverbindungen seiner Steuerberatungskanzlei „Consultatio“ mit den im AKH-Skandal involvierten Firmen, ferner um die Androsch vorgeworfene falsche Informierung der Öffentlichkeit. In seiner groß angelegten Rede wies ÖVP-Obmann Alois Mock auch auf die wiederholten kritischen Bemerkungen Kreiskys über die Privatfirmen seines Vizekanzlers hin und rief ihn endlich zum Handeln auf.

Es folgte dann der erste Paukenschlag in dieser Sondersitzung, die in drückender hochsommerlicher Schwüle abgehalten wurde. In einer 54 Sekunden langen Beantwortung der Anfrage beschränkte sich Kreisky bloß auf einen Satz: Er habe nicht die Absicht, dem Bundespräsidenten die Entlassung des Finanzministers vorzuschlagen, zumal dieser die diesbezüglichen Zeitungsmeldungen selber richtig stellen werde. Die ÖVP-Sprecher schlachteten natürlich die vom Kanzler so demonstrativ bekundete Distanz zu seinem bedrängten Stellvertreter genüsslich aus. Dieser wies sofort nach Kreiskys dürrer Antwort in einer längeren Rede „alle unwahren Behauptungen, Unterstellungen und Verleumdungen ... mit allem Ernst und aller Entschiedenheit zurück".

Nach einigen weiteren Wortmeldungen ersuchte Alois Mock ohne Erklärung um eine Unterbrechung der Sitzung um 20 bis 30 Minuten. Indessen gingen in den Reihen der überraschten ÖVP-Mandatare Gerüchte um neue Enthüllungen über die Finanzierung der viel diskutierten Androsch-Villa in Neustift am Walde um. Nach der Wiederaufnahme der unterbrochenen Sondersitzung um 15 Uhr 55 Minuten legte der ÖVP-Abgeordnete Heribert Steinbauer die „rauchende Pistole" (im Sinne der kriminalistischen Literatur) auf den Tisch. Er präsentierte in einer relativ kurzen, so hintergründigen wie subtilen Rede ein brisantes Dokument, das unter Missachtung des Bankgeheimnisses aus der damaligen Zentralsparkasse („Z") kam. Es war das in einem anonymen, mit 15. Juli datierten Begleitschreiben übermittelte Kreditblatt der „Z", das den Verdacht erhärtete, dass Androsch den Bau seiner Villa 1975 mit Schwarzgeld finanziert haben soll. Das anonyme Schreiben wurde auch an den Bundeskanzler und zugleich in Form einer anonymen Anzeige an die Staatsanwaltschaft Wien gerichtet. Es bildete die Ausgangsbasis der späteren finanzbehördlichen Entscheidung.

Die „unendliche Geschichte"[2] des Steuerverfahrens gegen Androsch dauerte 16 Jahre. Nach der dramatischen Sondersitzung erstatteten die Oppositionspolitiker Michael Graff und Fritz Hahn Anzeige wegen des Verdachts der Steuerhinterziehung. In Zusammenhang mit diesem anhängigen Steuerstrafverfahren wurde Androsch im März 1981 im AKH-Untersuchungsausschuss des Nationalrates einvernommen. Der am 1. Januar 1981 als Finanzminister zurückgetretene und als Generaldirektor in die Creditanstalt gewechselte Androsch erklärte, sein inzwischen legendenumwobener „Wahlonkel" (Lebensgefährte seiner Mutter) Gustav Steiner habe ihm Geld zum Kauf der Villa zur Verfügung gestellt. Wegen Steuerhinterziehung wurde Androsch mittlerweile rechtskräftig verurteilt und zuletzt setzte ein Schöffensenat 1996 eine Geldstrafe mit 1,5 Millionen Schilling fest.

Als bereits 1985 ein Wiener Gericht zum ersten Mal zum Schluss kam, dass die Androsch-Villa mit eigenem, steuerlich nicht deklariertem Geld (also nicht mit dem Geld des „Wahlonkels") erworben worden sei, erstattete Fritz Hahn im Januar 1986 Strafanzeige gegen Androsch wegen des Verdachtes der falschen Zeugenaussage. 1988 holte den damaligen Generaldirektor Androsch die Vergangenheit wieder ein: Im Januar 1988 fällte das zuständige Gericht einen Schuldspruch wegen Falschaussage vor dem parlamentarischen AKH-Untersuchungsausschuss und verhängte eine Geldstrafe von 360 Tagessätzen à 3000 Schilling.[3] Zwei Tage nach seiner Verurteilung erklärte Androsch den Rücktritt von der Funktion des Generaldirektors. Seither präsentiert er sich in der Öffentlichkeit, besonders oft in jüngster Zeit, als erfolgreicher Unternehmer und anerkannter Wirtschaftsmann.

Wie und warum gelangten die Kontoblätter der Hausbank der Familie Androsch an die ÖVP und später an die Öffentlichkeit? Im Gegensatz zu diversen Verschwörungstheorien[4] dürfte es sich zumindest im Falle des von Steinbauer in der Sondersitzung des Nationalrates präsentierten Kontoblattes zuerst um einen „Einzeltäter" gehandelt haben. Jedenfalls hat mir im Zuge der Recherchen für dieses Buch ein bekannter früherer ÖVP-Politiker, dessen Name nicht genannt werden darf, Folgendes erzählt: Das „Z"-Dokument mit dem Kontoblatt wurde Erhard Busek, damals ÖVP-Chef und Vizebürgermeister von Wien, höchstpersönlich von dem damaligen Magistratsdirektor der Stadt Wien, Josef Bandion, mit der Bitte um zweckmäßige Veröffentlichung übergeben. Bandion selbst hegte keine Zweifel an der Echtheit des Dokumentes, da er dieses von einer bei der „Z" beschäftigten nahen Verwandten erhalten haben soll.

Wer war Bandion und warum zündete er diese Sprengladung? Bandion war der am längsten amtierende Magistratsdirektor (1975–1995) in der Geschichte Wiens. Dieser höchste Beamte des Magistrats absolvierte ein Jusstudium als Werkstudent an der Universität Wien, war später Richter, Anwalt und drei Jahre auch bei der Finanzprokuratur. Nach 12 Jahren in der Präsidentschaftskanzlei holte ihn Bürgermeister Leopold Gratz 1973 in das Rathaus als Präsidialchef. Bandion, der 2005 im Alter von 74 Jahren verstarb, war fast vier Jahrzehnte lang auch Geschäftsführer der Ludwig-Boltzmann-Gesellschaft zur Förderung der wissenschaftlichen Forschung in Österreich.

Weder mein Informant noch Erhard Busek hatten eine Erklärung für die Initiative Bandions. Er war mit Sicherheit kein enger Vertrauter Kreiskys, sondern eher der eigentliche Vertrauensmann des Bürgermeisters. Gratz galt zwar zeitweilig mit Androsch als einer der beiden „Kronprinzen", doch war er nie ein „Kreisky-Mann" gewesen. Es ist also unwahrscheinlich, dass er Bandion sozusagen als „Täter" beauftragt hätte, wenn man freilich in der Politik auch nichts ausschließen darf. Erhard Busek, dem der hohe Beamte offensichtlich großes Vertrauen entgegengebracht hatte, erinnert sich 27 Jahre später daran, dass Bandion das seltsame Netz anonymer Konten aus der Familie Androsch und den Lebensstil des Finanzministers mit Widerwillen betrachtete. Wie dem auch sei, Busek verlor keine Zeit und übergab das höchst brisante Dokument dem Parteichef und Klubobmann Alois Mock. Die engere Parteiführung bestimmte schließlich Steinbauer als Exekutor, weil dieser schon vor einiger Zeit mit dem Vergleich zwischen Watergate und dem AKH-Skandal und seinen Hintermännern für eine gewaltige Aufregung in den Reihen der SPÖ-Abgeordneten gesorgt hatte.

Auch diesmal brodelte es unter den SPÖ-Nationalräten nach der Steinbauer-Rede. Berühmt wurde der emotionelle Ausbruch des normalerweise zurückhaltenden SPÖ-Klubchefs Heinz Fischer. Er warf seinen Kugelschreiber auf den Marmorboden des alten Sitzungssaales und schrie Steinbauer an: „Sie Schwein!" Fischer entschuldigte sich zwar am Ende der Sitzung, doch heute noch betont der Bundespräsident, „ich habe mich wahnsinnig geärgert, dass man ein anonymes Schreiben benützt, um eine Sondersitzung des Nationalrates zu verlangen und denjenigen, auf den sich das anonyme Schreiben bezieht, anzugreifen, wo es zu meinem Verständnis zur politischen Kultur gehört, dass man jemanden mit Fakten angreift, aber nicht mit anonymen Schreiben".[5]

Trotz der noch heute spürbaren Ressentiments Heinz Fischers waren die Indiskretionen aus der Zentralsparkasse letzten Endes ein Politikum ersten Ranges – der Anfang vom Ende eines großen politischen Talentes, das vielleicht ein herausragender Bundeskanzler geworden wäre. Sicherlich kann man in ihm einen der besten Bundeskanzler sehen, den Österreich nie gehabt hat: ein bisschen dem Schicksal des britischen Politikers Rab Butler ähnlich, dem 1957 die Parteiführung der Konservativen Harold Macmillan und 1963 Lord Home als Premier vorgezogen hatte.

Bevor wir uns dem tief in die Vergangenheit reichenden politischen Hintergrund des Kreisky-Androsch-Konflikts zuwenden, müssen noch kurz zwei dramatische Entwicklungen in der „unendlichen Geschichte" des Steuerverfahrens geschildert werden. Finanzminister Herbert Salcher, der Anfang 1981 Androsch abgelöst hatte, erhielt im Sommer 1984 von einem namentlich bekannten Direktor der Zentralsparkasse Unterlagen über diverse anonyme Wertpapierkonten der Familie Androsch. Der Finanzminister übergab die Zusammenfassung der Informationen in Form einer Sachverhaltsdarstellung an den Leiter der Staatsanwaltschaft in Wien. Nach dieser Anzeige wurde in der Folge eine Voruntersuchung gegen Hannes Androsch eingeleitet.

Salcher, der Tiroler Landesvorsitzender der SPÖ war, hatte vor seiner aufsehenerregenden Aktion mit herausragenden Juristen und Steuerexperten konferiert und dem Druck der Parteigranden Stirn geboten. Rückblickend betont er noch heute, dass Bruno Kreisky ihn in der Angelegenheit Androsch nie ansprach, noch hat er Kreisky über den Verlauf der Untersuchungen informiert.[6] Man geht übrigens kaum fehl in der Annahme, dass der eher mit Androsch sympathisierende sogenannte „innere Kreis" um Sinowatz den Tiroler Politiker unterschätzt hat. Die Würfel fielen Anfang September 1984, als Bundeskanzler Fred Sinowatz im Zuge einer Regierungsumbildung Salcher durch Franz Vranitzky und Außenminister Erwin Lanc durch den Wiener Bürgermeister Leopold Gratz ablösen ließ. In einer Ministerratsvorbesprechung erklärte damals Sinowatz, es sei auch zu hoffen, dass in der Causa Androsch wieder Ruhe eintrete.[7]

Für Hannes Androsch war aber der Spießrutenlauf der Steuerprüfungen keineswegs zu Ende. Einige Tage vor Weihnachten 1985 musste sein ehemaliger Sekretär und nunmehriger Finanzminister Franz Vranitzky eine Entscheidung treffen, ob er den Steuerfall Androsch verjähren lassen solle. Nur durch eine schriftliche Ministerweisung wäre die Zulassung der Verjährung möglich gewesen. Nachdem drei hohe Beamte des Finanzministeriums Vranitzky erklärt hatten, dass er mit einer solchen Ministerweisung gegen das Gesetz verstoßen würde, hat er diese Weisung nicht gegeben.[8]

Androsch sieht sich noch heute, eigentlich mehr denn je, als Opfer einer Verschwörung von Kreisky und Salcher, von Vranitzky und Lacina, von der ÖVP und ihm gegenüber feindlichen Medien.

Auf meine Frage, warum Vranitzky, wie von Androsch vorgeschlagen, keinen externen Berater, der nicht seinem Weisungsrecht unterlegen wäre, konsultiert habe und warum er am Heiligen Abend 1985 einen Finanzamtsleiter zwecks Zustellung eines Vermögenssteuerbescheides in die Villa nach Neustift geschickt haben soll, antwortete Androsch so: „Weil er ein Interesse hatte, dem Kreisky zu gefallen und mich als Konkurrent wegzukriegen. Und von dem Zeitpunkt an war ich böse auf den Vranitzky ...“ [9] Also nicht erst ab 1988, wie es in manchen Darstellungen heißt.[10]

Er verzeiht es auch heute noch dem damaligen Kanzler Vranitzky nicht, dass er im Januar 1988 die Ablöse von Androsch wegen dessen „falscher Zeugenaussage“, wie es heißt, „ohne weiteres“ zugelassen hätte. In einem langen Gespräch mit mir machte Androsch aus seinem Herzen keine Mördergrube. Es ist unmöglich, hier seine überbordenden Invektiven gegen den „feigen“, „brutalen“ und „geldgierigen“ Ex-Mitarbeiter und weitere ehrenrührige Vorwürfe gegen Vranitzky wiederzugeben, mit dem er angeblich schon 1976 nicht mehr viel am Hut gehabt habe und ihn deshalb „elegant“ in die CA als stv. Generaldirektor weghaben wollte. Wenn man sich an die Ausbrüche Kreiskys gegen Androsch erinnert und zugleich nun die Angriffe Androschs gegen die Person Vranitzkys Revue passieren lässt, lohnt es sich, sich mit dem Begriff des Neides auseinanderzusetzen. Wie es in einer anregenden psychiatrischen Betrachtung heißt: „Neid ist ein aggressives, mehr oder minder dauerhaftes Gefühl, das einem konkreten Anderen einen positiv bewerteten, allgemein sichtbaren Erfolg verübelt, den man selbst stark wünscht und erstrebt und der einem gleichzeitig unerreichbar erscheint.“ Dazu kommt noch, dass der Neid sich bis zum unversöhnlichen Hass steigern kann, immer aufs Ganze geht und die moralische Diskreditierung des Gegners betreibt.[11] Trotz aller Unterschiede in den Umständen, im Alter und im Ablauf verhält sich Androsch seit fast 20 Jahren gegenüber Vranitzky so, wie sich ursprünglich Kreisky ihm, Androsch gegenüber, ab 1980 verhalten hat.[12]

Worum ging es im Grunde bei dem Konflikt Kreisky-Androsch und dem Machtkampf im Hintergrund, deren vielfältige Auswirkungen bereits vor der offenen Konfrontation 1980 die Regierungstätigkeit immer mehr behindert hatten, ja lähmten? Vordergründig handelte es sich um einen Machtkampf zwischen einem alternden, kränkelnden „Sonnenkönig“ und einem ehrgeizigen, ungeduldigen „Kronprinzen“, um ein Zerwürfnis zwischen dem Regierungschef und seinem um 27 Jahre jüngeren Vizekanzler und Finanzminister Hannes Androsch. Die mit großem Geschick und wenig Skrupeln verbreiteten Berichte, die den Jüngeren fast als „Opferlamm des böswilligen Alten“ hinzustellen versuchen, der seinen verstoßenen Kronprinzen aus Neid und anderen Komplexen über die Klinge springen ließ, haben freilich mit der Wirklichkeit wenig zu tun.[13]

Ich traf nicht nur wiederholt Kreisky, sondern auch fast alle Protagonisten während dieser Zeit der innerparteilichen Ränkespiele. Einige der wichtigsten Persönlichkeiten, wie unter anderen die Gewerkschaftsvorsitzenden Franz Olah und Anton Benya, den Justizminister Christian Broda, den Zentralsekretär und späteren Innenminister Karl Blecha, den Klubobmann Heinz Fischer, den Außenminister Rudolf Kirchschläger und den späteren Wiener Bürgermeister Leopold Gratz, hatte ich schon in den sechziger Jahren kennengelernt. Manchen Schlüsselfiguren der ersten Regierung Kreisky, wie Finanzminister Hannes Androsch, Außenminister Rudolf Kirchschläger und Wissenschafts- und Forschungsministerin Hertha Firnberg, begegnete ich erst im Frühjahr 1970. Auch mit den maßgeblichen Persönlichkeiten der ÖVP, Karl Schleinzer und Josef Taus, Alois Mock und Erhard Busek, Stephan Koren und Herbert Kohlmaier, Michael Graff und Robert Graf, war ich in regelmäßigem Kontakt.

Vor allem entstand, wie schon erwähnt, noch aus der Zeit der gemeinsamen Osteuropa-Reisen mit Kreisky als Außenminister[14] und dann im Laufe von zahlreichen Vieraugengesprächen während der Wahlkampagnen und der Arbeit an seiner Biografie ein Vertrauensverhältnis zwischen mir als Auslandskorrespondent und dem Bundeskanzler. Bei langen Spaziergängen, von einem seiner beiden Boxerhunde Titus oder Bianca begleitet, in Nußdorf, an Sonntagnachmittagen im Garten in der Armbrustergasse oder auf Ostreisen, kam er von den aktuellen außen- oder wirtschaftspolitischen Themen immer wieder auf die ihn bedrückenden persönlichen Probleme zu sprechen.

1978 waren schon die innerparteilichen Positionskämpfe und Intrigen in vollem Gange. Nur wegen der bevorstehenden Nationalratswahl 1979 versuchte die Regierungspartei zumindest nach außen den Eindruck der Zerrissenheit zu vermeiden. Mitte September 1978 saßen wir am frühen Nachmittag im Zimmer des Bundeskanzlers am Ballhausplatz. Kreisky war, wie stets, unter Zeit- und Termindruck. Unser Gespräch über die Lage in Osteuropa wurde immer wieder durch Anrufe und taktvoll überreichte Mahnzettel der freundlichen, aber höchst effizienten Chefsekretärin Margit Schmidt unterbrochen. Die Zeit war offensichtlich zu knapp für den lange geplanten Gedankenaustausch über Ausmaß und Grenzen der Wandlungen im Ostblock für eine Beilage der „Financial Times".

Der Kanzler richtete plötzlich eine überraschende Frage an mich: „Sagen Sie, lieber Freund, wie sind Sie eigentlich jetzt mit den Ungarn?" Ich hatte keine Ahnung, warum Kreisky das fragte, antwortete aber, ohne zu zögern: „Mein Verhältnis ist jetzt normal. Seit Jahren bin ich nicht mehr auf der schwarzen Liste. Darf jederzeit einreisen, zwar beschattet, aber es gibt keine besonderen Probleme ..." Kreisky unterbrach mich: „Na, dann ist alles in Ordnung. Ich fahre nächste Woche auf einen Arbeitsbesuch nach Budapest. Kommen Sie mit als mein persönlicher Gast, und dann werden wir reichlich Gelegenheit haben, uns über unser Thema zu unterhalten!"

Kreiskys Gedankenblitz stürzte die Protokollbeamten auf beiden Seiten des damals bereits durchlöcherten Eisernen Vorhanges in Verzweiflung: Einen Journalisten, noch dazu einen „Spezialisten" ungarischer Herkunft auf eigene Kappe und ohne die ungarischen Gastgeber zu fragen, auf einen „inoffiziellen Arbeitsbesuch" mitzunehmen, war ein einmaliger Vorfall und eine „höchst delikate Angelegenheit" (so der österreichische Protokollchef zu einer Kreisky-Mitarbeiterin). Weder seine eigenen Beamten noch die misstrauischen Ungarn wagten es aber, dem Kanzler etwas zu sagen.

Kreisky galt freilich als ein weitaus gefährlicherer Gegner der kommunistischen Diktaturen als viele, die den Antikommunismus im Knopfloch trugen, weil er Anhänger einer offensiven Entspannungspolitik war. Das sehr frühe Erfassen des Charakters der Wandlungsprozesse in der kommunistischen Welt machte aus ihm einen Wegbereiter jener fantasievollen Ostpolitik, die sich der Grenzen wie auch der Möglichkeiten der westlichen Einflussnahme immer bewusst war. Obwohl Kreisky, außer von seiner Frau, nur vom Sektionschef für Wirtschaftsfragen und die Verstaatlichte Industrie, einem Sekretär und einem Sicherheitsbeamten begleitet wurde, empfing den prominenten Gast eine starke Abordnung mit dem damaligen Ministerpräsidenten György Lázár an der Spitze, die von einem großen Gefolge von zahlreichen Beamten und Geheimpolizisten eskortiert wurde. Der Arbeitsbesuch brachte übrigens Tausende Ungarn direkt oder indirekt in Harnisch, weil inmitten des Spitzenverkehrs freitagnachmittag manche Hauptstraßen und Brücken in Budapest für den normalen Verkehr gesperrt wurden, und das Gleiche wiederholte sich während der Fahrt des Sonderzuges von Budapest nach Debrecen und zurück. Bei Viadukten und Kreuzungen standen ungarische Polizisten und Soldaten Wache, um auf alle Eventualitäten vorbereitet zu sein. Obwohl als Gast Kreiskys im Flugzeug nach Budapest noch dabei, durfte ich dies nicht mehr direkt erleben.

Ich wurde nämlich in Begleitung eines Beamten des Außenministeriums, der als besonderer Vertrauensmann der Staatssicherheit galt, in einem Auto nach Debrecen, der drittgrößten Stadt Ungarns, chauffiert. Bereits am Flughafen in Budapest wurde ich von der kleinen Gruppe getrennt und konnte mich vom Ehepaar Kreisky nicht einmal verabschieden. Auf meine Frage, warum wir nicht auch mit dem Zug nach Debrecen fahren würden, antwortete mein Begleiter kurz und bündig: „Es gibt nicht genug Platz im Sonderzug!“ Während ich im Hotel „Zum Goldenen Ochsen“ vergeblich nach Wien zu telefonieren versuchte, wurde Kreisky samt Begleitung zum Gästehaus am Rande des malerisch gelegenen „großen Waldes“ geführt.

Zum Verdruss der ungarischen Organisatoren und meines Begleiters vergaß aber Bruno Kreisky seinen „Gast“ keineswegs und lud mich bereits am nächsten Tag zum Frühstück ins Gästehaus ein. Der Bundeskanzler setzte unser in Wien abgebrochenes Gespräch während eines Waldspazierganges fort, respektvoll begleitet von einer Schar von Geheimpolizisten, Ärzten und Protokollbeamten. Der Kanzler widmete allerdings bald seine Aufmerksamkeit weniger der großen Weltpolitik und Ungarn als seinem Lieblingsthema, den vermeintlichen Vor-und Nachteilen der möglichen Kronprinzen bzw. anderen SPÖ-Würdenträgern. Damals hielt er sich noch, verglichen mit den späteren Zornausbrüchen, in der Öffentlichkeit relativ zurück, aber in Vieraugengesprächen mit Vertrauten oder im kleinen Kreis machte er keinen Hehl aus seiner abgrundtiefen Enttäuschung über Androsch und nicht zuletzt über dessen „Rechtsberater", den langjährigen Justizminister Christian Broda. „Man kann sich, lieber Freund, nur auf sehr wenige Menschen verlassen", sagte Kreisky manchmal melancholisch, manchmal kämpferisch, bevor wir uns am Flughafen Schwechat verabschiedeten.

Die Wurzeln der innerparteilichen Frontstellung gegen den bei den Wahlen stets siegreichen Kanzler reichten in die Olah-Krise zurück, als Kreisky in der Verteidigung des umstrittenen Gewerkschaftschefs in die Defensive geriet und die Rachegelüste mächtiger Gegner geweckt hatte. Franz Olah (Jahrgang 1910) war eine der großen Begabungen der sozialistischen Bewegung, fast sieben Jahre lang Häftling in Dachau und seit frühester Jugend ein enger Freund Kreiskys. Im Grunde traten beide für die gleichen politischen Ziele ein: Öffnung der Sozialdemokratie gegenüber der Kirche, der Jugend und dem Bürgertum im Zeichen einer Modernisierungsoffensive. Olahs unbändiger Ehrgeiz und seine unkontrollierte Handhabung von Gewerkschaftsgeldern bei Zeitungsfinanzierungen und Subventionen für die FPÖ führten aber schließlich zu seinem Sturz als SPÖ-Funktionär und zu seiner Abberufung als Innenminister. Olah hat mehr als einmal zur kometenhaften Karriere Kreiskys beigetragen und 1962–1963 mit einer beinharten Verhandlungstaktik das Außenministerium für Kreisky gerettet. Nun stand Kreisky zu seinem Freund und hielt ihm in der Partei die Stange. Doch die Anti-Olah-Koalition war übermächtig, und Kreisky blieb auf der Seite der Verlierer. Olah gründete daraufhin eine Partei (DFP), deren Anfangserfolge in Wien die Niederlage der SPÖ 1966 mit verursachten.

Was damals übrigens als ein persönlicher Gesichtsverlust für Kreisky erschienen war, entpuppte sich 1966 jedoch als eine außerordentliche Hilfe für Kreiskys Bestellung zum niederösterreichischen Parteiobmann, eine Wahl, die den Auftakt zur Führung der Gesamtpartei darstellte. Unabhängig von Olahs späterer, wohl politisch motivierter Verurteilung in einem Strafprozess[15] hat Kreiskys Loyalität gegenüber dem populären Olah seine Position innerparteilich erheblich gestärkt, weil man erkannte, dass Kreisky, wenn er von einer Sache überzeugt war, sie ohne Rücksicht auf seine Position vertrat.

Bei dem Vernichtungsfeldzug gegen Olah spielte Justizminister Broda die erste Geige. Er nahm bereits als jugendlicher Aktivist in der kommunistischen Bewegung in der Zwischenkriegszeit teil. Wegen seiner undurchsichtigen Aktivitäten nach 1945 in Ried im Innkreis und seines späten Bruches mit den Kommunisten war Franz Olah im SPÖ-Parteivorstand gegen seine Bestellung zum Justizminister 1960.[16] In seiner glänzenden Analyse des Falles Olah hebt der Politikwissenschaftler Norbert Leser einen politisch äußerst wichtigen, aber wohl nur für Eingeweihte bekannten Charakterzug dieses großen Rechtsreformers hervor: „Was Broda auch nach seiner Loslösung vom Kommunismus mit diesem verband, war vor allem die Technik der Verschwörung, des Einkreisens des Gegners, die er, vor allem telefonisch, vom frühen Morgen an praktizierte und ebenso beharrlich verfolgte wie seine rechtspolitischen Anliegen, die er mit einem unglaublichen Einsatz an Arbeit, aber auch an geschickter Umwerbung und allen sonstigen Mitteln vorantrieb." Er war zweifellos „führender Kopf und zentraler Planer" der Anti-Olah-Front.[17]

Auch das Verhältnis zwischen den beiden herausragendsten Köpfen der SPÖ, Bruno Kreisky und Christian Broda, wurde in den sechziger Jahren durch die internen Machtkämpfe geprägt und letzten Endes unwiderruflich zerstört. Ich traf damals öfters Justizminister Broda, der an der Entwicklung in Jugoslawien, Polen und Ungarn außerordentlich interessiert war und auch meine, noch unter einem Decknamen geschriebenen Aufsätze in den sozialistischen Publikationen „Zukunft" und „Heute" sowie in der Tageszeitung „Die Presse" gelesen hatte. Die persönlichen Kontakte entstanden durch die Vermittlung Kreiskys, der mich übrigens auch mit Franz Olah bekannt gemacht hatte. In der Einleitung seines im Sommer 1962 erschienenen Buches „Demokratie, Recht, Gesellschaft", einer Sammlung von Aufsätzen und Vorträgen, betonte Broda noch, dass ihn mit Kreisky „engste persönliche und politische Freundschaft" verbinde. Er hat mir das Buch mit einer persönlichen Widmung am 6. November 1963 geschenkt: „Einem von den ‚tausend' Menschen von einem anderen dieser 1000!" Ich erinnere mich nicht mehr an den Anlass für diesen Hinweis, aber er war trotz unserer flüchtigen Bekanntschaft ein Beweis für seine Sympathie.

Damals hatte ich von den in Folge des Olah-Konflikts aufgetretenen Bruchlinien zwischen Kreisky und Broda noch keine Ahnung. Da die beiden schon in den dreißiger Jahren und in der Illegalität einander gekannt hatten, war Broda auch unter den Interviewpartnern für meine Kreisky-Biografie. Er bestätigte „aus eigener Erfahrung“, dass Kreisky „nie ganz links gegangen ist; er war immer ein Sozialdemokrat“. Der junge Broda, damals 16 Jahre alt, hatte versucht, als Obmann einer kommunistischen Jugendgruppe in den Wiener Bezirken Wieden und Margareten („in unseren besten Zeiten waren wir etwa 20 Mann stark“) durch Wortmeldungen bei Versammlungen und Diskussionen vor dem Lokal der Schelleingasse Mitglieder der viel größeren Jugendgruppe Kreiskys – allerdings völlig erfolglos – abspenstig zu machen.[18] Später formulierte Kreisky, zum Beispiel in Gesprächen mit Freunden, schon viel härter: „Ich war immer in der breiten österreichischen Arbeiterbewegung, während der Broda so ein Sektierer war. Mit seinen Kommunisten. Und da kann ich mich erinnern, ich war nämlich bei der Jungarbeiterbewegung auf der Wieden, da hatte ich eine herrliche Veranstaltung, und dann kam der Broda mit seinen Kommunisten-Buam daher und wollte die Versammlung sprengen. Na, die haben ihre Watschen gekriegt.“

Abgesehen von Dummheit regte Kreisky nur die andauernde und demonstrative (also nicht gelegentliche oder kleinkarierte) Illoyalität enger und engster Mitarbeiter auf. Freilich galt auch für ihn, wie für andere große Persönlichkeiten, die lange an der Macht waren, dass er letztlich fast niemandem ganz vertraute. In seinem Fall war das Misstrauen allerdings, vor allem ab Mitte der siebziger Jahre, mehr als gerechtfertigt. Ich und jene Kollegen, wie etwa Kurt Vorhofer, die nicht nur den Politiker, sondern auch den Menschen Bruno Kreisky bewunderten, haben immer wieder die Ressentiments, um nicht zu sagen den Hass, von enttäuschten Mitgliedern seines Kabinetts feststellen müssen, die nicht oder nicht sofort den großen Karrieresprung gemacht hatten, den sie sich vom „Sonnenkönig“ erwartet hatten.

Der eine machte Geheimtagebuch-Notizen über die vermeintlichen Schwächen seines Chefs, der andere lieferte zweckdienliche Informationen an die „Androsch-Broda-Benya“-Gruppe, der Dritte wechselte offen die Seiten nach dem Rücktritt oder gar erst nach dem Tod Kreiskys. Im Gegensatz zu Androsch hatte er weder das Talent noch das Interesse, ein ihm total ergebenes Netzwerk zu schmieden, bei dem die Devise Carl Schmitts galt: „Die einzige politische Unterscheidung ist die Unterscheidung von Freund

und Feind.“[19] Als man ihn am Anfang seiner Kanzlerschaft den „professionellsten Politiker“ nannte, erwiderte Kreisky: „Was für ein Unsinn. Ich bin der einzige Amateur unter diesen sogenannten Berufspolitikern.“ In dem hinterlassenen dritten Teil seiner Memoiren zitiert er seine Frau, die immer sagte, er wäre viel zu leichtgläubig. Im Gegensatz zu seinem ehrgeizigen Stellvertreter forderte er keine bedingungslose Gefolgschaft. Mit den Worten Franz Olahs: „Kreisky war kein Hasser, er konnte mit jedem“. Sein langjähriger Mitarbeiter Rudolf Kirchschläger und Kardinal Franz König sagten mir in fast gleichlautenden Worten, er sei „schlicht und einfach ein guter Mensch gewesen“.[20]

Max Weber schrieb in seiner berühmten Schrift „Der Beruf zur Politik“, dass für den Politiker eine der entscheidenden Qualitäten die Leidenschaft sei, die leidenschaftliche Hingabe an eine „Sache“. Natürlich erstrebte auch der Politiker Kreisky Macht und wollte sogar noch 72-jährig, auf einem Auge blind und dreimal in der Woche wegen seiner schweren Nierenkrankheit jeweils einer vierstündigen Blutwäsche unterworfen, an der Macht bleiben. Es geht aber nicht darum, ob ein Politiker Macht oder einen Machtanteil anstrebt, sondern wie er diese Macht einsetzt, was er mit ihr erreichen will. Für Kreisky hatte Macht seit seiner frühesten Jugend nicht nur Machtgefühl, sondern im Sinne Webers von Anfang an „eine leidenschaftliche Hingabe an eine Sache“, Dienst an und Verantwortung gegenüber dieser „Sache“ bedeutet. Die „Sache“, die bereits der junge Kreisky „zum entscheidenden Leitstern des Handelns“ machte, war die sozialdemokratische Bewegung, der ehrliche Glaube an die zutiefst humanitären Zielvorstellungen seiner Partei im historischen Sinne. Eine Bewegung, die Kreisky stets trotz aller Irrwege und Wandlungen als eine Gesinnungsgemeinschaft der Solidarität und der Offenheit und nicht als eine Ansammlung von Cliquen, von ängstlich karrierebedachten und risikoscheuen Anpassern in kleineren und größeren bürokratischen Apparaten verstanden hat.

Drei erst mehrere Jahrzehnte später bekannt gewordene Episoden verraten, wie leidenschaftlich und wie hasserfüllt die Kämpfe um die Wachablöse 1966–1967 in der SPÖ waren und wie weit diese auch den späteren Konflikt um Androsch mitgeprägt hatten. Im zweiten Band seiner Memoiren schildert Kreisky die dramatischen Auseinandersetzungen: „Ich selbst hielt mich zurück, weil ich der

Meinung war, daß meine Wahl eine Belastung für die Partei darstellen würde. Zwar hatte ich mich immer mit dem österreichischen Volk identifiziert, aber ich wußte um gewisse antisemitische Tendenzen und wollte meiner Partei nicht im Wege stehen ... Als ich Christian Broda, den ich für einige Funktionen vorgeschlagen hatte, unter anderem auch zum Justizminister, die Frage stellte, er möge mir doch bitte erklären, warum er denn einen der Kandidaten – ich will seinen Namen nicht nennen – für besser halte als mich, zuckte Broda nur die Achseln und meinte, es wäre eben manchem sehr Einflußreichen in der Partei jeder andere lieber als ich. Ich wußte Bescheid." So benahm sich also sein „engster persönlicher und politischer Freund" in einer entscheidenden Situation.

Erst in diesem Teil der Erinnerungen enthüllte Kreisky einen anderen schmerzlichen Vorfall. Obwohl er bereits stellvertretender Parteivorsitzender war, hat ihm Zentralsekretär Leopold Gratz im Auftrag Karl Waldbrunners verboten, das Zimmer des erkrankten Pittermann zu benutzen; ja, er durfte nicht einmal im Zimmer von Gratz sitzen. Es wurde ihm vom starken Mann der Partei praktisch ein Hausverbot erteilt! Kreisky zog dann mit seiner Mitarbeiterin in die nahe liegende Zentrale der niederösterreichischen Landespartei, deren Vorsitz er in wenigen Wochen übernehmen sollte. Dort habe ich ihn noch vor seiner Wahl zum SPÖ-Vorsitzenden besucht.[21]

Die dritte und aus heutiger Sicht fast unglaubliche Episode war die Entscheidung der „starken Männer", den Nachfolger Olahs als Innenminister, den 44-jährigen niederösterreichischen Funktionär Hans Czettel, als Mann der „neuen Generation" gegen den von den Bundesländern unterstützten Kreisky in das Rennen um den Parteivorsitz zu schicken. Wer war der Kandidat, den Benya in seiner Anti-Kreisky-Brandrede präsentierte und der in der ersten Runde bei der Wahl zum Parteivorstand sogar mehr Stimmen erhielt als Kreisky? In der 2005 herausgegebenen Studie über die „braunen Flecken" der SPÖ wird berichtet, dass der langjährige Landeshauptmann-Stellvertreter von Niederösterreich nicht nur von 1938 bis 1942 in der HJ war, sondern dass er am 1. September 1941 mit der Mitgliedsnummer 8.551.326 in die NSDAP aufgenommen worden war. Aufgrund schwerer Kriegsverletzungen beim Kampf um Stalingrad suchte Czettel wiederholt für den „hauptamtlichen Dienst in der NSDAP" an. Im Gauakt lobte der zuständige Kreisleiter seine „einwandfreie charakterliche und weltanschauliche Haltung“. Interessant ist ferner, dass weder ein Registrierungsverfahren noch ein Entnazifizierungsverfahren belegt ist. Ein NS-belasteter Mann als Parteivorsitzender, möglicherweise sogar Bundeskanzler, hätte freilich einen wohl beispiellosen internationalen Skandal ausgelöst.[22]

Diese in der Öffentlichkeit kaum bekannten Tatsachen erhellen den persönlichen und politischen Hintergrund des Kreisky-Androsch-Konfliktes. Der jüngste Abgeordnete, später jüngste Finanzminister und Vizekanzler in der österreichischen Geschichte, war zweifellos in jeder Hinsicht eine außerordentliche Begabung. Kreisky hatte ihn in der ersten Hälfte der siebziger Jahre vorbehaltlos gefördert. Ihre Zusammenarbeit in der Wirtschaftspolitik erinnerte, wenn auch mit anderem Vorzeichen, an die Glanzzeiten der Raab-Kamitz-Ära. Dass Androsch im Alter von 36 Jahren stellvertretender Parteivorsitzender und zwei Jahre später zum Vizekanzler bestellt wurde, hat ältere und verdiente Spitzenfunktionäre, wie etwa Wissenschaftsministerin Firnberg und andere, irritiert.

Der erste Riss entstand bereits knapp nach dem Tod von Bundespräsident Franz Jonas im Frühjahr 1974, als Hannes Androsch und der Wiener Bürgermeister Leopold Gratz, unterstützt von Gewerkschaftspräsident Anton Benya und Wissenschaftsministerin Firnberg, versuchten, Kreisky das Amt des Bundespräsidenten schmackhaft zu machen. Kreisky empfand dieses Angebot als eine Beleidigung und schöpfte zum ersten Mal Verdacht, dass Androsch ihn mit Unterstützung der einstigen Anti-Olah-Koalition ablösen wolle. Dass Kreisky zufällig im Restaurant Lusthaus im Prater einen gemeinsamen Gästebucheintrag von Androsch und Gratz gefunden hatte, war später im Rückblick für ihn noch ein Beweis für ein sich abzeichnendes Komplott gegen ihn.

Hinter dem gescheiterten Vorstoß, Kreisky zur Kandidatur zu überreden, verbarg sich der Plan, den damals 36-jährigen Androsch zum Regierungschef zu machen. Damals fragte mich bei den Alpbacher Sommergesprächen sein Mitarbeiter Franz Vranitzky, ob ich bereit wäre, mit Finanzminister Androsch nach Wien zurückzufahren. Ich hatte von Anfang an einen guten Kontakt mit ihm und berichtete in der „Financial Times“ regelmäßig über seine erfolgreiche Finanzpolitik. Auf der Fahrt zurück nach Wien und während einer kurzen Mittagspause in einem Rasthaus machte Androsch selbstbewusst und eloquent klar, dass er sich das Amt des Kanzlers zutraue und vor allem Benya sowie andere nicht genannte Persönlichkeiten aus der Parteiführung ihn voll unterstützen würden.

Indessen überrumpelte Kreisky mit einem genialen Schachzug die Parteifreunde. Er präsentierte Rudolf Kirchschläger, den parteilosen, praktizierenden Katholiken, der bereits erfolgreicher Außenminister war, als seinen Kandidaten. Viele im SPÖ-Parteivorstand stimmten nur zähneknirschend diesem Bruch mit der langjährigen Tradition eines SPÖ-Kandidaten zu. Seine Rechnung ging auf. Kirchschläger gewann nicht nur die Wahlen haushoch, sondern wurde bei seiner zweiten Amtsperiode sogar von der ÖVP mitnominiert, sodass er zur Zufriedenheit aller zwölf Jahre lang Bundespräsident war.

In dieser Phase bis zum zweiten Wahlsieg mit absoluter Mehrheit im Oktober 1975 wurde das Reformprogramm mit vollem Schwung durchgeführt: Strafrechtsreform und Gleichstellung von Mann und Frau in der Ehe, soziale Verbesserungen im Schulwesen (Schülerfreifahrt, Einführung der Gratisschulbücher), Beginn des Baus der UNO-City, Stahlfusion, Liberalisierung der Gewerbeordnung, Fristenlösung, Mutter-Kind-Pass und Geburtenhilfe, Arbeitsverfassungsgesetz, Einführung des Zivildienstes.

Die immer eigenständigere Amtsführung seines jungen Vizekanzlers und vor allem seine unbedingte Hartwährungspolitik führten 1977 zu den ersten offenen Spannungen. Als ich manchmal während eines Wochenendes in Kreiskys Mietvilla in der Armbrustergasse Androsch traf, verriet schon seine Körpersprache das gewachsene Selbstbewusstsein des erfolgreichen Aufsteigers. Der wirkliche Schock für Kreisky kam, als ihn Androsch eindreiviertel Jahre, nachdem er ihn zum Vizekanzler gemacht hatte, fragte, ob er den vakant gewordenen Posten des Nationalbankpräsidenten (damals mit Abstand die bestbezahlte Position im Lande) übernehmen könnte. Auch diesmal fand der Kanzler eine riskante, aber für die Machterhaltung der SPÖ glänzende Lösung: Er setzte 1978 die Wahl des ÖVP-Klubobmannes, des früheren Finanzministers Stephan Koren durch. So verlor die ÖVP einen ihrer fähigsten Köpfe, und Kreisky verhinderte zugleich den Verlust seines fachlich zweifellos hervorragenden Ministers Androsch.

Man spürte zuerst in Andeutungen, mit der Zeit aber auch in spöttischen Bemerkungen, dass die einstige Zuneigung Kreiskys langsam, aber unaufhaltsam einem wachsenden Misstrauen gegenüber dem zu tüchtigen und zu forsch auftretenden jungen Mann wich. Natürlich trugen zur Entfremdung auch die durch die Journalisten kolportierten und durch parteiinterne „Zuträger", die auf Androsch eifersüchtig waren, oft verstärkt wiedergegebenen wechselseitigen Beschuldigungen bei. Vor allem die nicht abreißende Serie von Titel- und Enthüllungsgeschichten des „Profil" über die Vervielfachung des Umsatzes und Personals der Steuerberatungskanzlei „Consultatio" und die Gerüchte über die private Bereicherung des geschäftstüchtigen Ministers und seiner Freunde sorgten für Spannungen.

Eine Augenverletzung anlässlich der Eröffnung des Arlberg-Tunnels im Dezember 1978 (laut Kreisky mitverursacht durch abendliche Entgleisungen von einem betrunkenen Androsch[23]) und das verlorene Referendum über die Inbetriebnahme des ersten österreichischen Atomkraftwerkes bei Zwentendorf gaben den Bemühungen um die Ablösung Kreiskys einen gewaltigen Auftrieb. Doch zur Verblüffung seiner innerparteilichen Gegner gelang es Kreisky im Mai 1979, den sozialistischen Stimmenanteil noch einmal zu steigern und zwei Mandate dazuzugewinnen. Was ihm nicht gelang, war, Androsch zu überreden, sich von der Steuerberatungskanzlei zu trennen beziehungsweise ihn aus dem Kabinett zu entfernen.

Es muss irgendwann im Sommer 1980 gewesen sein, als mir der Bundeskanzler an einem Sonntagnachmittag bei einer Jause in der Armbrustergasse plötzlich aufgebracht sagte: „Sie konspirieren gegen mich. Ist es nicht eine Verschwörung, wenn die halbe Regierung oder noch mehr Leute sich hinter meinem Rücken treffen und gegen mich intrigieren? Er will mich besiegen, aber das wird ihm nicht gelingen; die Partei, die Menschen sind doch hinter mir ..." Auf meine Frage, wer denn bei dieser von ihm als „Verschwörung" bezeichneten Zusammenkunft anwesend war, zählte der erboste Kanzler die Namen Androsch, Broda, Firnberg, Lausecker (damals Verkehrsminister) und einige andere auf. Trotz des nach außen hin in manchen Sachfragen demonstrativ guten Einvernehmens mit ÖGB-Präsident Anton Benya und trotz ihrer wöchentlichen Besprechungen hegte Kreisky ein stets wachsendes Misstrauen gegen die sogenannte „Androsch-Broda-Benya"-Achse.

Wenn nun der Politologe Norbert Leser den Verdacht hegt, dass beim Kanzler im Kampf gegen Androsch „Gefühle des Neides, der

Missgunst und der Eifersucht, ja der Angst, vorzeitig entmachtet zu werden, eine große Rolle spielten",[24] so ist dies zweifellos nicht von der Hand zu weisen. Dass sich die tiefe Enttäuschung über den von ihm anfänglich so favorisierten Nachwuchspolitiker in Hass, ja nach seinem Rücktritt 1983 zeitweilig in fast paranoide Verfolgungskomplexe wandelte, war nicht zu bestreiten.

Wenn man aber die spätere Entwicklung berücksichtigt, hat Kreisky sich trotz aller Übertreibungen als sehr weitblickend erwiesen. Seine erst nach seinem Tod veröffentlichten Briefe an das SPÖ-Archiv und zahlreiche Hinweise in Interviews ließen Folgendes erkennen: Es ging nicht oder nicht nur um Androsch, sondern um den ganzen Komplex Macht und Moral, um die Unbestechlichkeit sozialistischer Führungspersönlichkeiten, um die Rückkehr zu den puritanischen Grundsätzen der Sozialdemokratie der Zwischenkriegszeit oder, in den Worten Kirchschlägers, um „die Trockenlegung der Sümpfe" der Korruption.

Waren es aber so gewichtige sachliche und ethische Gründe, die Kreisky im Konflikt mit Androsch bewogen, so ist ihm sein Taktieren und Lavieren, sein Zurückweichen vor den erforderlichen Konsequenzen – nicht nur von Norbert Leser – vorzuwerfen. Was schon damals die unbefangenen in- und ausländischen Beobachter faszinierte, war die Tatsache, dass trotz täglicher Enthüllungen und auch nach der denkwürdigen Sondersitzung des Nationalrates das erweiterte Präsidium und der Parteivorstand der SPÖ sich nicht hinter Kreisky stellten, sondern einen „erbärmlichen Kuhhandel" (Norbert Leser) präsentierten. Dieser faule Kompromiss in Sachen Steuerkanzlei wurde zu Recht als eine Niederlage für Kreisky gesehen. Ich habe damals (11.9.1980) in der „Financial Times" geschrieben, dass das, was als Shakespeare-Drama begonnen hatte, wie eine Strauß-Operette endete, mit der ganzen Besetzung Händchen haltend auf der Bühne, Lobgesänge auf einander und die Partei singend.

Was übrigens die geheimen Ambitionen des jungen Kronprinzen damals betrifft, kann man einen unverdächtigen Zeugen, den mit Androsch befreundeten ORF-Generalintendanten Bacher, zitieren: „Ich bin mit ihm Schifahren gewesen in Frankreich. Wir sind mit dem Lift rauf. Ich habe ihm damals gesagt: ‚Hannes, Du musst Dich endlich einmal entscheiden: Was willst Du: Macht oder Geld?' Er hat geantwortet: ‚Beides; Macht *und* Geld.' Das war so um 1980 ..." (Mein Interview mit Bacher)

Erst am 11. Dezember akzeptierte das SPÖ-Präsidium den Rücktritt von Androsch und setzte zugleich diesen vom Regierungschef der Korruption beschuldigten Mann an die Spitze des damals größten (mehrheitlich verstaatlichen) Bankinstitutes. Wie schon früher erwähnt, dauerte der endlose Kampf um die politische Zukunft der größten Begabung aus der Kreisky-Ära, bis zur gerichtlich bestätigten Steuerhinterziehung und falschen Zeugenaussage, bis zum Januar 1988!

Wenn man rückblickend und nach zahlreichen Gesprächen mit den handelnden Personen die Frage stellt, warum Kreisky nur so schwer und letztlich auch nur zum Teil die Entmachtung seines abtrünnigen Kronprinzen durchsetzen konnte, dann war der Grund dafür seine Einschätzung der Kräfteverhältnisse in den Parteigremien. Alle wichtigen Präsidiums- und Vorstandsmitglieder, einschließlich der Landeshauptleute Kery und Wagner, Heinz Fischer und Leopold Gratz unterstützten, ja erzwangen die Patt-Situation zwischen Kreisky und Androsch am 9. September 1980. Als zwei Monate später Kreisky noch zögerte, den „exorbitanten und den moralisch nicht verantwortbaren Preis", nämlich den Wechsel als Generaldirektor in die CA, zu bezahlen, stellte ihm Gewerkschaftschef Benya de facto ein Ultimatum: „Du, lieber Freund, so schickst du ihn mir nicht weg. Das ist nicht drinnen." Diese Schilderung von Elisabeth Horvath in ihrem neun Jahre nachher geschriebenen Kreisky-Buch wird indirekt auch durch Aussagen Peter Kreiskys und Karl Blechas bestätigt, wonach Benya dem Kanzler „mit der Spaltung der Partei" gedroht haben soll.[25]

Nach allen verfügbaren Informationen soll, wie schon im Falle Olahs, auch diesmal Broda „der eigentliche Kopf und das Zentrum" des Widerstandes gegen Kreisky und des Zusammenschlusses des Pro-Androsch-Lagers gewesen sein. Er hat damals, als er sich einmal sehr über Kreisky ärgerte, einem seiner engsten Mitarbeiter wörtlich gesagt: „Er wäre ja nie Parteivorsitzender geworden, wenn ich ihm nicht den Olah weggeräumt hätte", um sofort hinzuzufügen, dass er der große Reformer sei, während der Kreisky nur das Meer gepflügt habe ...

Broda war auch bereit, Leute mit obskurer Vergangenheit zu benützen. Sein engster Berater bei der Strafrechtsreform war der Innsbrucker Universitätsprofessor Friedrich Nowakowski, der in der NS-Zeit Staatsanwalt am Volksgerichtshof bei Prozessen gewesen war, die zu Todesstrafen geführt hatten. Nach der Veröffentlichung der bereits zitierten Dokumente durch Oscar Bronner im „Forum" hat Broda nicht nur die NS-Juristen verteidigt, sondern sich laut neuen Dokumenten auch bemüht, die Diskussion über diesen „Justizskandal" abzuwürgen.[26] Was den in den seinerzeitigen Wiederbetätigungsprozess verstrickten Otto Rösch betrifft, erklärte mir der schon erwähnte Broda-Mitarbeiter: „Der Rösch war für ihn der idealste Innenminister. Der hat ihn alles gefragt. Broda hat sozusagen das Innenministerium unter Rösch mitgeleitet".

In der Angelegenheit Androsch hat Broda auch den früheren Generalprokurator und Präsidenten des Obersten Gerichtshofs, Franz Pallin, eingesetzt, der noch 1984 für die Bemühungen, die Anzeige des Finanzministers Herbert Salcher zu verhindern, eine Expertise ausgearbeitet haben soll. Jeden Tag, ganz in der Früh, telefonierte Broda mit dem Frühaufsteher und Gewerkschaftsmann Benya und fast so oft mit Heinz Fischer, Hertha Firnberg und anderen Spitzenfunktionären. Hinter Brodas Engagement verbarg sich nicht nur, wie bei vielen anderen, die unverhohlene Bewunderung für das Talent und die Leistungen des jungen Finanzministers, sondern auch die schleichende Angst, dass ihn Kreisky früher oder später durch einen parteilosen Fachminister ersetzen könnte. Jedenfalls wäre es an der Zeit, Licht und Schatten im Leben dieses herausragenden Juristen eine eigene Studie zu widmen.

Wenn auch Kreiskys ausufernde Hassausbrüche und schwere Krankheiten zeitweilig seine enormen Leistungen für Österreich überschattet haben, war die Ära Kreisky eine außerordentliche Zeit. Er hat der Zweiten Republik und seiner Partei wie kein anderer Politiker seinen Stempel aufgedrückt. Was bleibt? Noch vor dem Verlust der absoluten SPÖ-Mehrheit und seinem Rücktritt als Bundeskanzler antwortete Kreisky in einem langen Gespräch mit Kurt Vorhofer auf dessen Frage, ob er sich einmal ein Denkmal an der Wiener Ringstraße wünschen würde: „Meine Eitelkeit erschöpft sich nicht in solchen Dingen. Ich will keinen Platz haben, ich will kein Haus haben, ich will gar nix haben. Das eigentlich Allerliebste wäre mir, wenn die Leut' sich einmal erinnerten: Na ja, damals, das war eine gute Zeit, in der haben wir uns aus dem Sumpf des Alltäglichen herausgearbeitet und haben dem Land ein bißl Profil gegeben".[27]

Bruno Kreisky starb am 29. Juli 1990 im Alter von 79 Jahren. Am 7. August, am Abend der Trauerfeier, versammelten sich Freunde und Gäste auf Einladung der Kinder (Vera Kreisky war bereits seit eineinhalb Jahren tot) in der Villa in der Armbrustergasse, wo noch alles so war, wie es der Verstorbene hinterlassen hatte. Mit dem endgültigen Abschied, auch vom murrenden, halbblinden und machtlosen Pensionisten, verschwand unwiderruflich ein Teil unseres eigenen Lebens. Ohne Bruno Kreisky ist Österreich kleiner, grauer und langweiliger geworden.

Erbe ohne Fortüne: Sinowatz und der Fall Waldheim

Es gibt kaum einen österreichischen Politiker, der auf dem Höhepunkt seiner Karriere so wenig Fortüne gehabt hatte wie Fred Sinowatz, und zugleich keinen, über den selbst politische Gegner im Rückblick so anerkennend sprechen wie über den Politiker, der nach Kreisky drei Jahre lang (1983–1986) Regierungschef und fast fünf Jahre SPÖ-Vorsitzender gewesen ist.

Der Kärntner Landeshauptmann Jörg Haider sagte mir: „Sinowatz war für Kreisky sicherlich sehr wichtig als zweiter Mann neben ihm. Als Führungsperson war er überfordert. Menschlich ein sehr lieber Kerl, ein von mir sehr geachteter Mann." Der frühere Wissenschaftsminister und Zweite Nationalratspräsident Heinrich Neisser: „Ich habe ihn schon als burgenländischen SPÖ-Landesparteisekretär sehr geschätzt. Er schrieb interessante Beiträge zur Parteireform. Diese verliehen ihm einen Vertrauensvorschuss. Eine charakterlich und persönlich sehr ordentliche Persönlichkeit." SPÖ-Klubobmann Josef Cap: „Ihm wurde von vielen in höchstem Maße Unrecht getan. Er war ein außerordentlich integrer, kluger und für Österreich ganz toller Unterrichtsund Kulturminister. Er gehörte zu den besten Unterrichtsministern, die seit 1945 in dieser Funktion waren. Sinowatz war auch als Kanzler in diesem Ausmaß unterschätzt." Ähnlich sieht ihn Ferdinand Lacina (den er im September 1984 als Minister für Verkehr und Verstaatliche Industrie in seine Regierung holte): „Er ist weit unter seinem Wert geschlagen worden. Sein Problem waren die Hemmungen gegenüber den Medien. Im Gespräch intern, wenn keine Kameras dabei waren, konnte er wesentlich differenzierter und offener diskutieren ... In Wirklichkeit hat er da eine Last auf sich genommen, die er eigentlich nicht schultern wollte, und wenn jemand das in Wirklichkeit nicht möchte und nicht Erster sein will – und ich glaube, er wollte das nie sein –, dann wird er auch kein guter Erster."[1]

Ich habe mit Fred Sinowatz Anfang Januar 2007 ein längeres Gespräch über seine Regierungszeit geführt. Einige Wochen später stand das Thema Sinowatz im Mittelpunkt einer Unterredung mit jenem Starreporter Alfred Worm, den Sinowatz wegen eines im April 1986 im „Profil" erschienenen Artikels geklagt hatte. Worm, der vier Tage später plötzlich starb, sagte mir wörtlich: „Sinowatz war eine tragische Figur. Ich habe ihn immer geschätzt, wahrhaftig gebildet, sehr sympathisch und klug. Er war aber der richtige Mann am falschen Platz gewesen – ohne Durchschlagskraft und ohne Durchsetzungswillen." Beeindruckende Worte aus dem Mund des gefürchteten Enthüllungsjournalisten über den Mann, dessen persönlich-politische Tragödie Worm zumindest teilweise und wohl ungewollt mitverursacht hatte.

Bis heute wird dieser kenntnisreiche, grundanständige und gesundheitlich angeschlagene Politiker unterschätzt und zugleich durch verkürzte und verzerrte, aus dem Zusammenhang gerissene Redezitate über die „Kompliziertheit der pluralistischen Demokratie" und „die Moral in der sozialistischen Bewegung" fast zu einer Witzfigur diskreditiert. Eine nicht abreißende Pechsträhne führte – im krassen Gegensatz zu seinem erfolgreichen Jahrzehnt als Unterrichts- und Sportminister – zu einem relativ schnellen und unaufhaltsamen Absturz in der Gunst der öffentlichen Meinung.

Der 1929 als Sohn einer Arbeiterfamilie kroatischer Herkunft in Neufeld an der Leitha im Burgenland geborene Politiker machte nach Beendigung seiner Studien der Geschichte und Germanistik an der Wiener Universität in der burgenländischen SPÖ als Landtagsabgeordneter und Parteisekretär schnell Karriere. Stets im zweiten Glied, wurde er Nummer zwei hinter dem Landeshauptmann Theodor Kery (SA- und NSDAP-Mitglied vor 1945). Sinowatz war der eigentliche Stratege einer Politik, die 1968 zur absoluten Mehrheit für die Landes-SPÖ führte. In der Funktion des Kulturlandesrates setzte er weit über das kleine Bundesland hinaus Zeichen. Als Unterrichtsminister der Regierung Kreisky seit 1971 und ab 1981 als Vizekanzler und Nachfolger von Androsch wurde der kleine, korpulente Mann mit der markanten Nase bekannt und populär. Angesichts der Machtkämpfe in der SPÖ galt der Burgenländer in den Augen Kreiskys als der einzige mehrheitsfähige Kandidat für die Nachfolge.

Man vergisst angesichts des Verlustes der absoluten Mehrheit leicht, dass die SPÖ selbst nach 13 Jahren an der Macht und unter einem kranken Regierungs- und Parteichef im April 1983 noch immer 47,8 Prozent der Stimmen und 90 von 183 Mandaten gewonnen hatte. Kreisky stellte die Weichen für Sinowatz als Nachfolger an der Spitze einer „Kleinen Koalition" mit der FPÖ. Alle in der

Parteispitze trugen Kreiskys Konzept zur Spaltung der ÖVP mit. Die Tatsache, dass am Parteitag im Mai 1983 sage und schreibe nur 15 Stimmen gegen dieses riskante Experiment abgegeben wurden, liefert den schlagenden Beweis dafür, dass die vermeintlichen Vorteile in einer Regierungskoalition mit einem schwachen, wenn auch noch vielfach von NS-Nostalgie durchsetzten Partner mehr zählten als die viel zitierten antifaschistischen Traditionen der Partei.

Ich habe Bundeskanzler Fred Sinowatz erst in meiner Funktion als Chefredakteur der ORF-Ost- und Südosteuroparedaktion kennen- und schätzen gelernt. Er hat ebenso wie seine Vorgänger und wie die Außenminister Gratz und Mock die freie und unzensurierte Berichterstattung über die kommunistische Welt verteidigt und den Denunzianten im In- und Ausland eine Abfuhr erteilt. Nur ein Beispiel möchte ich erwähnen: Wegen einer „provokanten Indiskretion“ hatten mich unter anderen die Führungen in Moskau und Prag auf die schwarze Liste gesetzt. Ich hatte nach der Aufnahme eines ORF-Interviews im November 1982 mit dem tschechoslowakischen Partei- und Staatschef Gustav Husák in einem späteren Kurzkommentar aus Prag angedeutet, dass die Sowjets den Tod Breschnews zuerst nicht nur vor der eigenen Bevölkerung und der Weltöffentlichkeit, sondern sogar vor den anderen Parteichefs geheim gehalten hatten. Husák hatte nämlich am Rande unseres Gesprächs auf meine Frage mit fester Stimme die Teilnahme des „Genossen Breschnew“ an einem bevorstehenden Warschauer-Pakt-Gipfel in Prag bestätigt, obwohl Breschnew schon längst tot gewesen war, als das Interview aufgenommen wurde. Der eitle und starrsinnige Husák war erzürnt, dass er wegen der Geheimnistuerei im Kreml „vor der ganzen Welt“ lächerlich gemacht wurde. Er protestierte scharf in Moskau. Die Sowjets konnten Breschnew zwar nicht zum Leben erwecken, als kleines Trostpflaster für Husák beschlossen sie, mich, den „feindlichen Spezialisten“, durch eine Einreisesperre zu bestrafen.

Mit der ersten offiziellen Reise des neuen Bundeskanzlers Sinowatz im November 1984 war dann das Eis gebrochen. Ich erhielt im letzten Augenblick das Visum, nachdem Bundeskanzler Sinowatz kurz und bündig erklärt hatte, er reise nur dann nach Moskau, wenn alle für die Reise angemeldeten österreichischen Journalisten mitfahren dürften. Sicherheitshalber führte der wohl auch um seine persönliche Zukunft besorgte sowjetische Botschafter

N. T. Jefremow in Wien 24 Stunden vor dem Abflug nach Moskau noch ein langes persönliches Gespräch mit mir. Nichts könnte die Absurdität der kommunistischen Verhaltensweisen besser verdeutlichen als die Tatsache, dass man weder vorher noch nachher eine Erklärung für die Einreisesperre und die Angriffe der sowjetischen Medien gegen mich und die ORF-Osteuroparedaktion geben konnte oder wollte.

Auf der Reise nach Moskau nahmen schon der neue Außenminister Leopold Gratz, ein enger Freund des Kanzlers, der vorher Wiener Bürgermeister war, sowie sein langjähriger Kabinettschef Hans Pusch und der junge Pressesekretär Gerhard Zeiler teil. Auch nach Ungarn fuhren wir zusammen. Bei einer zweiten Kanzlerreise zur Eröffnung einer österreichischen Ausstellung im April 1986 konnten wir sogar mit der indirekten Rückendeckung des Kanzlers eine „Club 2“-Live-Sendung aus Moskau organisieren. „Le Monde“ (Paris), die „Neue Zürcher Zeitung“, die „Frankfurter Allgemeine“ und andere internationale Blätter berichteten über diese erste direkte Diskussionssendung aus Moskau durch eine westliche Rundfunkanstalt. Die Sendung wurde trotz Versprechungen vom Moskauer Fernsehen, wohl wegen kritischer Wortmeldungen durch Erhard Busek (damals Wiener Vizebürgermeister) und eines österreichischen Nationalökonomen, doch nicht ausgestrahlt. Der ORF konnte aber – wenn schon nicht live, so doch zeitversetzt – die Sendung übertragen.

Pusch hatte bereits in den siebziger Jahren als Pressebetreuer durch eine geschickte PR-Politik viel für die Popularität des Sportministers Sinowatz getan. Die meisten Beobachter und auch die Medien machten später Pusch als „Rasputin“ für den Zusammenbruch der Sympathiewerte von Sinowatz und vor allem für das verhängnisvolle Zündeln im Fall Waldheim verantwortlich. Die Regierungsumbildung noch vor der Moskau-Reise hatte indessen bereits zu einer Entfremdung zwischen Sinowatz und dem im Oktober 1983 zum Ehrenvorsitzenden der SPÖ gewählten Kreisky geführt. Die Ablöse der Kreisky-Vertrauten – Herbert Salcher als Finanzminister durch Franz Vranitzky und Außenminister Erwin Lanc durch Leopold Gratz – signalisierte die Emanzipation des Burgenländers vom Altkanzler. Der kurze Aufschwung wurde jedoch bald von politischen, wirtschaftlichen und internationalen Turbulenzen überschattet.

Bereits im Dezember 1984 erreichten die Auseinandersetzungen um das geplante Donaukraftwerk Hainburg einen Höhepunkt. Die von der „Kronen Zeitung“ unterstützten Umweltschützer und SPÖ-internen Kraftwerksgegner stellten sich durch Demonstrationen gegen die Gewerkschafter und die Polizei. Das war die eigentliche Geburtsstunde der Grünen. Sinowatz entschloss sich zu einer „Nachdenkpause“; praktisch zur Einstellung der Vorarbeiten, um weitere gewalttätige Auseinandersetzungen zu verhindern.

Ende 1985 schlitterte das Paradeunternehmen der Verstaatlichten Industrie, die VOEST-ALPINE, durch Rückschläge und vor allem durch desaströse Spekulationsverluste am Ölmarkt durch die VOEST-Tochter „Intertrading“ in eine dramatische Krisensituation. Im Einvernehmen mit Sinowatz und Vranitzky erzwang Lacina den Rücktritt des gesamten Vorstands. Das war aber nur die Spitze des Eisberges. Generaldirektor Heribert Apfalter und der Vorstand der VOEST hatten versucht, angesichts des Weltmarktverfalls jedes Geschäft, das Gewinne versprach, zu machen. Von Ausflügen in den Anlagenbau über die Ölspekulationen bis hin zu Rüstungsgeschäften. Vor allem die gleichzeitige Lieferung von Superkanonen aus den verstaatlichten „Noricum“Betrieben der VOEST an Irak und Iran, also an die Gegner im „ersten“ Golfkrieg, unter Verletzung des Waffenexport- und des Neutralitätsgesetzes, brachten Österreich, und in der Folge Bundeskanzler Sinowatz, Innenminister Karl Blecha und Außenminister Gratz ins Gerede. Erst im Juni 1993 wurden die drei Politiker, längst aus der Politik ausgeschieden, vom Vorwurf freigesprochen, in der Kanonenaffäre das Waffenexportgesetz verletzt und die österreichische Neutralität gefährdet zu haben.

Die Waffenexporte haben sowohl bei der VOEST als auch bei dem zur Creditanstalt gehörenden Steyr-Daimler-Puch-Konzern eine sehr große Rolle gespielt. In Zusammenhang mit der aufgeflogenen Noricum-Affäre gab es mysteriöse Todesfälle: der Selbstmord des 1977 wegen Waffenschmuggels entlassenen Verteidigungsministers Lütgendorf im Jahr 1981; der plötzliche Tod des österreichischen Botschafters Herbert Amry in Athen, dessen Depeschen die ganze „Noricum“-Geschichte ins Rollen gebracht hatten; der tödliche Herzinfarkt des abgesetzten VOEST-Generaldirektors Heribert Apfalter und manche andere Vorkommnisse. Es ist jedenfalls merkwürdig, dass es ehemalige Minister und ExGeneraldirektoren großer Firmen aus diesem Nahbereich gibt, die bis heute nicht an einen natürlichen Tod dieser involvierten Menschen glauben.

Die dreizehn Jahre der Alleinregierung führten zu einer unverkennbaren moralischen Erosion der siegreichen SPÖ. Die Dimensionen des „Noricum"- und des „Lucona"-Skandals vor dem Hintergrund des berüchtigten „Club 45" der SPÖ wurden dann erst während der Vranitzky-Regierung offenkundig und politisch relevant (dazu mehr im nächsten Kapitel). Mich hat rückwirkend verblüfft, dass es nur eine einzige kritische Stellungnahme in einer parteioffiziellen Publikation gab, nämlich den im Februar 1981 im theoretischen Organ der SPÖ „Zukunft" erschienenen Artikel „Momentaufnahme nach der AA-Debatte" von Bruno Aigner, dem Pressereferenten des damaligen Klubobmannes Heinz Fischer. In diesem Artikel beschäftigte sich der bekannte „Querdenker", der seit 1975 bis heute in dieser Funktion auch für den Bundespräsidenten Fischer tätig geblieben ist, mit den zwielichtigen Vorgängen um den Bau des AKH und dem Club 45 von Udo Proksch.

Aigner schrieb in diesem Aufsatz, dass „Eiterbeulen wie der Club 45 aufbrechen" und „parasitäre Erscheinungen (Bauer, Wilfling, Winter und Co.) zunehmen." Für den ersten Halbsatz über den Club 45 hat er eine „strenge Parteirüge" bekommen, unterschrieben von den Zentralsekretären Karl Blecha und Fritz Marsch, die er sich rahmen ließ und die heute zu Hause bei ihm an der Wand hängt. Für den Ausdruck „parasitäre Erscheinungen" hat ihn der alte Androsch-Freund, der langjährige Geschäftsführer und bis 1980 Mitinhaber der „Consultatio", Franz Bauer, wegen §111 (Verleumdung) geklagt. Dieser Prozess hat sich von 1981 bis 1992 durch alle Instanzen über zehn Jahre hingezogen. In letzter Instanz wurde Aigner freigesprochen, sodass er heute Franz Bauer als „parasitäre Erscheinung" bezeichnen könnte.

Bemerkenswert ist ferner, dass Aigner, abgesehen von hinter vorgehaltener Hand getätigten Ermunterungen, öffentlich oder schriftlich keine Rückendeckung bekommen hat. In der SPÖ wurde er mit der Bitte, ob man die Zusatzkosten (60.000 Schilling) für den Anwalt nicht übernehmen könnte, immer abgewiesen. Bruno Aigner ist ein Mann von Zivilcourage und damit eine Seltenheit in seiner eigenen Partei geblieben. Die Art und Weise, wie damals die SPÖ-Führung die Skandale AKH und Androsch, Noricum und Lucona oder die Gewerkschaftsspitze den erzwungenen Rücktritt des Bautenministers und Chefs der Gewerkschaft Metall, Karl Sekanina – angeblich wegen eines „Griffs in die Gewerkschaftskasse" – vor der Öffentlichkeit abgeschirmt hatte, lieferte den schlagenden Beweis für die ungebrochene Aktualität einer schon 1911 ausgesprochenen Einsicht. Damals warnte der deutsche Soziologe Robert Michels vor „dem ehernen Gesetz der Oligarchie": der Herausbildung einer nur am eigenen Machterhalt interessierten Clique in den sozialdemokratischen Parteien.[2]

Doch selbst die AKH- und Androsch-Nachwehen wurden durch den größten internationalen Skandal der Zweiten Republik um die Person des ÖVP-Präsidentschaftskandidaten Kurt Waldheim weit überschattet. Fred Sinowatz war nicht nur Bundeskanzler und SPÖ-Vorsitzender, sondern sollte auch ein künftiges Opfer des Waldheim-Skandals werden. Bei den Präsidentschaftswahlen 1986 hatte die SPÖ als ihren Kandidaten den Arzt und Gesundheitsminister Kurt Steyrer nominiert; die ÖVP den parteilosen Diplomaten, ehemaligen Außenminister (1968–1970), erfolglosen Kandidaten (47,2 Prozent) 1971 gegen Franz Jonas und vormaligen UNO-Generalsekretär Kurt Waldheim.

Ich kannte Waldheim bereits seit den frühen sechziger Jahren, als er Politischer Direktor des Außenministeriums und enger Mitarbeiter des sozialistischen Außenministers Kreisky war. Wir trafen einander gelegentlich dienstlich, und einmal hat er mich sogar auf Kreiskys Geheiß als Mitglied der österreichischen Abordnung zu einer Sitzung des Europarates in Paris „eingeschmuggelt", um die Atmosphäre und den Ablauf aus der Nähe beobachten zu können. Während seiner steilen Karriere vom UNO-Botschafter zum Außenminister (1968–1970) und seiner zwei Perioden als UNO-Generalsekretär hatte ich ihn mehrfach interviewt oder ihn und seine Frau bei gesellschaftlichen Empfängen getroffen. Ich wusste auch, dass Kreisky und Waldheim und nicht zuletzt ihre Ehefrauen miteinander freundschaftliche Beziehungen pflegten. Kreisky hatte wiederholt außerordentlich aktiv die Bestellung beziehungsweise die Wiederwahl Waldheims als UNO-Generalsekretär unterstützt, um dadurch das internationale Ansehen Österreichs zu stärken. Über seine Kriegsvergangenheit wusste ich ebenso wenig wie jener österreichische Journalist, der dann als Ghostwriter seine umstrittenen, weil lückenhaften Memoiren schrieb.

„Ein Mann, dem die Welt vertraut“, verkündeten stolz die Wahlplakate mit dem Konterfei Waldheims, aufgenommen vor dem UNO-Glaspalast in New York. Wie die meisten unabhängigen Beobachter, rechnete auch ich mit einem wahrscheinlichen Sieg des hochangesehenen, wenn auch farblosen Diplomaten. Es ist bis heute umstritten, wer die „NS-Karte“ tatsächlich und wo (in Wien oder in New York) ausgespielt hat. Kaum war der Wahlkampf eröffnet, wurde den Medien und dem Jüdischen Weltkongress in New York die Wehrstammkarte Waldheims mit Eintragungen über seine Mitgliedschaft im NS-Studentenbund sowie in einer SA-Reiter-Standarte zugespielt. Der Mann, der zehn Jahre lang das Weltgewissen symbolisiert hatte, wurde weltweit direkt oder indirekt mit NS-Kriegsverbrechen in Verbindung gebracht und Österreich mit ihm beziehungsweise mit den gegen ihn erhobenen, aber nie bewiesenen Vorwürfen identifiziert.

Die beste und sachkundigste, zugleich objektive Darstellung der traurigen Geschichte des Falles Waldheim findet man interessanterweise in den Erinnerungen Simon Wiesenthals.[3] Was er in dem Waldheim gewidmeten Kapitel erzählt, bestätigt die Vermutung, dass SPÖ-Wahlstrategen beziehungsweise ihnen nahegestandene Journalisten und Zeitzeugen Hand in Hand mit den von der Arroganz der Ignoranz verblendeten Spitzenfunktionären des Jüdischen Weltkongresses, Israel Singer und Elan Steinberg, die „Waldheim-Bombe“ gezündet haben. Wiesenthal, der von Anfang bis Ende die Meinung vertrat, dass Waldheim weder ein Nazi noch ein Kriegsverbrecher war, wurde von den Drahtziehern der Kampagne bewusst ignoriert, später unflätig angegriffen und sogar der Komplizenschaft mit Waldheim und der ÖVP verdächtigt.

Ein in seinem Tonfall unfassbar provokatives Interview, das die beiden amerikanischen (und inzwischen wegen finanzieller Unregelmäßigkeiten abgesetzten) Einpeitscher der Hetzjagd dem „Profil“ gewährt hatten und das sie auch im ORF-Fernsehen wiederholten, hatte eine enorme Wirkung: „Steinberg und Singer verstiegen sich zu grotesken Drohungen, nicht nur gegen Waldheim, sondern gegen alle Österreicher: Falls man Waldheim zum Präsidenten wähle, würde jeder Besitzer eines österreichischen Passes das im Ausland zu spüren bekommen und von einer ‚Wolke des Misstrauens‘ umgeben sein“ (Simon Wiesenthal).

Die Folge war eine Solidarisierung der Bevölkerung, keineswegs nur der ÖVP-Anhänger, gegen die ausländischen Angriffe. Dabei kam es leider zu bedenklichen antisemitischen Nebeneffekten. Man kann auch Karl Renner zitieren, der schon in der unter dem Pseudonym Rudolf Springer veröffentlichten Schrift „Staat und Parlament" schrieb: „Krisen wecken die Geister, in Österreich aber ... wecken sie nur die Gespenster."[4] Dieses Gespenst war die einst von den Nazis und Rechts- und Linksextremisten gepflegte „Verschwörung des Weltjudentums" beziehungsweise des „internationalen Zionismus". Man muss auch feststellen, dass die ÖVP und vor allem ihr Generalsekretär Michael Graff ohne Berührungsängste die „Wir Österreicher wählen, wen wir wollen"-Karte eingesetzt haben. Graff behauptet heute noch, dass es sich keinesfalls um antisemitische Stimmungsmache gehandelt habe. Erhard Busek sieht das auch im Rückblick ganz anders: „Graff hat eine Schlüsselrolle mit seinem Slogan gespielt. Das war eine durchgehende Linie. Er hat gewusst, worauf er spielt. Das war eine Koketterie mit gewissen Grundeinstellungen, die es in der Tiefe doch gibt".[5]

Die SPÖ war hilflos und vor allem unglaubwürdig angesichts ihrer eigenen ambivalenten Haltung zur NS-Zeit vor und während der Kreisky-Ära. Waldheim erhielt bereits im ersten Wahlgang Anfang Mai 1986 49,6 Prozent – Steyrer nur 43,7, die Grüne Meissner-Blau 5,5 und der Rechtsaußen Scrinzi 1,2 Prozent. Im zweiten Wahlgang erlitt dann die SPÖ die erste vernichtende Niederlage seit 1966: Kurt Waldheim wurde mit der deutlichen Mehrheit von 53,9 Prozent gegen Steyrer (46,1 Prozent) bei einer Wahlbeteiligung von 87 Prozent zum ersten „schwarzen" Bundespräsidenten seit 1945 gewählt. Gleich nach der Wahl trat Fred Sinowatz als Bundeskanzler (und im Mai 1988 auch als Parteivorsitzender) zurück und schlug Franz Vranitzky als seinen Nachfolger vor. Doch konnte weder die internationale noch die innerösterreichische Dynamik eingedämmt werden. Österreich, aber auch Sinowatz und Waldheim persönlich blieben von den Auswirkungen noch jahrelang verfolgt.

Obwohl die von der Bundesregierung eingesetzte internationale Historikerkommission im Februar 1988 bekannt gab, Waldheim sei persönlich in keine Kriegsverbrechen involviert gewesen; er habe allerdings gewusst, was er zu wissen bestritt, galt gegen Kurt Waldheim auch als Privatmann bis zu seinem Tod am 14. Juni 2007 ein Einreiseverbot in die USA. Trotz der Bemühungen des Außenministers Alois Mock und seiner Nachfolger bzw. Nachfolgerinnen wurde die 1987 ohne Beweise verfügte Eintragung auf der „Watchlist“ nie aufgehoben. Es handelte sich zweifellos um eine politische Entscheidung angesichts der heftigen Diskussionen in den USA. Diese Diskussionen waren durch Waldheims später bedauerte Formulierung von einer „Pflichterfüllung“ in der Deutschen Wehrmacht und seiner bis zuletzt behaupteten und von niemandem geglaubte Unkenntnis von den Kriegsgräueln am Balkan (zum Beispiel von der Deportation der griechischen Juden aus Saloniki) angeheizt worden. Heinz Fischer sprach in seiner Funktion als Nationalratspräsident bei der Verabschiedung von Kurt Waldheim nach dem Ende seiner sechsjährigen Amtszeit vor der Bundesversammlung aus, dass „dem Menschen und dem Bundespräsidenten Kurt Waldheim Unrecht zugefügt wurde, wenn ihm Handlungen ... angelastet wurden, die er nach aller historischen Evidenz nicht begangen hat ...“ In Waldheims am 15. Juni 2007, einen Tag nach seinem Tod, veröffentlichten Vermächtnis hieß es: „Zutiefst bedauere ich, dass ich ... viel zu spät zu den NS-Verbrechen umfassend und unmissverständlich Stellung genommen habe“.[6]

Ich war weder als Chefredakteur der Osteuroparedaktion noch ab 1. April 1987 als Intendant von Radio Österreich International (RÖI), des von der Regierung finanzierten Auslandsdienstes auf Kurzwelle, direkt oder indirekt in die Auseinandersetzungen um die Präsidentschaft Kurt Waldheims involviert. Ich wollte und konnte aber angesichts der internationalen Dimensionen der Kampagne nicht untätig bleiben. Mir ging es um das Ansehen Österreichs, jenes Landes, in dem ich eine neue Heimat gefunden hatte und dem ich gerade in schwierigen Zeiten beistehen wollte.

Eine Art Generalprobe dieses Engagements hatte ich schon 13 Jahre vorher, im Herbst 1973 nach dem Geiseldrama von Marchegg während einer vierwöchigen Rundreise auf Einladung des amerikanischen Außenministeriums in den Vereinigten Staaten erleben müssen. Durch einen Übersetzungsfehler war nämlich in den allerersten Tagen nach dem Terroranschlag der fatale Eindruck entstanden, dass nicht nur das Transitlager Schönau geschlossen, sondern der Transit der Juden aus der Sowjetunion über Österreich überhaupt eingestellt werde.[7] Die US-Zeitungen geißelten die „Kapitulation vor dem Terror“ (New York Times) oft in selbstgerechtem Ton und warfen der Kreisky-Regierung „Feigheit und Prinzipienlosigkeit“ vor. In Gesprächen mit Journalisten und Wissenschaftlern, Diplomaten und Bankdirektoren kam die Rede – und bei Weitem nicht nur in New York oder Washington, sondern sogar in Dallas (Texas) – immer wieder auf die jüngsten Ereignisse in und um Österreich. „Wahrscheinlich hat Österreich seit dem ‚Anschluss‘ im Jahre 1938 die Schlagzeilen unserer Presse nicht so sehr dominiert wie in diesen Tagen.“ Dies sagte mir ein Professor der Geschichte an der Harvard-Universität in Boston zur Zeit der heftigen Reaktionen auf den Regierungsbeschluss.

Wie ich es damals in einem ganzseitigen Artikel – „Österreich im Zerrspiegel“ – in der „Kleinen Zeitung“ beschrieb, hing über dieser ganzen Welle der Proteste eine Wolke von falscher Selbstgerechtigkeit, von doppeltem Maßstab und von einem bestürzenden Mangel an Fairness. Österreich war damals Mitglied des UNO-Sicherheitsrates, und UNO-Botschafter Peter Jankowitsch hatte ausgezeichnete Kontakte zu führenden amerikanischen Persönlichkeiten geknüpft. Nur drei Tage vor dem Geiseldrama nahmen an einem zu Ehren von Außenminister Kirchschläger gegebenen Abendessen unter anderen prominente Persönlichkeiten wie Senator Edward Kennedy und der weltberühmte Ökonom John Kenneth Galbraith teil. Zusammen mit dem damaligen Generalkonsul Thomas Klestil in Los Angeles, dem Honorarkonsul Eisler in San Francisco (der selbst als österreichischer Flüchtling nach Amerika kam) und mit Jankowitsch versuchte auch ich, mit Argumenten die maßlose und ungerechtfertigte Kritik an Österreich mit Hinweisen auf Österreichs Flüchtlingsbilanz zurückzuweisen. Es ist uns sogar gelungen, für die Veröffentlichung eines Gastkommentars von mir in der „New York Times“ (auf der sogenannten Op-Ed-Seite) eine feste Zusage zu bekommen.

Noch während meines USA-Aufenthaltes und vor der Veröffentlichung meines Kommentars brach am 6. Oktober 1973 ein neuer Nahostkrieg aus. Österreich verschwand aus den Schlagzeilen und damit auch mein bereits gesetzter Artikel aus der Zeitung. Trotzdem warnte ich damals sowohl in meinem Bericht als auch in

Gesprächen nach meiner Rückkehr am Ballhausplatz, dass es verhängnisvoll wäre zu glauben, dass mit dem Krieg die ganze Österreich-Affäre vorbei ist: „Die österreichische Regierung, die diplomatischen Vertretungen, die offiziellen und privaten Stellen müssen erst recht in mühseliger Kleinarbeit die Schäden reparieren und Österreichs Ansehen wieder aufbauen ... Die internationale Vertrauenswürdigkeit bleibt für ein kleines Land, das ohne schlagkräftige Armee und selbst auf die internationale Solidarität angewiesen ist, ein oberstes Gebot. Leherb-Plakate und die Sängerknaben werden nicht ausreichen, die falsche Optik in Amerika zu korrigieren. Dazu braucht man viel Geduld, noch mehr Phantasie, eine Verstärkung des Informationsdienstes und nicht zuletzt eine Menge Geld. Täuschen wir uns nicht: Österreichs guter Ruf steht auf dem Spiel."[8]

Das massive internationale Medienecho war freilich im Falle Waldheims viel, viel schlimmer als seinerzeit nach der Schließung des Lagers Schönau. Erstens war es weltumfassend, da der nunmehrige Bundespräsident nach zehn Jahren an der Spitze der Vereinten Nationen weltbekannt war; zweitens passierten immer wieder wirkliche oder vermeintliche neue Enthüllungen. Elf Tage nach der Wahl verfasste ich in eigener Initiative ein Memorandum, in dem ich angesichts „der dramatischen Verschlechterung des Österreich-Images" über tagespolitische Streitigkeiten hinaus die Mobilisierung der verfügbaren Begabungen und Ressourcen im Zeichen eines gemeinsamen nationalen Neubeginns anregte.[9] Weder kurzfristige Feuerwehraktionen noch Alibihandlungen seien notwendig, sondern ein umfassendes Konzept; eine möglichst kleine Kommission aus anerkannten und unabhängigen Persönlichkeiten sollte rasch und unbürokratisch einen vertraulichen Bericht und einen Maßnahmenkatalog ausarbeiten. In den folgenden Tagen übergab ich das Memorandum an Bundeskanzler Vranitzky, an SPÖ-Vorsitzenden Sinowatz, an den Bundesparteiobmann der ÖVP (und späteren Außenminister) Mock, an den amtierenden Außenminister Jankowitsch sowie an Kardinal Franz König und an den Vorsitzenden der Gesellschaft für Außenpolitik, den Bankier Karl Vak. Überdies sagte ich meine Mitarbeit in einem neu gegründeten „Komitee für Grundsatzfragen" des Außenministeriums zu. Dieses hat sich dann in einem Maßnahmenkatalog mit den Vorwürfen aus dem Ausland auseinandergesetzt und Schwerpunkte für eine positive Österreich-Darstellung ausgearbeitet.

Unabhängig von staatlichen Organen brachte ich mit Präsident Karl Vak, damals Chef der „Zentralsparkasse“ (eine viel zu früh verstorbene herausragende, musische Persönlichkeit), als Gastgeber eine kleine informelle Gruppe zu einem Meinungsaustausch und zur Koordinierung von konkreten Schritten an einen Tisch. An den vier Sitzungen nahmen zwischen dem Sommer 1986 und dem Frühjahr 1987 unter anderen mehrmals Kardinal König, Simon Wiesenthal sowie rund zehn bekannte Journalisten, Industrielle, Manager und Wissenschaftler teil. Mit Hilfe von Fürst Schwarzenberg und Direktor Stock vom Hotel de France luden wir die Chefredakteure der „ Financial Times“ und von „Le Monde“ sowie den stellvertretenden Chefredakteur der Tageszeitung „Boston Globe“ einzeln ein. Sie trafen eine Reihe führender Persönlichkeiten in Wien und publizierten nachher umfassende, zum Teil natürlich auch kritische, aber in der Grundtendenz informative Artikel über die politische und wirtschaftliche Lage Österreichs.

Einmal kam es dabei zu einem peinlichen Missverständnis. Außenminister Mock traf sich in meiner Wohnung mit dem „Le Monde“-Chefredakteur Daniel Vernet. Mock sprach ausgezeichnet Französisch und das Treffen war sichtlich ein Erfolg. Dann erschien Vernets langer Bericht über Österreich. In diesen Tagen oder etwas früher gab es einen Skandal, weil der ÖVP-Generalsekretär Michael Graff in einem Interview mit einer Korrespondentin des Wochenmagazins „L'Express“ auf die Frage, ob und wann Waldheim zurücktreten werde, die Antwort gab: ja, wenn man ihm eine persönliche Schuld nachweisen könne. Auf die Zusatzfrage, was eine persönliche Schuld sei, antwortete er: wenn Waldheim mit eigenen Händen sechs Juden erwürgt hätte! Angesichts wütender Proteste im In- und Ausland musste Graff zurücktreten.

Leider hatte Daniel Vernet Mock mit Graff verwechselt, das heißt, die Aussage in seinem Artikel dem Außenminister zugeschrieben. Da Mock einer der wenigen regelmäßigen „Monde“Leser war, habe ich sofort alles in Bewegung gesetzt, damit eine schnelle Korrektur veröffentlicht werde. Sie wurde umgehend veröffentlicht und Mock war dann mit mir und mit Vernet versöhnt. Im bereits zitierten Interview für dieses Buch erwähnte Graff von sich aus das Interview, das vor 20 Jahren so viel Staub aufgewirbelt hat: „Ich habe ihr blöd geantwortet. Das war nur deppert, aber gar nichts Antisemitisches ...“

Die Vorbereitung und Durchführung eines „ZEIT-Forums" in Wien „Über Vergangenheit und Vergangenheitsbewältigung in Deutschland und Österreich" fügte sich in den Rahmen dieser Aktivitäten. In der von mir initiierten und mit dem damaligen Chefredakteur Theo Sommer gemeinsam moderierten, halbtägigen Runde diskutierten Bundeskanzler Vranitzky, der frühere ÖVP-Obmann Josef Taus, die Historiker Gerald Stourzh und Wolfgang Mommsen, Karl Vak und Sommers Stellvertreter und späterer Nachfolger Robert Leicht. Die angesehene Hamburger Wochenzeitung druckte unter dem provokanten Titel „Wem gehört Hitler?" in zwei Extrabeilagen eine gekürzte Fassung unseres Meinungsaustausches ab. Bereits vorher organisierte ich zum 30. Jahrestag des Oktoberaufstands eine Pressekonferenz mit ungarischen Zeitzeugen, die das „gute Österreich" in Erinnerung riefen.

Vor allem galt es jedoch, dem Imageverlust Österreichs in den Vereinigten Staaten entgegenzuwirken, aber umfassender und besser organisiert als 1973 während meiner zufälligen Anwesenheit nach der Schließung des Transitlagers. So fuhr ich in der zweiten Oktoberhälfte für knapp zwei Wochen auf Vortrags- und Informationsreise nach Los Angeles, Chicago, Boston, New York und Washington. Die Reise war physisch, menschlich und moralisch eine harte Prüfung für mich. Ich konnte unter anderen mit Senator Glenn, Sicherheitsberater Zbigniew Brzezinski und dem einflussreichen Kongressabgeordneten Tom Lantos, Überlebender des Holocausts aus Ungarn (und noch immer im Kongress!) sprechen. Dass man mir als österreichischem Vortragenden an der riesigen Columbia University in New York zunächst keinen Hörsaal zur Verfügung stellen wollte und ich nur dank der Hilfe von Universitätsprofessor István Deák (ursprünglich auch aus Budapest) in seinem Institut zu Professoren und Studenten über die österreichische Zeitgeschichte sprechen konnte, sagt alles über die damals herrschende österreichfeindliche Atmosphäre.

Im vertraulichen Bericht, der an den Bundespräsidenten, den Bundeskanzler und den Außenminister ging, stellte ich fest, dass die Verschlechterung des Österreich-Bildes keineswegs nur auf die Ostküste oder auf jüdische Organisationen beschränkt sei. Eine Möglichkeit, das Image Bundespräsident Waldheims grundsätzlich zu verbessern, gebe es nicht, doch könne die unwahre und ungerechte, einseitige und oberflächliche Berichterstattung über Österreich mit sachlichen Argumenten selbstbewusst, aber auch selbstkritisch korrigiert werden: „Jeder Versuch, das verzerrte Österreich-Bild zurechtzurücken, ist zum Scheitern verurteilt, falls die Voraussetzungen in Österreich selbst nicht gegeben sind. Dazu gehören die vorbehaltlose und glaubwürdige Ablehnung und Bekämpfung des Antisemitismus und des Fremdenhasses sowie die sofortige Verurteilung von antisemitischen und rassistischen Erklärungen durch politische Funktionäre."

Rund zwei Wochen nach meiner Rückkehr gelang es mir durch die Hilfe von Robert Kaiser, damals Managing Editor und Sohn meines Freundes, des früheren Botschafters in Budapest und Wien, einen längeren Gastkommentar unter dem Titel „Die Beschmutzung Österreichs" in der „Washington Post" – neben der „New York Times" das wohl einflussreichste Blatt in den Vereinigten Staaten – zu veröffentlichen. In diesem Kommentar wies ich – ebenso wie kurz vor meiner Abreise in einem vor amerikanischen und ausländischen Diplomaten im US-Außenministerium gehaltenen Vortrag – die pauschalen und stereotypen Vorwürfe gegen das gesamte österreichische Volk zurück. Ich zitierte die außerordentlich scharfe Verurteilung der „rachsüchtigen, schlecht vorbereiteten und sensationslüsternen Kampagne des Jüdischen Weltkongresses" durch Professor Shlomo Avineri, den angesehenen israelischen Politikwissenschaftler und früheren Generaldirektor des israelischen Außenministeriums. Ich wies darauf hin, dass 270.000 Juden aus der Sowjetunion und Zehntausende aus anderen osteuropäischen Ländern über Österreich nach Israel und in die Vereinigten Staaten ausgewandert seien und plädierte für eine differenzierte Betrachtung der österreichischen Situation.

Die Antwort auf meine Ausführungen ließ nicht lange auf sich warten. Hohe Würdenträger des Weltkongresses griffen mich als einen „Apologeten Waldheims" an. Einer von diesen Leserbriefschreibern war ein gewisser Kalman Sultanik, Vizepräsident des Weltkongresses, der im April 1986 in Genf bei einer Konferenz unter der Leitung Israel Singers wörtlich erklärte: „Waldheim, der die Juden in die Gaskammern schickte, wird von dem prominenten Juden Simon Wiesenthal unterstützt und verteidigt". Wiesenthal erzählte diese Geschichte in seinen bereits zitierten Erinnerungen. Als sich daraufhin der Delegierte aus Österreich, Paul Grosz (damals Präsident der Kultusgemeinde), zu Wort meldete, würgte Israel Singer die Debatte sofort ab.[10]

Ich war und bin nach der Lektüre aller verfügbaren Berichte überzeugt: Kurt Waldheim hat sich im strafrechtlichen Sinne nichts zuschulden kommen lassen. Erinnerungslücken und von ihm bedauerte Verschleierungsversuche sind allerdings nicht zu bestreiten. Ich traf ihn in dieser Zeit mehrmals in seinem Büro in der Hofburg. Er erklärte mir seine Verteidigungsstrategie und zeigte mir immer wieder neue Papiere. Ich werde nie vergessen, wie ich durch die lange, wunderschön möblierte Zimmerflucht ganz allein zu seinem Büro geführt wurde und mich dort dieser traurige, hagere, groß gewachsene und schon gebeugte ältere Herr wieder einmal von seiner totalen Unschuld überzeugen wollte. Ich erinnerte mich an seinen Vorgänger Rudolf Kirchschläger, der mir einmal 1985 oder später sagte, er würde Leopold Gratz, damals Außenminister, als SPÖ-Kandidaten für die Präsidentschaft vorschlagen. Damals oder früher bemerkte Kirchschläger: „Wissen Sie, der Bundeskanzler (d. h. Bruno Kreisky) ist leider ein schlechter Menschenkenner ...“ Schmunzelnd antwortete ich: „Nicht immer, Herr Bundespräsident, nicht immer – Sie sind doch das überzeugendste Beispiel, dass er manchmal den Richtigen finden konnte!“ Kirchschläger hatte ich noch in den frühen sechziger Jahren als Kreiskys Kabinettschef kennengelernt. Er war einer der wenigen Politiker, der sich in seinen Verhaltensweisen nie geändert hatte.

Es war der Nachfolger Waldheims, Thomas Klestil – der dritte Diplomat als Bundespräsident –, der rechtzeitig und indirekt, nämlich durch Interviews, eine neuerliche Kandidatur Waldheims verhindert und dadurch der internationalen Isolierung Österreichs ein Ende gesetzt hat. Mit ihm pflegte ich vielleicht die engsten Kontakte unter den drei Staatsoberhäuptern während fast drei Jahrzehnten und konnte deshalb sozusagen aus der Nähe sein tragisches Ende mitverfolgen.

Wie schon erwähnt, war Fred Sinowatz indirekt auch ein Opfer des Falles Waldheim – sowohl politisch als auch menschlich. Mit seinem schnellen Rücktritt hatte er nicht nur der Partei, sondern auch dem Land einen Dienst erwiesen. Dass er Alfred Worm wegen seines „Profil“-Berichtes geklagt hat, war nach der Meinung aller Beobachter und Freunde ein gravierender Fehler. Unter Berufung auf eine hochrangige burgenländische Ex-Funktionärin, Ottilie Matysek, die mit der Partei zerstritten war, hatte Worm im „Profil“ behauptet, Sinowatz habe bereits im Herbst 1985 in einer Sitzung des burgenländischen Parteivorstandes angekündigt, man würde im Wahlkampf „die braune Vergangenheit“ Waldheims thematisieren. Obwohl alle 39 Mitglieder des Parteivorstandes beim Prozess die Aussage von Matysek bestritten hatten, wurde Worm freigesprochen, wegen der ihn bestätigenden handschriftlichen Aufzeichnung dieser einzigen Belastungszeugin.

Alfred Worm hat mir später detailliert erzählt, wie die prominentesten deutschen Grafologen die Echtheit des Protokolls bestätigt hätten. Er fügte hinzu: „Sinowatz hatte einen bekannten Anwalt, der ihn falsch beraten hatte. Meinerseits wäre ein Vergleich möglich gewesen.“ So wurde Sinowatz selbst von einem (rechtslastigen) Richter wegen falscher Zeugenaussage, 1991 auch in zweiter Instanz, verurteilt. Ein hochrangiger früherer SPÖ-Funktionär sagt heute: „Die Geschichte ist deshalb furchtbar, weil sie doppelt falsch ist. Erstens kann ich das Risiko eines solchen Prozesses, wenn ich so etwas gesagt habe, nicht eingehen. Zweitens wäre es eigentlich besser gewesen, wenn er gesagt hätte: Natürlich hatte ich das gesagt, es ist ja mein gutes Recht, zu sagen, ein Kandidat war da unter Umständen mit braunen Flecken behaftet“.

Sinowatz behauptet noch heute im Gespräch, dass er die Aussage über Waldheims Vergangenheit nicht gemacht habe. Es ist jedenfalls bedauerlich, dass die im Burgenland und in Österreich so lange und so erfolgreiche Karriere eines Politikers, der für die Menschen ungeheuer viel geleistet hat, so tragisch enden musste.

Das Vranitzky-Jahrzehnt – ohne Glanz und ohne Krise

Wer hätte gedacht, dass Franz Vranitzky, der Sohn eines kommunistischen Eisengießers und dann einer der Sekretäre des jüngsten Finanzministers in der österreichischen Geschichte, mehr als zehn Jahre lang, noch dazu während einer weltpolitischen Zeitenwende (Juni 1986 bis Januar 1997), als Bundeskanzler und als SPÖ-Bundesparteiobmann (1988–1997) amtieren würde? In seiner Koalitionsregierung wechselten einander in diesen Jahren vier ÖVP-Parteiobmänner als Vizekanzler ab. Es war eine Zeit der relativen Stabilität, ohne Glanz, aber auch ohne Krisen, mit wichtigen Weichenstellungen in vier Bereichen: 1986 Bruch mit der Haider-FPÖ und Rückkehr zur „Großen Koalition" mit der ÖVP; 1991 Anstoß für eine vertiefte Aufarbeitung der NS-Vergangenheit durch richtungweisende Reden; 1994 EU-Beitritt; schließlich Reform beziehungsweise Sanierung der Verstaatlichten Industrie.

Ich habe Vranitzky noch in der Ära Kreisky als einen der Mitarbeiter von Finanzminister Androsch flüchtig kennengelernt, aber die engeren Kontakte entstanden erst in seiner Zeit als Bundeskanzler, da meine Bestellung als Intendant von Radio Österreich International kurz nach seinem Amtsantritt als Bundeskanzler erfolgte. Der Auslandsdienst auf Kurzwelle nahm insofern eine einzigartige Position ein, als er zwar vom Bund finanziert, der Intendant aber vom Generalintendanten im Einvernehmen mit der Bundesregierung ernannt wurde. Dass die Koalitionsregierung unter der Führung von Bundeskanzler Vranitzky und Vizekanzler Alois Mock meiner Ernennung mit Wirkung vom 1. April 1987 einhellig zustimmte, obwohl ich keiner Partei oder einer ihrer Vorfeldorganisationen angehörte, betrachtete ich als eine Ermunterung, für unabhängige und sachgerechte Informierung des Auslandes über Österreich und zugleich der Auslandsösterreicher und österreichischer Touristen zu sorgen. Wie seltsam es auch klingen mag: Wir bei der Kurzwelle waren zweifellos Nutznießer der Waldheim-Krise. Gerade die allgemein anerkannte Notwendigkeit einer Verbesserung des Österreich-Bildes im Ausland hat zur Konsolidierung und zum bescheidenen Ausbau von Radio Österreich International beigetragen.

Als TV-Kommentator und Konsulent, als ORF-Chefredakteur und RÖI-Intendant habe ich im Laufe von über 20 Jahren nicht nur das Innenleben des Österreichischen Rundfunks, sondern auch die Persönlichkeiten an der Spitze des Unternehmens – vor allem Gerd Bacher, aber auch Gerhard Zeiler und Gerhard Weis – sowie das jeweilige innenpolitische Umfeld kennengelernt. Da ich mit der Ostpolitik beziehungsweise mit dem Auslandsrundfunk beschäftigt war, haben mich die medienpolitischen Auseinandersetzungen im und um den ORF nur am Rande betroffen. Zugleich habe ich aber durch meine Tätigkeit, freilich nicht mehr als Auslandskorrespondent, wie in der Ära Kreisky mehr oder weniger enge Kontakte mit den handelnden Politikern, vor allem der beiden Großparteien, knüpfen können. In meiner wöchentlichen Sendung als RÖI-Intendant habe ich regelmäßig auch Interviews mit Persönlichkeiten aus Politik und Wirtschaft geführt. Manchmal waren freilich die Begleitumstände, die Verhaltensweisen, die Reaktionen der sogenannten „Prominenten" aufschlussreicher als ihre Antworten selbst.

War Vranitzky der richtige Mann zur richtigen Zeit als Bundeskanzler und (zwei Jahre später) als SPÖ-Vorsitzender? Ich habe ihn zwar regelmäßig getroffen und auch im Ausland unter anderem auf einem Staatsbesuch bei Gorbatschow, als Redner bei einer Konferenz des Internationalen Presseinstitutes (IPI) in Bordeaux und bei einem exklusiven Bilderberg-Treffen bei Athen erlebt, aber es gab keine engen persönlichen Kontakte wie mit Bruno Kreisky oder mit einigen anderen Spitzenpolitikern. Doch es war keinesfalls eine Ausnahme, sondern eher die Regel im persönlichen Verkehr mit Bundeskanzler Vranitzky. Aus welchem Grund immer, benahm sich der groß gewachsene erfolgreiche Basketballspieler (42-mal in der Nationalmannschaft) mit lupenreiner proletarischer Abstammung stets freundlich, aber immer auf Distanz bedacht, nicht nur gegenüber politischen Gegnern oder Medienvertretern, sondern auch, mit sehr wenigen Ausnahmen, im Kontakt mit Parteifreunden. Er hat sich zwar nachweislich aus den ärmsten Verhältnissen mit Begabung und Fleiß ganz hinaufgearbeitet und doch war sein Bild nach außen das eines „Sozialisten im Nadelstreif", vor allem nach seinen Jahren in der Nationalbank, im Finanzministerium, als Generaldirektor-Stellvertreter in der CA und als Chef der Länderbank – kurz, er hat sich so erfolgreich sozialisiert, dass er jeglichen sozialistischen „Stallgeruch" verloren hatte.

Deshalb muss man bei der Bewertung seiner Tätigkeit zwischen den Funktionen als Regierungschef und als Parteiobmann eine klare Trennlinie ziehen. Die erste Kraftprobe nach seinem Amtsantritt bestand er mit Bravour. Ohne zu zögern hatte Vranitzky nach dem Innsbrucker FPÖ-Parteitag, wo der liberale Vizekanzler Steger als FPÖ-Vorsitzender durch den Rechtspopulisten Jörg Haider gestürzt wurde, die „Kleine Koalition“ mit der FPÖ gekündigt und Neuwahlen erzwungen. Seine ablehnende Haltung gegenüber der FPÖ im Allgemeinen und Jörg Haider im Besonderen war die Folge der Erziehung in einem antifaschistischen Elternhaus. Zusammen mit seinem langjährigen Finanzminister Ferdinand Lacina war Vranitzky zu keinen Konzessionen an den rechten Rand bereit. Von dem Bruch mit der Haider-FPÖ führte ein gerader Weg zu den berühmt gewordenen Reden über die NS-Vergangenheit. Vorsichtig, aber unmissverständlich erklärte der Kanzler inmitten einer Parlamentsdebatte über den Krieg in Jugoslawien: Österreich müsse sich bekennen „zur Mitverantwortung für das Leid, das zwar nicht Österreich als Staat, wohl aber Bürger dieses Landes über andere Menschen und Völker gebracht haben“ (8.7.1991). Noch deutlicher war seine Rede an der Hebrew University in Jerusalem (9.6.1993): „Wir bekennen uns zu allen Daten unserer Geschichte und zu den Taten aller Teile unseres Volkes, zu den guten wie zu den bösen, und so wie wir die guten für uns in Anspruch nehmen, haben wir uns für die bösen zu entschuldigen.“ Man muss freilich auch in Erinnerung rufen, dass bekannte Persönlichkeiten, allen voran der Publizist Hugo Portisch, eine solche klare Deklaration seit Jahren urgiert und ihm sogar mehrmals entsprechende textliche Vorschläge übermittelt hatten. Trotzdem kann niemand bestreiten, dass Franz Vranitzky der erste österreichische Bundeskanzler war, der die Vergangenheit offen und selbstkritisch thematisierte.[1]

Ich habe ihn kurz nach seiner Bestellung wegen meines Memorandums über die Auswirkungen des Falls Waldheim aufgesucht und dann von Zeit zu Zeit als RÖI-Intendant über unsere Pläne und natürlich die Budgetsorgen informiert. Auch als Vranitzky im Herbst 1986 vorgezogene Neuwahlen wagte, haben wir uns einmal über die politische Lage unterhalten. Ich erinnere mich, wie der sonst so vorsichtige Mann plötzlich bitter bemerkte, alle schauten nur von der Seitenlinie ihm zu. Mit anderen Worten,

Vranitzky scheint durch das subjektive Gefühl gedrückt gewesen zu sein, dass durch die Sprengung der „Kleinen Koalition“ er allein in erster Linie das Risiko der ersten Wahlen in der Post-Kreisky-Ära zu schultern hatte. Das neue Gesicht und das telegene Aussehen, zusammen mit einer geschickten Werbekampagne, gaben aber den Ausschlag: Die SPÖ konnte bei Verlust von zehn Mandaten (von 90 auf 80) und einem Stimmenanteil von 43,12 Prozent immerhin den ersten Platz klar behaupten. Die ÖVP verlor ebenfalls, wenn auch nur vier Mandate (von 81 auf 77) und lag bei einem Stimmenanteil von 41,29 Prozent. Die Haider-FPÖ des „Robin Hood aus Kärnten“ begann damals den schwindelerregenden Aufstieg durch eine Verdoppelung des Stimmenanteils und die Steigerung der Zahl der Mandate von 12 auf 18. Die Grünen zogen bei dieser Wahl zum ersten Mal mit acht Mandaten in den Nationalrat ein.

Zwei besondere Momente waren die Gesprächsthemen nach der Wahl und prägten auch zum Teil die Berichterstattung und die Spekulationen der Medien. ÖVP-Obmann Alois Mock, drei Jahre vorher noch beflügelt durch den Bruch der absoluten Mehrheit der SPÖ, zeigte sich am Wahlabend nicht nur schwer enttäuscht, sondern schien mit einem geistesabwesenden Gesichtsausdruck auch gesundheitlich schwer angeschlagen zu sein; die drei anderen Spitzenkandidaten mussten ihn vor den TV-Kameras stützen. Das zweite Hauptthema war bereits am Wahlabend die Frage, ob diesmal die ÖVP eine „Kleine Koalition“ mit der FPÖ bilden würde. Arithmetisch wäre es für die ÖVP und die FPÖ mit 95 Mandaten von 183 gegenüber 88 Mandaten der SPÖ und der Grünen möglich gewesen, diese Chance zu ergreifen. Alois Mock hatte aber im ÖVP-Parteivorstand diese von ihm favorisierte Option nicht durchsetzen können. Vor allem der Burgenländer Robert Graf, Wirtschaftssprecher der ÖVP, hatte sich dieser Absicht mit ganzer Kraft widersetzt und letztlich mit der Unterstützung anderer Exponenten der Wirtschaft Mocks Vorhaben zum Scheitern gebracht.

Nicht das nach langwierigen Verhandlungen erreichte Koalitionsabkommen zwischen SPÖ und ÖVP, sondern das Zugeständnis Vranitzkys, dass Alois Mock im Namen der ÖVP das Außenministerium übernehmen konnte, führte dann zum öffentlichen Bruch Bruno Kreiskys mit seiner Partei. Aus Protest legte er den Ehrenvorsitz in der SPÖ zornig zurück. In einem erst viel später veröffentlichten langen Brief „für das Parteiarchiv der SPÖ“ warnte

Kreisky: „Der Verzicht auf das Außenministerium ist schlicht und einfach eine Katastrophe, und es bleibt die Frage offen, ob wir einen Bundespräsidenten Waldheim und den Obmann jener Partei, die ihn nominiert und voll und ganz unterstützt hat, als Außenminister im Ausland aushalten ..."[2] In seinen letzten Jahren, ab 1989, versöhnte sich aber Bruno Kreisky mit der SPÖ und mit Franz Vranitzky persönlich, der ihn auch mehrmals in der Armbrustergasse besuchte.[3]

Im Gegensatz zu Kreiskys Befürchtungen kam es allerdings weniger auf den kränkelnden Mock an, sondern es war in erster Linie Vranitzky, der sich als eine Art „Ersatz-Bundespräsident" international profilieren konnte. Die Isolierung des Staatsoberhauptes war für uns bei der Kurzwelle vor allem in unserer fremdsprachigen Berichterstattung (Englisch, Französisch, Spanisch, Esperanto und später Arabisch) unangenehm und manchmal peinlich. Indessen hatte Waldheim so viel sowohl an internationalem Ansehen wie auch an Glaubwürdigkeit verloren, dass Vranitzky eigentlich ohne sein eigenes Zutun in diese merkwürdige und freilich nur zeitweilige Rolle fast mühelos hineinwachsen konnte. Er war so erfolgreich, dass 1992 Gewerkschaftschef Anton Benya „im Namen von Freunden" Vranitzky dazu gewinnen wollte, als Präsidentschaftskandidat anzutreten. In seinen Erinnerungen schrieb dazu Vranitzky den rätselhaften Satz: Benya „nannte keinen Namen und ich wollte keinen wissen." Auf seine Frage, wer denn nach seiner und der „Freunde" Auffassung Bundeskanzler werden sollte, nannte Benya den Namen des Ministers für Verkehr und Verstaatliche Industrie, Rudolf Streicher, „Und wer Parteivorsitzender?" – „Darauf hatte er keine Antwort parat."

Der überraschte (und wohl innerlich alarmierte) Vranitzky drehte den Spieß schnell und subtil um: Er setzte im Parteivorstand die Nominierung Streichers als Präsidentschaftskandidat durch und zwang diesen, die Nominierung zu akzeptieren. Fast wie ein Detektiv versuchte ich fünfzehn Jahre später diese Geschichte zu klären und Spuren zu den „Freunden", das heißt, den anonymen Drahtziehern, zu finden. Streicher hat in einem langen und sehr offenen Gespräch beteuert, dass er von der ganzen Idee, ihn zum Bundeskanzler und Vranitzky zum Bundespräsidenten zu machen, „keine Ahnung" gehabt habe. Da seine Chancen gegenüber dem mittlerweile zum ÖVP-Kandidaten nominierten Diplomaten

Thomas Klestil ausgezeichnet gewesen seien (mit einem Vorsprung von 12 Prozent), habe er die Nominierung zum SPÖ-Kandidaten nach einem gewissen Zögern doch angenommen.[4]

Obwohl weder Vranitzky noch Streicher im Gespräch mit mir über Benyas merkwürdigen Versuch, den Namen des eigentlichen Urhebers der fehlgeschlagenen Idee nannten, meinen eingeweihte SPÖ-Quellen, dass es sich dabei nur um Hannes Androsch als Hauptdrahtzieher gehandelt haben konnte. Allerdings sei Androschs engster Freund und ehemaliger Pressesprecher, der spätere Generaldirektor der Tabak-Werke sowie Präsident des Fußballbundes, Beppo Mauhart, als „Speerspitze" der Intrige gegen Vranitzky hinter dem vorgeschobenen Gewerkschaftsveteran Benya aufgetreten. Überhaupt waren die Beziehungen im Dreieck Androsch-Streicher-Vranitzky Schwankungen unterworfen – Schwankungen in Zusammenhang auch mit der Sanierung der Verstaatlichten Industrie und vor allem nach den undurchsichtigen Transaktionen um den Verkauf des einst drittgrößten österreichischen Paradeunternehmens, der zur CA-Industrieholding gehörenden Steyr-Werke 1898, an das Imperium des Austro-Kanadiers Frank Stronach.

Der vom Werkzeugmacher zum Starmanager und Superminister (1986–1991) aufgestiegene Streicher hat das Duell um das Amt des Bundespräsidenten gegen Thomas Klestil, der anfänglich als farbloser Diplomat unterschätzt worden war, im zweiten Wahlgang klar (mit 43 Prozent gegen 57 Prozent) verloren. Daraufhin übernahm Streicher als Generaldirektor wieder die Leitung der Steyr-Daimler-Puch AG, des auch in der Rüstungsproduktion (Panzer etc.) engagierten Unternehmens. Obwohl Vranitzky sowohl im persönlichen Gespräch wie auch in seinen Memoiren behauptet, Stronachs Autozulieferkonzern „Magna" habe nach seiner Amtszeit ohne sein „Zutun" die von der CA gehaltenen Aktien der Steyr-Daimler-Puch AG erworben, behaupteten österreichische Medien und auch Streicher selbst, dass der Deal hinter Streichers Rücken als Generaldirektor eingefädelt und abgewickelt wurde. Dass Vranitzky selbst nach seinem Ausscheiden aus der Politik und der oberste Chef der Bank Austria (die kurz vorher die Creditanstalt „inhaliert" hatte), Gerhard Randa, später Positionen im Aufsichtsrat beziehungsweise im kanadischen Spitzenmanagement des „Magna"-Konzerns übernahmen, sorgte für eine schiefe Optik. Androsch hatte das Steyr-Geschäft öffentlich scharf kritisiert und durch die Organisierung eines Konkurrenzanbotes Frank Stronach gezwungen, sein Angebot um fast 400 Millionen Euro aufzubessern.

Der unerwartete Sieg Thomas Klestils setzte 1992 der angenehmen Doppelrolle Vranitzkys ein Ende und löste eine von den Medien natürlich ausgeschlachtete Rivalität zwischen den beiden Männern an der Republiksspitze aus. Klestil war in Wirklichkeit kein eingefleischter ÖVP-Mann, wenn er auch dem Kabinett des Bundeskanzlers Klaus und dem Cartellverband (Verbindung „Bajuvaria") angehört hatte. Er absolvierte praktisch sein gesamtes Berufsleben als Diplomat in verschiedenen Funktionen in den Vereinigten Staaten.

Ich hatte Klestil 1971 als österreichischen Generalkonsul in Los Angeles kennengelernt und ab 1989 mit ihm als Generalsekretär des Außenministeriums während der Turbulenzen um Waldheim enge und freundschaftliche Kontakte angeknüpft. Eitel und ehrgeizig strebte Klestil vor allem die Nachfolge des kränkelnden Alois Mock als Außenminister an. Der umtriebige und durch Parteifesseln nie behinderte Wiener Bürgermeister Helmut Zilk erfand die Kandidatur Klestils. Nachdem Alois Mock aus gesundheitlichen Gründen auf eine in der ÖVP allgemein erwünschte Kandidatur verzichtet hatte, griff Parteiobmann Erhard Busek die Idee Zilks auf und setzte Klestils Nominierung durch. Dieser hatte sich schon vorher bei einem Mittagessen mit sechs führenden Journalisten gegen eine Wiederkandidatur Waldheims aus staatspolitischen Gründen ausgesprochen. Dieser Vorstoß, aber auch die beharrliche Überzeugungsarbeit Buseks hinter den Kulissen führten dazu, dass Bundespräsident Waldheim bereits im Sommer 1991 dem Bundeskanzler telefonisch mitteilte, er wolle sich nach Ablauf seines Mandats im Juli 1992 nicht einer Wiederwahl stellen. Sechs Jahre später war es Helmut Zilk, der in der SPÖ Klestil als gemeinsamen Kandidaten der beiden Koalitionsparteien vorschlug und auch den Vorsitz des überparteilichen Wahlkomitees übernahm.

Trotz Eifersüchteleien zwischen Klestil und Vranitzky (so kam es zu protokollarischen Peinlichkeiten bei der Unterzeichnung des EU-Vertrages von Korfu 1994) zogen beide am gleichen Strang, was die Öffnung in Richtung der Europäischen Union betraf. Auch bürgerliche Kreise rechnen es bis heute Vranitzky hoch an, dass er seine Partei, deren Vorsitz er im Mai 1988 übernommen hatte, von den ideologischen Fesseln aus der dogmatischen Vergangenheit befreite. Dass am 12. Juni 1994 zwei Drittel der Österreicher für den Beitritt zur EU stimmten, war für Vranitzky, und wohl auch für seinen Vizekanzler Erhard Busek, der Höhepunkt der politischen Karriere. Ich konnte übrigens bei einem Bilderberg-Treffen in Athen 1992 beobachten, dass Vranitzky im Kreis der dort versammelten transnationalen Elite aus Politik und Wirtschaft ein hohes Maß an Anerkennung genoss. Andererseits kann man im Rückblick die Kritik an der Passivität Vranitzkys und der österreichischen Sozialdemokraten im Allgemeinen in der Zeit des politischen Umbruchs in Mittel- und Osteuropa kaum widerlegen, vor allem im Vergleich mit der Ein-Mann-Diplomatie eines Erhard Busek.[5]

Seine Bilanz als SPÖ-Vorsitzender wird trotz der Umbenennung der Partei in „Sozialdemokratie“ und trotz der Änderung des Parteisymbols nicht nur wegen des Rückganges der Beitragszahler um ein Drittel kritisiert. Überraschend viele, sonst auch Androsch-kritische linke Beobachter sind mit dem harten Urteil des aus seinem Chef zum unversöhnlichen Feind gewordenen Androsch mehr oder weniger einverstanden: „Er hat die Partei, weil sie ihn nicht interessierte, inhaltlich, moralisch, finanziell ruiniert.“ Zu der parteiinternen Abneigung trägt auch im Gegensatz etwa zu Sinowatz seine „zu Null tendierende Loyalität hinter der Biedermannsmaske“ (so ein früherer SPÖ-Minister) gegenüber in Schwierigkeiten geratenen oder angegriffenen Mitarbeitern bei. Dabei ging es nicht oder nicht nur um Androsch, Blecha oder Gratz, die in diverse Skandale verwickelt waren (Stichworte Consultatio, Noricum und Lucona). Es ging auch um die Art und Weise, wie er etwa die zwei wegen angeblicher „finanzieller Unregelmäßigkeiten“ angegriffenen Zentralsekretäre Heinrich Keller und Günther Sallaberger sofort fallen ließ, obwohl sich die Vorwürfe als völlig haltlos herausgestellt hatten. Einer ihrer Nachfolger, Josef Cap, erfuhr aus dem Rundfunk, dass er als Bundesgeschäftsführer abgelöst wurde, bevor Vranitzky mit ihm, wie es in seinen Erinnerungen heißt, „ein persönliches Gespräch darüber führen konnte.“[6]

Eine merkwürdige Episode war auch die Form des Rücktrittes des langjährigen Finanzministers Ferdinand Lacina, der von einem inzwischen in der wohlverdienten Versenkung verschwundenen lautstarken Spitzengewerkschafter des „fehlenden sozialen Gewissens“ beschuldigt wurde. Letzten Endes überlebte aus der Kreisky-Garnitur in relativ kurzer Zeit kaum jemand (außer Heinz Fischer, damals als Klubobmann). Als Rudolf Streicher im Zuge der Strukturbereinigung der Verstaatlichten die erste Privatisierung von 25 Prozent des Aktienkapitals von der ÖMV im SPÖ-Parteivorstand skizzierte, hatte Fischer bitter gesagt: „Rudolf, wenn ich dir zuhöre, dreht's mir den Magen um.“ Ex-Minister Streicher kommentiert die Wahl Fischers zum Bundespräsidenten 2004 übrigens offenherzig und etwas boshaft so: „Im Gegensatz zum Hannes ist er ein politischer Slalomfahrer, der nie eingefädelt hat und nie eine Stange umgeworfen hat ...“

Man muss allerdings auch anerkennen, dass selbst solch kritische Geister, wie etwa der Philosoph Rudolf Burger, trotz späterer Zerwürfnisse nach der „Wende“ 2000 noch heute Vranitzkys Stil, seine Modernisierung des politischen Denkens im Land, die Umwandlung der SPÖ in eine Europapartei und die entscheidende Leistung des EU-Beitritts sehr schätzen. Auch die zwei Reden zur Vergangenheit – „gesprochen gegen große Teile seiner eigenen Partei“ – werden von Burger als eine „große Leistung“ anerkannt. In seinem Aufsatz „Abschied von einem Staatsmann“ – allerdings lange vor der persönlichen Entfremdung geschrieben – lobte Burger Vranitzkys Feststellung bei dessen letzter Pressekonferenz. Der abtretende Bundeskanzler bezeichnete dort als Ziel seiner Politik der letzten zehn Jahre die Herstellung von „selbstverständlicher Normalität“. Laut Burger habe er es weitgehend erreicht.[7] Auch der Journalist Peter Pelinka schreibt treffend in seiner Porträtsammlung „Österreichs Kanzler“ über Vranitzky: „Zehn Jahre ohne Glanz und Gloria, aber voll jener ruhigen Kontinuität, die sich eine Mehrheit der Österreicher offenbar gerade in Umbruchszeiten wünschte.“

Vranitzkys Regierungszeit war von Anfang bis Ende indirekt mit einem Politiker verbunden, der auf eine einzigartige Weise in seiner Rhetorik, in seinem politischen Stil, in seiner Haltung zum Konsens als Leitspruch der Zweiten Republik und nicht zuletzt in seiner zweideutigen Einstellung zur NS-Vergangenheit den absoluten Gegensatz zur Person, Politik und Gesinnung Franz Vranitzkys symbolisierte: mit Jörg Haider. Ich habe ihn zwar bei diversen Konferenzen und Empfängen in den achtziger Jahren getroffen, doch erst im Oktober 1990 als Gast bei einer von mir geleiteten „Club 2"-Abendsendung in Klagenfurt aus der Nähe erlebt. Damals war er zum ersten Mal Landeshauptmann von Kärnten gewesen. Wir diskutierten unter anderen mit dem inzwischen zum Ministerpräsidenten des de facto unabhängigen Slowenien gewählten christdemokratischen Politiker Lojze Peterle und dem Diözesanbischof Egon Kapellari. Leider hatten die Vertreter der slowenischen Minderheit im Lande aus Protest gegen Haider die Teilnahme verweigert. Schließlich meldete sich ein Maler, der sich nicht richtig artikulieren konnte. Formell war das Thema der siebzigste Jahrestag der Kärntner Volksabstimmung, die übrigens nur dadurch ein für Österreich günstiges Resultat, das heißt, die Bestätigung der Zugehörigkeit Kärntens zur Republik Österreich produzierte, weil eben die Mehrzahl der Slowenen nicht für den neuen Staat Jugoslawien, sondern für Österreich optierte.

Zehn Jahre später moderierte ich erneut in Klagenfurt ein „Europastudio" an einem Sonntagvormittag mit Landeshauptmann Haider, wieder zum Kärntner Abwehrkampf und zur Volksabstimmung anlässlich des 80. Jahrestages. Auch diesmal war es sehr schwierig, qualifizierte slowenische Teilnehmer zu finden, da alle angesprochenen Wissenschaftler und Medienvertreter aus dem Nachbarland unter verschiedenen Vorwänden ein gemeinsames Auftreten mit Haider abgelehnt hatten. Schließlich gelang es uns, aus Ljubljana die mit mir befreundete langjährige frühere slowenische Botschafterin in Wien, die Soziologin Katja Boh, zu gewinnen; auch ein deutscher und ein österreichischer Journalist waren dabei. Bei beiden Sendungen, wenn auch in unterschiedlichem Stil, rechtfertigte Haider die Kärntner „Urangst" vor Slowenien, geißelte den slawischen beziehungsweise slowenischen „Imperialismus", pochte auch auf seine Förderungsmaßnahmen für die slowenische Minderheit in Kärnten, lehnte aber stets die Aufstellung zusätzlicher zweisprachiger Ortstafeln ab.

Zwischen diesen zwei Daten 1990 und 2000 hatte sich eine Zäsur in der österreichischen Politik vollzogen als Folge des Siegeszuges der Haider-Partei. Vor der entscheidenden Wahl am 3. Oktober 1999, die das Koalitionssystem der Immobilität und den Proporz in Frage stellen sollte und die wir im nächsten Kapitel analysieren werden, müssen wir uns zuerst der Person und der Politik Jörg Haiders zuwenden. Der 1950 in Bad Goisern (Oberösterreich) geborene Haider hat nach seiner Übernahme der FPÖ-Führung im Herbst 1986 als Wahlkärntner und als Besitzer eines großen, im Krieg arisierten und von einem Verwandten ihm geschenkten Gutes im Kärntner Bärental eine aggressive und kompromisslose Oppositionspolitik betrieben. Von Wahl zu Wahl gelang es dieser charismatischen Figur immer mehr, mit unbändiger Energie, rhetorischer Brillanz und bedenkenloser Wendigkeit in die Kernwählerschichten der SPÖ einzubrechen.

Als ein „Virtuose des falschen Spiels" hat Haider die Brisanz des sogenannten „Ausländerproblems" erkannt und zugleich die Auswüchse des versteinerten Proporzsystems, die Verlogenheit der Partei- und Gewerkschaftsfunktionäre und die fehlende Bereitschaft, sich mit den wachsenden Migrationsproblemen auseinanderzusetzen, medial und politisch pausenlos angegriffen. Er konnte von Wahl zu Wahl an Stimmen und Mandaten zulegen: von 9,73 Prozent im Jahr 1986 auf 16,63 Prozent 1990, auf 22,5 Prozent 1994 und schließlich auf die Rekordhöhe von 26,91 Prozent 1999. Ein beispielloser und für viele Beobachter besorgniserregender Aufstieg einer rechtspopulistischen und mit rechtsextremistischen und NS-nostalgischen Ausrutschern international diskreditierten Partei.

Der Kampf gegen Haider, die Linie der sogenannten „Ausgrenzung" der FPÖ durch Vranitzky, ist anfänglich allgemein gelobt, im Laufe der Zeit und angesichts der politischen Erfolge Haiders aber immer mehr kritisiert worden. Es ging dabei nicht um die Zielrichtung, sondern um die Methode und die Substanz der Auseinandersetzung mit dem Rechtspopulismus, der sich – falls es notwendig war – mühelos als sozial engagierte Linke verkleiden konnte. Natürlich war die klare Abgrenzung von Haider unvermeidlich und sinnvoll, wo der „postmoderne Robin Hood" (Rudolf Burger)[8] verantwortungslos und raffiniert mit sattsam bekannten Entgleisungen die schrumpfende Gruppe der Altnazis oder die stetig wachsende Zahl der radikalen Ausländerfeinde bediente.

Aus einer Nazi-Familie stammend und in einem rechtsradikalen Mittelschüler- und Studentenmilieu aufgewachsen, hatte Haider eine Legion sogenannter „Ausrutscher" zu verzeichnen, vom Lob der „ordentlichen Beschäftigungspolitik im Dritten Reich" über seine Rede in Krumpendorf vor Waffen-SS-Veteranen, die er als „anständige Menschen, die einen Charakter haben", begrüßte, bis zur Verharmlosung der NS-Vernichtungslager, die er im Parlament als „Straflager“ bezeichnete. Bezeichnend für sein bedenkenloses Spiel auf der Klaviatur der Hetze gegen Ausländer war auch das „Anti-Ausländer-Volksbegehren“, das allerdings entgegen den Befürchtungen im Januar 1993 von nur 13 Prozent der Stimmberechtigten (413.000) unterschrieben worden war.

All das hat uns bei der Kurzwelle und erst recht den österreichischen Diplomaten und Geschäftsleuten im Ausland viele besorgte und empörte Fragen beschert. Zugleich erlebte ich aber auch die beeindruckende Antwort der Wiener, und keineswegs nur der Linken und Grünen, sondern auch vieler junger Bürgerlichen, als eine Viertelmillion Menschen mit Kerzen in der Hand auf der Ringstraße und dem Heldenplatz gegen die Ausländerfeindlichkeit demonstrierten („Lichtermeer“). Es war die größte politische Kundgebung in der Geschichte der Zweiten Republik.

Warum haben die Wähler der kompromisslosen Haltung Vranitzkys nicht gedankt, warum war seine Ausgrenzungsstrategie nicht erfolgreich, warum zieht selbst eine FPÖ-feindliche bürgerliche Journalistin wie Anneliese Rohrer den Schluss, dass Vranitzkys Strategie Haider überhaupt erst zu seiner Stärke 1999 verholfen hat?[9] Natürlich war Haider in seiner Glanzzeit eine charismatische Figur, sportlich und gut aussehend, schlagfertig und charmant, mit einem unnachahmlichen politischen Fingerspitzengefühl, der aggressivste und begabteste Oppositionspolitiker in der Geschichte der Zweiten Republik,[10] und seit Kreisky in der Politik – und insbesondere im Fernsehen – der begnadetste Schauspieler (der er ganz jung auch einmal werden wollte), dauernd ein hämisches Grinsen im Gesicht, skrupellos bei der permanenten Unterbrechung des Gegners oder des Interviewers, gekonnt heuchlerisch oder sarkastisch bei der Durchbrechung von Tabus.

Vor allem konnte Haider rhetorisch brillant – und stets bestens vorbereitet mit Fakten und Enthüllungen über die schwachen Punkte des Gegners – die Möglichkeiten der direkten Fernsehübertragung ausnützen. Wie das Kaninchen vor der Schlange war Vranitzky vor Haider bei einer direkten TV-Konfrontation im Jahre 1990 erstarrt, als dieser seine erste sensationelle „Taferl“Aktion im ORF-Fernsehen durchführte und kleine Pappschilder auf dem Studiotisch platzierte, von denen die Vier- oder Fünffachgehälter des steirischen Gewerkschaftsfunktionärs Alois Rechberger abzulesen waren. Dieser war Zentralbetriebsratsobmann der Vereinigten Edelstahlwerke, Abgeordneter zum Nationalrat, Präsident der Arbeiterkammer der Steiermark, Vorsitzender der steirischen Metallarbeitergewerkschaft usw. und bezog aus all diesen Funktionen Gehälter oder Einkünfte. Der Fall Rechberger war fast ein technisches Knock-out bei der Konfrontation und leitete eine erfolgreiche FPÖ-Kampagne vor allem gegen die SPÖ als „Skandalpartei" ein.

Dass Haider also besonders in SPÖ-nahen Bereichen oft berechtigte Attacken gegen haarsträubende Privilegien und Fehlentwicklungen ritt, wie den Schulproporz, die hohe Zahl der Sozialversicherungen, Mehrfachgehälter von Kammer- und Gewerkschaftsfunktionären, Pensionsmissbräuche in der Verstaatlichten: das wurde im Laufe der „hysterischen Dämonisierung" (Rudolf Burger) im In- und Ausland vergessen oder verdrängt. Die fehlende oder nicht zeitgerechte Reaktion der SPÖ und der Regierungen der „Großen Koalition" auf die von der Haider-FPÖ geschickt und skrupellos aufgegriffenen Fehlentwicklungen und Missbräuche bereiteten den Boden für die Niederlagen der Großparteien. Bis 1999 eroberte Haider die Mehrheit der Arbeiterschaft und fast die Hälfte aller Wähler im Alter unter dreißig Jahren. Trotz seiner Sprunghaftigkeit und seiner wiederholt bewiesenen Unverlässlichkeit war der Siegeszug Haiders unaufhaltsam, weil das Proporzsystem und die Institutionen der Sozialpartnerschaft zur Immobilität erstarrt und von einer Mischung aus Verlogenheit und moralischer Korruption geprägt waren.

Eine äußerst wichtige Rolle spielten vor allem die Enthüllungsjournalisten Alfred Worm im „Profil", später „News" (der AKH-Skandal), Gerald Freihofner in der „Wochenpresse" (der Lucona-Skandal) und der Autor Hans Pretterebner mit seinem Buch „Der Fall Lucona".[11] Das Verschwinden des Frachtschiffs Lucona im Januar 1977 durch eine Explosion im Indischen Ozean mit mehreren toten Seeleuten war Teil eines großen Versicherungsbetrugs. Der Drahtzieher Udo Proksch, den ich nie persönlich kennengelernt hatte, war Besitzer der Konditorei Demel und Gründer des in den oberen Stockwerken am Wiener Kohlmarkt untergebrachten berüchtigten „Club 45". Die Untersuchungen wurden durch Interventionen und Weisungen immer wieder eingestellt oder verlangsamt. Vom Verschwinden der Lucona bis zur Verurteilung Prokschs (er starb dann im Gefängnis) dauerte es 15 Jahre! Zwei seiner Freunde, Leopold Gratz und Karl Blecha, mussten vor Gericht und schieden später als Nationalratspräsident und Innenminister aus der Politik aus. Pretterebner selbst stand später weit rechts und ließ sich sogar 1994 von Haider als Parlamentskandidat aufstellen.[12]

Man darf nicht vergessen, dass die Entwicklung zur späteren politischen Wende im Jahr 1999 mit dem Eintritt der ÖVP in die „Große Koalition" ihren Anfang genommen hatte. Dadurch war Haider sozusagen das Monopol für Enthüllungen zugefallen. Der Vorwurf des Journalisten Hubertus Czernin, Vranitzky sei der „Haider-Macher" gewesen, war doppelt falsch: das System, also auch die „Große Koalition", hat der FPÖ die Chance geboten, und die linksliberalen beziehungsweise linken Journalisten und Chefredakteure haben durch Dutzende Titelgeschichten im „Profil", später „News", ihm geholfen, diese Chance maximal auszunützen.

Haider-Titelgeschichten waren jahrelang in der sonst von gepflegter Langeweile geprägten Innenpolitik sichere Verkaufsschlager. Die bittere und von den Betroffenen oft empört zurückgewiesene Wahrheit ist, dass nicht die viel kritisierte „Kronen Zeitung", sondern „die politischen Magazine (‚News' und ‚Profil') damals stärker sogar als in all den Jahren zuvor unter dem Vorwand, den weiteren Aufstieg Jörg Haiders und der FPÖ verhindern zu wollen, diesen Woche für Woche herbeigeschrieben haben" (Anneliese Rohrer).[13] Ich muss leider diesem Urteil meiner Kollegin zustimmen und den Vorwurf gegen Vranitzky als „Haider-Macher", bei aller Kritik an manchen Facetten seiner langen Ära, zurückweisen.

Die zehn Jahre der Regierung Vranitzky waren laut der Publizistin Trautl Brandstaller ein verlorenes Jahrzehnt.[14] Das glaube ich in dieser pauschalen Form nicht. Dass er aber mit der Wahl Viktor Klimas als seinem Nachfolger an der Spitze von Regierung und SPÖ einen vielleicht schicksalhaften Fehlgriff getan hat, verleugnet er selber unter vier Augen nicht mehr. Klima wird in der Geschichte der Zweiten Republik nicht einmal eine Fußnote sein, meint Anneliese Rohrer.[15] Auch das ist ein zu hartes Urteil. Klima war eher der ungewollte Totengräber nach 30 Jahren der sozialdemokratischen und gewerkschaftlichen Hegemonie, der Wegbereiter für jene Wende, die im Gegensatz zu den hysterischen in- und ausländischen Reaktionen nicht im Zeichen Jörg Haiders stand, sondern in dem des fähigsten bürgerlichen Machtpolitikers, Wolfgang Schüssel.

Wendekanzler Schüssel – Aufstieg und Absturz

Politik in Österreich ist seit der „Wende“ Ende Januar/Anfang Februar 2000 wieder spannend geworden. Die alten Kategorien von „links“ und „rechts“ halfen nicht mehr weiter, wenn man den Streit um den richtigen Weg verstehen wollte. Die Auseinandersetzungen um die besten Antworten auf die internationalen und nationalen Herausforderungen sprengten die herkömmlichen politischen Lager mehr als einmal, und der Riss ging oft sogar durch Familien hindurch. Die unerwarteten Turbulenzen und die verblüffenden Wendungen in der österreichischen Politik bestätigen die Feststellung des großen deutschen Politologen Max Weber: „Die Grundtatsache aller Geschichte ist, daß das schließliche Resultat politischen Handelns oft, nein: geradezu regelmäßig, in völlig unadäquatem, oft in geradezu paradoxem Verhältnis zu seinem ursprünglichen Sinn steht.“[1]

Nach der Bildung der sogenannten „schwarz-blauen“ Koalitionsregierung der Österreichischen Volkspartei mit der Freiheitlichen Partei Österreichs am 4. Februar 2000 wurde sozusagen über Nacht aus einem der stabilsten und blühendsten Länder der Welt, in dem Streiks, Demonstrationen und Zusammenstöße eine Seltenheit waren, eine zutiefst polarisierte Gesellschaft. Zweihunderttausend Demonstranten marschierten auf der Straße zu einer groß angelegten Protestkundgebung auf dem Wiener Heldenplatz. „Widerstand“ wurde zum Schlagwort bei den wöchentlich stattfindenden „Donnerstag-Demonstrationen“. Zum ersten Mal in der Geschichte mussten die Mitglieder der neuen Regierung den unterirdischen Gang zum Bundespräsidenten in der Hofburg beschreiten. Bundespräsident Thomas Klestil nahm die Angelobung mit versteinerter Miene und sichtlichem Unwillen vor.

Es handelte sich in der Tat um eine für österreichische Verhältnisse höchst ungewöhnliche Regierungsbildung. Erstmals stellte nicht die mandat- und stimmenstärkste Partei, nämlich die SPÖ, den Bundeskanzler, sondern die Nummer drei, jene ÖVP, die um 415 Stimmen von der FPÖ überrundet worden war. Nach 30 Jahren wurde mit Wolfgang Schüssel wieder ein ÖVP-Obmann Regierungschef, noch dazu ein Politiker, der möglicherweise eine noch schlimmere Niederlage durch die plakative Androhung des Ganges in die Opposition – falls die ÖVP Nummer drei werden sollte – verhindert hatte. Was aber den beispiellosen Sturm der Entrüstung im In- und Ausland auslöste, war die Regierungsbeteiligung der Freiheitlichen, obwohl sich ihre fast weltweit berüchtigte Galionsfigur Jörg Haider nicht in die Regierung drängte, sondern als Landeshauptmann in Kärnten blieb. Trotzdem führte er die Koalitionsverhandlungen und trat an der Seite von Wolfgang Schüssel vor die internationalen Medienvertreter – und nicht die designierte Vizekanzlerin Susanne Riess-Passer –, um am 2. Februar ihre Einigung zu verkünden.

Die Entscheidung der übrigen 14 EU-Staaten vom 31. Januar 2000, im Falle einer Regierungsbeteiligung der FPÖ Sanktionsmaßnahmen anzudrohen, traf das Land so unerwartet wie unvorbereitet. In der vergeblichen Hoffnung, die ÖVP-FPÖ-Regierungsbildung im letzten Moment noch verhindern zu können, hatten die Regierungen der „Vierzehn" offiziell bekannt gegeben, dass sie keinerlei offizielle bilaterale Kontakte auf politischer Ebene mit einer österreichischen Regierung unter Einbindung der FPÖ betreiben oder akzeptieren, keinen österreichischen Kandidaten in internationalen Organisationen unterstützen und die österreichischen Botschafter in ihren Hauptstädten nur „auf technischer Ebene" empfangen würden.

Zurückblickend auf meine fünfzig Jahre in Österreich, kann ich ohne Übertreibung feststellen, dass ich die menschlich vielleicht schwierigste, wenn auch in mancher Hinsicht aufregendste Zeit im Wirbel der von den Sanktionen ausgelösten Leidenschaften innerhalb und außerhalb Österreichs im Jahr 2000 erlebt habe. Mich haben an diesem Montag Ende Januar mein (2003 verstorbener) Freund Horst-Friedrich Mayer und andere Kollegen angerufen, sie waren, so wie ich, bestürzt. Durch eine Nacht-und-Nebel-Aktion, durch Verletzung aller Regeln der Europäischen Union, sollte ein Land, das im Juni 1994 mit dem höchsten Ergebnis eines europäischen Staats (66,6 Prozent) für den EU-Beitritt gestimmt hatte, zum Paria oder zum Buhmann Europas gemacht werden. Vierzehn Staaten haben über einen fünfzehnten und dessen Regierung entschieden, ohne ihn anzuhören.

In der spätabendlichen Ausgabe der „Zeit im Bild" im ORF hat mich Ingrid Thurnher über die internationalen Auswirkungen befragt.[2] Damals und einen Tag später in einem TV-Kommentar der „ZiB 1“ lehnte ich ohne Wenn und Aber diese einzigartige Vorgangsweise zur internationalen Ausgrenzung Österreichs als ein „hohes Maß an Heuchelei“, als ungerechtfertigt und kontraproduktiv, als eine Mischung aus Ignoranz und Arroganz ab. Um das zweierlei Maß bei der Vorgangsweise zu illustrieren, wies ich auch auf die Mitgliedschaft der Rechtspopulisten beziehungsweise Ex-Faschisten Fini und Bossi in der italienischen Regierung, auf die Anwesenheit des später als Kriegsverbrecher verurteilten Papon und moskautreuer Kommunisten in der französischen Regierung hin. Zur Empörung mancher (oder vieler?) Sozialisten rief ich auch die Tatsache in Erinnerung, dass Bruno Kreisky in seine erste Regierung vier ehemalige NSDAP-Mitglieder aufgenommen hatte.

Obwohl in meinen Kommentaren und späteren Interviews nie die Hinweise auf Haiders NS-freundliche „Ausrutscher“ und den sorglosen Umgang seiner Partei mit einer traurigen Vergangenheit fehlten, obwohl ich immer wieder betont hatte, dass die vorbehaltlose Ablehnung und Bekämpfung des Fremdenhasses und des Antisemitismus die Vorbedingung für eine gesamtösterreichische und überparteiliche Aktion gegen die Abstempelung Österreichs als „Haider-Land“ sei, wurde ich, der Kreisky-Biograf, den Haider wegen meiner Unterschrift unter einer Resolution gegen fremdenfeindliche Plakate der Wiener FPÖ noch einige Wochen vorher als „lebenslangen treuen Begleiter der linken Reichshälfte“ bezeichnet hatte, nun sozusagen über Nacht zu einem publizistischen Befürworter der schwarz-blauen Regierung! Diese Einschätzung hing freilich auch damit zusammen, dass viele Sozialdemokraten und Grüne die harte Gangart der damals überwiegend sozialdemokratisch regierten oder mitregierten EU-Staaten (11 von 14) wohlwollend aufgenommen hatten.

Auch rückwirkend möchte ich unterstreichen, dass ich stets der Anhänger einer großen Koalition der staatstragenden Kräfte beziehungsweise der Alleinregierung einer handlungsfähigen, demokratischen Partei, aber nie der Befürworter eines Experiments mit der Haider-Partei gewesen bin. Doch lehnte ich es ab – zusammen mit wichtigen und besonnenen ausländischen Beobachtern, wie zum Beispiel Chefredakteur Hugo Bütler von der „Neuen Zürcher Zeitung“, dem amerikanischen Politologen Walter Laqueur und dem britischen Verleger Lord Weidenfeld (beide Flüchtlinge aus

Breslau und Wien) –, diesen Virtuosen der rechtspopulistischen Demagogie trotz inakzeptabler Sprüche über das Dritte Reich als eine dramatische Gefährdung der österreichischen, ja gar der europäischen Demokratie hinzustellen. Wir, die Kritiker der hektischen EU-Maßnahmen, betonten stets, dass demokratiepolitisch bedenkliche Pauschalurteile und überzogene Schritte gegen eine der stabilsten europäischen Demokratien genau jene Gefahr heraufbeschwören könnten, die sie verhindern wollten.

In Pressepolemiken, etwa in der „Süddeutschen Zeitung“, korrigierte ich unter anderem die von einem Münchner Historiker aufgestellte Behauptung, dass Haider die Wahlen im Oktober 1999 mit antisemitischen Äußerungen gewonnen hätte, und erklärte zum Schluss wörtlich: „Weder zur Zeit der Waldheim-Krise noch heute bei der Dämonisierung Haiders bin ich bereit, die verblendete Kampagne gegen Österreich, ein Land, das hunderttausende Flüchtlinge aufgenommen und die Ausreise von 270.000 Juden aus der Sowjetunion ermöglicht hatte, mitzumachen.“ Ähnlich habe ich mich in der großen internationalen ORF-TV-Livesendung „Das große Österreichgespräch“ (15.3.2000) gegen die „auftrumpfende Selbstgerechtigkeit“ ausgesprochen, mit der man Österreich und österreichischen Politikern Lektionen erteilen wollte. Mit Hinweisen auf Boykottdrohungen gegen österreichische Künstler und Wissenschaftler (etwa in Frankreich oder Belgien) sowie die bitteren Erfahrungen österreichischer Schüler und Schülerinnen in Straßburg betonte ich: „Die Erfahrungen zeigen, dass nicht die Regierung, sondern die Bevölkerung vom Boykott getroffen wird.“ [3]

Angesichts einer internationalen Medienberichterstattung, die mit wenigen Ausnahmen – wie die „Neue Zürcher Zeitung“ oder die „Frankfurter Allgemeine“ – jeden Sinn für Proportionen verlor, war es keine Überraschung, dass in jenen Tagen 64 Prozent der Franzosen und 54 Prozent der Briten glaubten, dass die Regierungsbeteiligung der Haider-FPÖ eine Gefahr für die Demokratie in Europa darstelle. Vielleicht noch nie zuvor war die Kluft zwischen Feindbild und Selbstbild Österreichs so groß wie im Frühjahr 2000. Österreich hat damals jedenfalls einen noch größeren politischen Imageschaden erlitten als zur Zeit der Waldheim-Debatten. Zugleich waren laut Umfragen mehr als zwei Drittel der Österreicher der Meinung, dass die Sanktionen nicht aus Abwehr gegen Rechtsextremismus und Rassismus, sondern aus machtpolitischen und Konkurrenzgründen verhängt worden seien. Die Neigung in Brüssel, und nicht nur dort, große und kleine Staaten, links und rechts mit zweierlei Maß zu messen, hat in Österreich zu Recht Verwunderung und Empörung ausgelöst. Der außenpolitische Sprecher der CDU-CSU im deutschen Bundestag, Karl Lamers, sprach die bittere Wahrheit aus: „Gegen Italien wäre so ein Schritt nie erfolgt.“[4]

In wenigen Tagen war ein wortgewaltiger Provinzpolitiker zum europäischen Medienstar und zu einem unwandelbaren Feindbild in den weltweit vernetzten Medien geworden. Doch der Inhalt der viel diskutierten Sanktionen war „eigentlich lächerlich“ (Erhard Busek). Das Einfrieren der diversen Kontakte führte bloß zu Medienberichten, wer wem den Handschlag verweigert, wer wem einen Besuchstermin gewährt, wer bei Arbeitsessen an den Rand der Tische gesetzt wird, welche Mienen auf den EU-Familienfotos gemacht werden. All das wirkte auch selbstentlarvend, zumal sich gleichzeitig mit der „Österreich-Blockade“ die Vertreter nahöstlicher und asiatischer Diktaturen in Paris und Berlin, Madrid und Rom die Klinke in die Hand gaben.

Der mutige und unbestechliche Kritiker der „hysterischen Dämonisierung“ Haiders, der Philosoph Rudolf Burger, stellte treffend fest: „Und gerade weil man ihm keine Taten vorwerfen kann, sondern nur blöde Sprüche, verdichten sich diese bei einem wenig bis gar nicht informierten internationalen Publikum zu einer wahren Gräuelgeschichte mit Realitätsvermutung.“ Der langjährige luxemburgische Ministerpräsident Jean-Claude Juncker war der einzige Regierungschef, der das eigene Vorgehen gegen Österreich öffentlich in Frage stellte und die These Burgers indirekt bestätigte: „Ob wir im Detail alles richtig gemacht haben, bezweifle ich. Ob wir uns genügend um die innerösterreichischen Befindlichkeiten gekümmert haben, bezweifle ich auch ... Man muss auch in Österreich zur Kenntnis nehmen, dass die Reaktion der 14 nicht so weit hergeholt war. Im EU-Ausland hat man die Wahlkampf-Aussagen der FPÖ ernst genommen und sich gedacht: Jetzt werden den Worten Taten folgen.“[5] Es geschah aber nichts, überhaupt nichts. Keine fremdenfeindlichen oder antisemitischen Ausschreitungen, keine Gewaltakte, keine Brandstiftungen, keine Überfälle.

Die österreichische Demokratie hat entgegen den düsteren Warnungen den historischen Test des schadlosen Überganges von der „klassischen“ Großen Koalition zu einer ersten Koalitionsregierung rechts der Mitte ebenso bestanden wie 1966 den Wechsel zur ÖVP-Alleinregierung, 1970 zu Kreiskys Minderheits- und Mehrheitsregierungen, gefolgt von einer heute vielfach vergessenen „rot-blauen“ Kleinen Koalition im Jahr 1983. So war es ganz natürlich – freilich von der Weltöffentlichkeit kaum mehr bemerkt –, dass die Sanktionen nach einem Bericht der von der EU eingesetzten „Drei Weisen“ am 12. September 2000 sang- und klanglos aufgehoben wurden.

Die Debatten über die neue politische Lage gingen natürlich weiter. In einem langen Aufsatz für die „Frankfurter Allgemeine“,[6] der später etwas gekürzt auch in „Le Monde“ erschienen ist, beging ich den gleichen Tabubruch wie Rudolf Burger in der Zeitschrift „Merkur“ und anderen Publikationen. Unter anderem schrieb ich, dass Kreisky, „... was heute fast vergessen ist, ein wichtiger Steigbügelhalter für die FPÖ war. Durch eine neue Wahlkreiseinteilung waren die Freiheitlichen, damals unter dem ehemaligen Waffen-SS-Offizier Friedrich Peter, als parlamentarische Partei gerettet. Ihre Unterstützung sicherte für achtzehn Monate das Überleben einer SPÖ-Minderheitsregierung. Überspitzt formuliert: Ohne Kreisky gäbe es heute vielleicht gar keinen Haider.“

In diesem Artikel, wie auch bei mehreren Treffen der von der Bertelsmann-Stiftung organisierten Deutsch-Jüdischen Dialoge, versuchte ich das „Phänomen Haider“ zu erklären. Ich betonte, dass seine damals 1.244.087 starke Wählergruppe (fast 27 Prozent) das Produkt des auf Geschichtslügen aufgebauten Nachkriegssystems und der Ablehnung der Auswüchse der verlogenen Proporzwirtschaft, freilich auch der geschickten Ausnützung der tatsächlichen und vermeintlichen Missbräuche in der Asylpolitik war.

Bei den erwähnten Konferenzen der Bertelsmann-Stiftung treffen sich führende deutsche Politiker aus allen Parteien, herausragende Vertreter des Judentums aus aller Welt sowie Historiker, Journalisten und Wissenschaftler aus diversen europäischen Ländern. In diesem Kreis konnte ich zwei Mal – im Herbst 1999 und im Juli 2000 – meine schon skizzierte Position über die Gefahr des Rechtsextremismus in Österreich vertreten. Auch der bekannte britische Zeithistoriker Tony Judt verdammte zum Beispiel bei dem Juli-Treffen in Berlin die gesamte EU-Politik gegenüber Österreich als „heuchlerisch und schädlich“. Andere, wie der

Franzose Dominique Moïssi und der israelische Historiker Shlomo Avineri, hatten allerdings die Sanktionen verteidigt. Auch bei mehreren „Europastudio"-Sendungen des ORF erörterten internationale Publizisten die Sanktionsdebatten und die Suche nach einer sogenannten Exit-Strategie. Diese Diskussionen fanden ein außerordentlich starkes Echo.

Trotz unserer Kontroversen über die Haider-Frage gab mir gerade mein Freund Avineri die Gelegenheit, meine Thesen sogar in Jerusalem zu vertreten. Am Rande einer internationalen Tagung über nationale Spannungen im und um den Kosovo wurde ich gebeten, auch an der Hebrew University einen Vortrag zum Thema „Österreich und die Europäische Union" zu halten. Dass ich in Israel (die Regierung hatte ihren Botschafter nach der Bildung der schwarz-blauen Koalition aus Wien abberufen) die damals noch rechtskräftigen Sanktionen als einen „entscheidenden politischen Fehler" bezeichnen durfte, löste zwar kritische Stimmen aus, aber es gab auch viel Zustimmung in Anwesenheit von drei früheren israelischen Botschaftern in Wien.

Bevor wir uns mit den späteren Spannungen und Turbulenzen innerhalb der schwarz-blauen Koalition beschäftigen, will ich kurz zwei miteinander verbundene Fragenkomplexe erörtern. Wie kam es überhaupt zu dieser Regierung und wer, wenn überhaupt, hat von österreichischer Seite aus die Fäden für den Sanktionsbeschluss gezogen? Viele Beobachter aus den Medien und der Politik, und erst recht die politischen Gegner, waren und sind überzeugt, dass die beiden Parteiführer, Wolfgang Schüssel und Jörg Haider, bald nach den Wahlen, aber jedenfalls lange vor dem offiziellen Ende der fast vier Monate dauernden Koalitionsverhandlungen ihre Abmachungen vorbereitet und abgeschlossen hatten. Deshalb wären sie nach dem Abbruch der Verhandlungen zwischen ÖVP und SPÖ imstande gewesen, blitzschnell in etwa fünf Tagen ein fertiges Programm auf den Tisch zu legen. In Gesprächen mit mir haben sowohl Schüssel wie auch Haider diese weitverbreitete These zurückgewiesen.

Haider erklärte mir klipp und klar, es habe in der Zwischenzeit nie Verhandlungen zwischen ÖVP und FPÖ gegeben. Er habe nur ein einziges Gespräch kurz nach der Wahl, noch im Oktober, mit Schüssel im Vizekanzlerzimmer des Parlaments geführt. Dort habe er Schüssel gesagt, „wenn nichts aus den Gesprächen mit der

SPÖ herauskommt, ist es für mich vorstellbar, dass die ÖVP eine Koalition mit uns führt. Da habe ich bemerkt, dass beim Schüssel der Groschen gefallen ist. Da hat er quasi ein Ass im Ärmel. Es hat nie mehr Gespräche gegeben. Ich habe mich auch herausgehalten."[7]

Wolfgang Schüssel behauptet bis heute, dass er vom Anfang bis zum Ende mit der SPÖ ernsthaft verhandelt habe und dass diese Verhandlungen letzten Endes am Widerstand der Gewerkschafter gegen die angestrebte und bereits paktierte Pensionsreform sowie wegen der innerparteilichen Schwäche des Bundeskanzlers Viktor Klima gescheitert seien. In Wirklichkeit habe er zuletzt, was die Position des Finanzministers betrifft, einen Kompromiss vorgeschlagen, nämlich die Bestellung eines unabhängigen Experten statt eines ÖVP-Mannes.

Es gibt einen SPÖ-Insider, der – als Einziger von dieser Seite – die Schüssel-Version bestätigt. Klima sei von der Partei im Stich gelassen worden. Alle hätten gewusst, dass eine Pensionsreform unumgänglich sei, Klima hätte nach dem positiven Parteivorstandsbeschluss handeln und nicht noch eine Sitzung des Präsidiums einberufen sollen. Man hätte auch den von der ÖVP vorgeschlagenen Tausch – Wirtschaftsminister für Finanzminister – akzeptieren sollen. Doch Rudolf Edlinger wollte unter allen Umständen Finanzminister bleiben. Seine derbe Aussage gegen den bisherigen Koalitionspartner ist dann zum geflügelten Wort geworden: „Eher lasse ich meinen Hund auf meine Wurst aufpassen, als die ÖVP auf das Geld der Steuerzahler". Ein zentraler Faktor war die Schwäche und dann letztlich der innere Zusammenbruch Klimas gewesen, der vor den Wahlen, ebenso wie Edlinger, eine Woche im Spital verbringen musste.[8]

Im Rückblick ist klar, dass Wolfgang Schüssels Vorstoß, einen Pakt mit der FPÖ zu schließen, von der gesamten ÖVP-Führung unterstützt wurde. Deshalb erschienen – nach dem nächtlichen Abbruch der Verhandlungen durch die SPÖ – bereits in der Früh gemeinsam mit Schüssel alle sechs ÖVP-Landeshauptleute beim Bundespräsidenten, um ihn zu einer schnellen Angelobung der schwarz-blauen Regierung zu bewegen. Klestil versuchte noch, mit Klima eine sozialdemokratische Minderheitsregierung mit FPÖ-Unterstützung einzusetzen. Doch Haider reichten die vagen Versprechungen nicht. Damals traf jedenfalls der Bundespräsident wiederholt FPÖ-Obmann Haider, mit dem er schon vorher eine freundliche Beziehung pflegte.

Was nun die viel diskutierte Präambel zum Regierungsprogramm betrifft, die vor der Angelobung des schwarz-blauen Kabinetts durch Schüssel und Haider unterzeichnet worden war, so sagt Schüssel, in Wirklichkeit habe er sie ursprünglich bei einem Dreiergespräch mit Klestil und Haider vorgeschlagen und nicht, wie allgemein behauptet, der Bundespräsident. Das dreieinhalb Seiten lange Papier enthielt offensichtlich zur Beruhigung des Auslands ein Bekenntnis zu den Menschenrechten, zu Demokratie, Freiheit, Rechtsstaatlichkeit, Sozialpartnerschaft sowie zur Vertiefung und zur Erweiterung der Europäischen Union.

Was den tatsächlichen Ablauf der Schüssel-Haider-Kontaktgespräche und vor allem die geheimen Ambitionen der beiden psychisch, in ihrem Werdegang und in ihren Verhaltensweisen so unterschiedlichen Berufspolitiker betrifft, bleibt man auf Vermutungen angewiesen – und auf Nestroy: „Wahrheit ist das Erhabenste, drum kann man's nicht jedem auf die Nase binden ..." Auch hinsichtlich der diversen Verschwörungstheorien über die angeblichen österreichischen Drahtzieher ist Vorsicht geboten. Es dürfte sich um ein zufälliges Amalgam aus verschiedenen Elementen gehandelt haben. Die Schlussphase der gescheiterten ÖVP-SPÖ-Verhandlungen fiel zeitlich mit der großen Stockholmer Holocaust-Konferenz zusammen, an der hochrangige Vertreter aus 47 Ländern teilnahmen, darunter 20 Staats- und Regierungschefs.

Der Stockholmer Auftritt des psychisch und physisch ausgelaugten Viktor Klima kam Beobachtern zufolge „einem Hilferuf" gleich. Der dänische Ministerpräsident Rasmussen soll laut skandinavischen Zeitungsberichten bei einer vertraulichen Sitzung des außenpolitischen Ausschusses des dänischen Parlaments von einem „Notruf aus Wien" und von einer „aktiven Rolle Klestils und Klimas" gesprochen haben. Diese und ähnliche Berichte, auch aus Paris, haben beide dementieren lassen. Im Gegensatz zu den von der ÖVP und FPÖ lancierten Gerüchten handelte es sich keinesfalls um eine Aktion der Sozialistischen Internationale, wenngleich der sozialistische portugiesische Ministerpräsident António Guterres, der in diesem Halbjahr im Namen der portugiesischen EU-Ratspräsidentschaft agierte, damals zugleich Präsident der Sozialistischen Internationale war.

In Wirklichkeit waren vor allem der konservative Präsident Frankreichs, Jacques Chirac, und der bürgerlich-liberale belgische Ministerpräsident Guy Verhofstadt die aktivsten Gegner einer Regierungsbeteiligung der FPÖ. In Frankreich ging es um die Abwehr der rechtsradikalen Partei Le Pens und in Belgien um die Ausgrenzung des ausländer- und europafeindlichen Vlaams Blok. In beiden Ländern war man besorgt um die eventuelle Sogwirkung einer extrem rechten Regierungspartei. Genau als diese wurde die FPÖ betrachtet, zumal in keinem anderen europäischen Land eine Partei am rechten Rand auf einen derart hohen Stimmenanteil wie die Haider-Partei verweisen konnte.

Man geht auch in der Annahme kaum fehl, dass die von allen französischen, deutschen und vielen anderen Fernsehanstalten am Wochenende (29. und 30. Januar 2000) gemeldeten heftigen Angriffe Haiders auf die „korrupte belgische Regierung" und den als „Westentaschen-Napoleon" beschimpften französischen Staatspräsidenten Chirac die Haltung der EU-Regierungen verschärfte. Man konnte die besonders aggressiven Sprüche eines heiteren FPÖ-Obmannes bei den Feiern anlässlich seines 50. Geburtstages im ORF live erleben. Dass auch die deutsche Regierung und namentlich Bundeskanzler Schröders außenpolitischer Berater Michael Steiner beim Verfassen des Textes der Sanktionen und bei der Feinabstimmung mit Paris und Brüssel eine Schlüsselrolle spielten, hing wohl mit dem besonderen Verhältnis zwischen Frankreich und Deutschland zusammen. Was schließlich Thomas Klestil und die führenden SPÖ-Politiker betrifft, so dürften sie mit an Sicherheit grenzender Wahrscheinlichkeit die Stimme der EU-Staaten als willkommene, wenn auch vielleicht nicht ausdrücklich erbetene Unterstützung bei den eigenen Bemühungen betrachtet haben, das schwarz-blaue Experiment zu verhindern.[9]

Zurück zur Ausgangsfrage: Was wollte eigentlich Wolfgang Schüssel? Sein Wunsch war kein Geheimnis. Bereits am 22. April 1995, an einem Samstag, hatte der soeben zum ÖVP-Parteichef gewählte, knapp 50 Jahre alte bisherige Wirtschaftsminister im Festsaal der Wiener Hofburg vor rund 600 Parteitagsdelegierten mit fester Stimme erklärt: „Ich will mit eurer Hilfe Bundeskanzler werden!" Der blendende Redner bekam überraschend 95,5 Prozent der Stimmen und wurde bei seinem runden Geburtstag im Juni schon als Hoffnungsträger gefeiert. Der bunte Mascherl-Träger und begabte Zeichner, Fußballspieler und Bergsteiger, Klavier-, Gitarren- und inzwischen auch Cellospieler wurde Obmann einer Partei, die seit der Regierung Klaus ein Vierteljahrhundert lang mit ihrer Identitäts- und Führungskrise kämpfte. Die Leitungsgremien dieser Sammelpartei, mit neun Landesparteien und jeweils sechs Bünden (Arbeiter und Angestellte, Bauern, Wirtschaft, Jugend, Senioren und Frauen), haben immer wieder den Spruch Churchills bestätigt: „In der Politik gibt es keine Freundschaft, vor allem ganz oben nicht“. In diesem Sinne ist die Geschichte dieser christlichen Partei auch die der unchristlichen, heimlichen und offenen Intrigen und Kämpfe um innerparteiliche Spitzenpositionen.

Erst später wurden die Details der wahrscheinlich dramatischsten Personalentscheidung bekannt, die es an der ÖVP-Spitze in der Parteigeschichte gab. Um die Brisanz zu verstehen, muss man kurz die parteiinternen Flügelkämpfe in Erinnerung rufen. Die Karriere Schüssels war stets eng verbunden mit der seines Vorgängers an der Parteispitze, Erhard Busek. Dreimal ist Schüssel seinem um vier Jahre älteren Freund im Amt gefolgt: als ÖVP-Klubsekretär im Parlament, als Generalsekretär des Wirtschaftsbundes und schließlich als Bundesparteiobmann. Ich kenne Erhard Busek gut und habe ihn in seiner Zeit als ÖVP-Politiker sehr geschätzt als einen Mann der Öffnung und Liberalität sowie als engagierten Freund und Helfer der mittel- und osteuropäischen Intellektuellen.

Busek kam so wie Schüssel und der langjährige steirische Landeshauptmann Josef Krainer jun. nicht aus dem Cartellverband (CV), sondern aus der liberaleren und zum Teil unkonventionellen Katholischen Hochschuljugend. Trotz seiner Erfolge in Wien und seines Ansehens bei den Intellektuellen war Busek beim ÖVP-Kongress 1991 (bei der dritten Kampfabstimmung überhaupt in der ÖVP-Geschichte) nur mit einer knappen Mehrheit (56 Prozent) gegen den von der sogenannten harten „Stahlhelm“-Fraktion, auch von Alois Mock, unterstützten farblosen CVer und IBM-Manager Bernhard Görg zum Obmann gewählt worden. Wie im Falle seiner meisten Vorgänger hatten die Gegner fast sofort nach Buseks Bestellung an seinem Obmannsessel zu sägen begonnen. Nach der Wahlniederlage im Herbst 1994 (die ÖVP verlor acht, die SPÖ sogar 15 Mandate, der SPÖ-Stimmenanteil fiel von 42,8 Prozent auf 34,9 Prozent, jener der ÖVP von 32,1 Prozent auf 27,7 Prozent) bei gleichzeitigem Aufstieg der FPÖ (Gewinn von neun

Mandaten und sechs Prozent) schlugen die Busek-Gegner Alarm. In den Medien und hinter den Kulissen wurde ein regelrechtes Kesseltreiben gegen den liberalen Vizekanzler und Parteiobmann in Gang gesetzt.

Wirtschaftsminister Schüssel war zu Ostern 1995 mit einer Delegation in China unterwegs. Während er einen der bewegendsten Ostersonntage seines Lebens in der katholischen Kathedrale in Peking erlebte, tobte in Wien der Kampf um Buseks Nachfolge. Dieser war bereit, abzutreten, aber wollte mit allen Mitteln einen Sieg des extrem konservativen Klubobmannes Andreas Khol verhindern. Busek hatte zusammen mit Landeshauptmann Krainer und dessen Salzburger Kollegen Hans Katschthaler im 15-köpfigen Wahlkomitee den Namen Schüssel ins Spiel gebracht. Indessen war sich der von den meisten abgelehnte Khol („viel zu konservativ und viel zu ehrgeizig") seiner Sache so sicher, dass er Bundespräsident Klestil schon eine komplette ÖVP-Ministerliste überreichte. Klestil, der den umtriebigen Klubobmann nie mochte (er übrigens ihn auch nicht), hatte sofort Busek und Krainer, die seinerzeit seine Kandidatur unterstützt hatten, informiert. Auf dieser Liste stand schon statt Schüssel der Name des einst geschlagenen Busek-Gegners, des Wiener ÖVP-Obmannes Bernhard Görg.

Auch in den anderen Personal-Kombinationen tauchte der Name Schüssels nicht mehr auf – Schüssel galt ja allgemein als „Busek-Mann". So herrschte am Ostermontag zu Beginn der Sitzung der „Königsmacher" völlige Verwirrung. Dann kam es zu einer bizarren Geschichte, die sich um den Linzer Universitätsprofessor und Verfassungsrechtler Johannes Hengstschläger drehte. Er wurde angeblich vom niederösterreichischen Landeshauptmann Pröll als Nachfolger Buseks vorgeschlagen. Pröll bestritt in unserem Interview energisch diese allgemein verbreitete Version. Pröll nannte den inzwischen zurückgetretenen Wirtschaftsbund-Chef Leopold Maderthaner als den eigentlichen Erfinder des in der Folge traurige Berühmtheit erlangenden Quereinsteigers. (Maderthaner gelang es übrigens schon vorher, Hengstschläger als möglichen Obmannkandidaten – und zwar insgeheim und hinter dem Rücken des noch amtierenden Busek – dem Zweiten Nationalratspräsidenten Heinrich Neisser zu präsentieren.) Der Wissenschaftler hatte dann vergeblich im nahe gelegenen Café Landtmann auf den ersehnten Ruf des ÖVP-Vorstandes gewartet; die fast kabarettreife Episode konnte ganz Österreich in der abendlichen ZiB-Sendung des ORF live miterleben.

Indessen saß Schüssel an diesem Montag schon im Flugzeug von Peking nach Wien, neben ihm die Bergsteigerlegende Fritz Moravec (er starb zwei Jahre später), der ihm Interessantes über Tibet erzählte. Im Gespräch mit mir sagte Schüssel jetzt: „Ich habe mir dann vorgenommen, ich muss unbedingt nach Tibet fahren, was ich dann drei Jahre später als erster EU-Außenminister geschafft habe. Und ich hätte mir überhaupt nicht träumen lassen, dass ich Parteiobmann werde. Das war für mich entschieden, das wird jemand Anderer, und das Komische ist: Irgendwie habe ich geträumt auf diesem Rückflug. Man schläft ja relativ lange, und da habe ich einen sehr eigenartigen Traum gehabt. Also dass das doch irgendwie an mich herankommen könnte. Habe mir nichts gedacht, aber wie halt oft, zeigt so ein Traum, dass man sich doch damit irgendwie beschäftigt – unterbewusst."

Während Schüssel im Flugzeug döste, strebte der Machtkampf um den Parteivorsitz seinem Höhepunkt zu. Landeshauptmann Pröll winkte als Kandidat ab, wollte aber unter allen Umständen Andreas Khol verhindern. Nach einigen abenteuerlichen Vorschlägen ergab die erste richtige namentliche Abstimmung eine klare Mehrheit – nämlich acht Stimmen – für Schüssel. Khol erhielt nur drei Stimmen, ebenso viele wie Wirtschaftskammerchef Christoph Leitl. Als Schüssel in Schwechat um 21 Uhr oder später ankam – für ihn war es mit dem Zeitunterschied vier Uhr früh –, wurde er von Maderthaner abgeholt. Er solle sofort in die Parteizentrale kommen, man wolle ihn dort sehen. Schüssel erbat sich Zeit zum Nachdenken, er müsse mit seiner Frau sprechen, sich in Ordnung bringen usw. „Ich bin also heimgefahren, dann zurück in die Partei und habe das dann letztlich doch gemacht. Es war eine ganz komische, fast somnambule Situation, die man sich, glaube ich, als Außenstehender nicht wirklich vorstellen kann", sagt Schüssel im Rückblick.

Als er spät in der Nacht vor dem Nominierungsausschuss erschien und sich bereit erklärte, erhielt er das einstimmige Votum. In Wirklichkeit gab es für Schüssel nur diese Flucht nach vorn, sagt ein intimer Kenner, sonst hätten ihn seine Rivalen aus der Koalitionsregierung und jeder anderen Spitzenposition entfernt. Das war also der Anfang seiner „Neugeburt" als Überlebenskünstler.

Schüssel hatte einen idealen Start, die ersten Umfragen und das Medienecho waren ausgezeichnet. Bald erlag aber der ehrgeizige Vizekanzler und inzwischen Außenminister Schüssel einer ersten Fehlkalkulation. Als Folge einer Budgetkrise provozierte er bereits im Oktober Neuwahlen, die dann im Dezember 1995 vor allem der SPÖ einen überraschenden Erfolg (plus 3,2 Prozent) bescherten. Statt des erhofften Durchbruchs gewann die ÖVP bloß ein halbes Prozent hinzu.

Heute weist Schüssel die von der eigenen und der gegnerischen Seite einhellig behauptete Version der bewusst herbeigeführten Wahlen entschlossen zurück. Wie dem auch gewesen sein mag: Die Zeit für einen neuerlichen Wechsel an der Parteispitze wäre offensichtlich viel zu früh gewesen. So konnte Schüssel die Folgen des enttäuschenden Wahlganges mühelos überleben. Bei der ersten Wahl zum Europaparlament im Oktober 1996 gelang es dann der ÖVP dank der Popularität der von Schüssel forcierten Spitzenkandidatin und Quereinsteigerin, der ORF-Journalistin Ursula Stenzel, zum ersten Mal seit vielen Jahren, den ersten Platz zu erobern und die SPÖ um ein halbes Prozent zu überrunden. Die SPÖ verlor, verglichen mit der Nationalratswahl, fast zehn Prozent an Stimmen, die FPÖ lag trotz eines schwachen Spitzenkandidaten bei 27,5 Prozent und wurde von 50 Prozent aller Arbeiter gewählt. Alarmsignale für Bundeskanzler Vranitzky, der einige Monate danach demissionierte.

Zur Vorgeschichte der ÖVP-Option für die FPÖ gehört freilich auch die geschickt vorbereitete und von Bank-Austria-Chef Gerhard Randa mit totaler Rückendeckung durch die Bundes- und die Wiener SPÖ meisterhaft durchgezogene Übernahme der „schwarzen" Creditanstalt. Dass es sich hier auch um eine zum Teil selbstverschuldete Niederlage der schwarzen Reichshälfte handelte, geben hochgestellte ÖVP-Vertreter zu. Schüssel selbst fühlte sich damals und heute noch vom Koalitionspartner „echt gelegt". Sieben Jahre, nachdem die größte Bank Österreichs 2000 von der Münchner Hypo-Vereinsbank und schließlich 2005 von der UniCredit-Gruppe übernommen worden war, sieht Schüssel den damaligen Ausverkauf der CA als die „größte wirtschaftspolitische Katastrophe" in der Nachkriegsgeschichte Österreichs. Unabhängig von der Bewertung der Vorgänge, wurde von Beobachtern die Niederlage im Kampf um die Creditanstalt als der eigentliche Auftakt zum klinischen Tod der „Großen Koalition“, jedenfalls zur Zerstörung jeglichen zwischenparteilichen Vertrauens in der Koalition betrachtet.

Wenn man Schüssels taktische Brillanz in der entscheidenden Periode 2000–2002 analysieren will, dann lohnt es sich, an eine Feststellung Kreiskys in einem langen Gespräch im Herbst 1982 zu erinnern: „... das Merkwürdige, wenn ich das so retrospektiv beurteile, ist zweifellos, dass meine größte politische Niederlage – denn ich hatte ja mit Olah diese Niederlage erlitten *(im Jahre 1964 – P.L.)* –, dass meine größte persönliche Niederlage der Anfang meines Erfolgs war“.[10] Was immer man heute über den Ausgang der Nationalratswahl am 3. Oktober 1999 sagen mag: Es war zweifellos das schlechteste Ergebnis der ÖVP – mit dem Spitzenkandidaten Wolfgang Schüssel – seit 1945.

In der scheinbar aussichtslosen Situation nach dieser Wahl hat sich Schüssel als der nervenstärkste politische Taktiker erwiesen, den die ÖVP je hervorgebracht hat. Gegen den Widerstand der mandatstärksten SPÖ, eines überaus aktiven Bundespräsidenten Klestil in der Hofburg, der „Neuen Kronen Zeitung“ – des mit Abstand auflagenstärksten Blattes – und gegen den Widerstand einer besorgten Europäischen Union gelang schließlich Schüssel das, was vordem unmöglich erschien: Als Chef der nur mehr drittstärksten Partei ging er weder in die Opposition (wie vor der Wahl im Fall einer Niederlage versprochen) noch als gedemütigter Juniorpartner in eine „Große Koalition“, sondern er erzwang seine Angelobung als Bundeskanzler einer „Kleinen Koalition“ durch ein schwaches und sprunghaftes Staatsoberhaupt. Es war eine besonders bittere Niederlage für den eitlen und ehrgeizigen Thomas Klestil, der gesundheitlich angeschlagen und wegen seiner Scheidung und der Eheschließung mit seiner langjährigen Freundin in breiten Schichten des katholischen Bürgertums nicht mehr angesehen war. Zum ersten Mal in der Geschichte der Zweiten Republik bildete Schüssel ohne Auftrag des Bundespräsidenten eine Regierungskoalition mit der FPÖ.

Während der gesamten Amtsperiode Klestils nach dem Jahr 2000 – er war ja 1998 als gemeinsamer Kandidat der Koalitionsparteien gewählt worden – war das Verhältnis zwischen Klestil und Schüssel, aber auch zwischen ihm und der Außenministerin Benita Ferrero-Waldner, von Ressentiments überschattet. Die verschiedenen politischen Nadelstiche sowie boshafte Reportagen über sein Privatleben verletzten den kränkelnden Klestil tief. Er war an der internationalen Politik stets sehr interessiert und freute sich, wenn es mir gelang, eine „Europastudio"-Sendung des ORF in der Hofburg oder am Rande der Konferenz des in Davos beheimateten World Economic Forum in Salzburg mit namhaften ausländischen Publizisten zu organisieren.

Das Verhältnis zum Ballhausplatz blieb, von protokollarischen Höflichkeitsfloskeln mühsam verschleiert, bis zuletzt gespannt. Bei einer Ordensverleihung in seinen Amtsräumen in der Hofburg in Anwesenheit von eingeladenen Gästen, musste ich ihn inständig bitten, mit der anwesenden Außenministerin Benita Ferrero-Waldner zumindest einige Worte zu wechseln. Vor allem die von Zuträgern erzählten mündlichen Sticheleien und die gedruckten Invektiven in Bezug auf sein Privatleben konnten Klestil maßlos verärgern. Mehr als einmal zeigte er mir aufgeregt völlig unwichtige Bezirksblättchen oder kaum gelesene Publikationen von ÖVP-Frauenvereinen, die maliziöse Bemerkungen oder Nachrichten vor allem über seine Frau, aber auch über ihn enthielten. All das mag im Rückblick banal klingen, aber damals trugen natürlich Eifersüchteleien und kleinkarierte „Boykottmaßnahmen" zwischen Ballhausplatz und Hofburg kaum zum Ansehen der Republik im Ausland bei.

Dass Schüssel die beiden „Meisterstücke" gelangen – die Regierungsbildung im Februar 2000 und der Wahlsieg im November 2002 –, verdankte er nicht nur seinem taktischen Geschick und seinen starken Nerven. Für ihn war die Kanzlerschaft die einzige Chance, die schrecklichste Niederlage zu überleben. Der Mann, der diese Leistung überhaupt möglich gemacht hatte, war freilich Jörg Haider. „Schüssel verdankte seinen Aufstieg vor allem der falschen Beurteilung der Lage und seiner Persönlichkeit durch Haider", meint einer der scharfsinnigsten Ex-ÖVP-Politiker, Josef Taus. Haider habe Schüssel unterschätzt; wäre er noch eine Periode in der Opposition geblieben, hätte er das nächste Mal 35 Prozent erhalten. Für Schüssel sei die Koalition mit der FPÖ die einzige Chance gewesen.

Ähnlich, wenn auch anders akzentuiert, sieht der Philosoph Rudolf Burger heute die Ausgangslage Anfang 2000: „Es ist eine kriminologische Frage, ob Schüssel das von Anfang an wollte, oder ob er an der Gewerkschaft gescheitert war. Die Entscheidung war grundsätzlich richtig; sie war die absolut korrekte Entscheidung für das Land. Wenn Schüssel diese Koalition nicht gemacht hätte, wäre Haider bei der nächsten Wahl, spätestens 2003, auf 34 oder 35 Prozent gekommen. Es war die einzige Möglichkeit, den Durchmarsch Haiders zu verhindern, wenn es auch von Schüssel nicht so beabsichtigt war." In einem später veröffentlichten Briefwechsel mit dem früheren Bundeskanzler Franz Vranitzky schrieb Burger: „Ich halte die Koalition für unerfreulich, aber durchaus legitim. Man kann Schüssel schließlich keinen Vorwurf machen, dass er intelligenter ist als seine jetzigen Gegner".[11]

Auch Erhard Busek war trotz Entfremdung von Schüssel dieser Meinung: „Damals gab es für die ÖVP keine andere Wahl. Eine Fortsetzung hätte Haiders FPÖ binnen kurzer Zeit zur stärksten Partei im Lande gemacht und uns zu einer 20-Prozent-Partei".[12]

Es gibt aber auch ehemals hochrangige ÖVP-Politiker, wie den früheren Wissenschaftsminister und Zweiten Nationalratspräsidenten Heinrich Neisser, die den Schüssel-Kurs auch heute noch entschieden ablehnen: „Jedes Zusammengehen mit Haider ist eine Infektionskrankheit, macht dich krank. Ich bin überzeugt, die ÖVP hat Schaden genommen, das war kein Erfolg, diese Periode 2000–2006. Die ÖVP hat einen Rechtsruck gemacht, den ich persönlich überhaupt nicht unterstützen kann, die ÖVP hat zum Teil seine politischen Manieren angenommen, Haider hat ja diesem Land unglaublich geschadet, das muss man bei allen seinen Erfolgen sagen. Ich habe erlebt, wie er Menschen attackiert und ruiniert hat; systematisch. Er war einer der skrupellosesten Machtpolitiker, die es je gegeben hat."[13]

Jörg Haider sieht auch heute noch die Bildung der schwarzblauen Regierung als „sicherlich den größten Erfolg seines politischen Lebens an, stärker als die ÖVP und aus der Position der Stärke heraus eine Regierungsbeteiligung zu erreichen". Die These über das mögliche Abwarten der FPÖ in der Opposition, um so später eventuell Erster zu werden, weist er zurück. Nach 13 Jahren in der Oppositionsstellung wäre das unmöglich gewesen: „Wenn man nicht regieren will, darf man eigentlich nicht um die Zustimmung der Wähler werben. Was die Sanktionen betrifft, bin ich sicherlich der Auslöser gewesen. Ich habe aber keine Schuld. Eine Regierung, die demokratisch gewählt ist, mit Sanktionen zu belegen, war ein echter Bruch des Europavertrages. Mit Berlusconi und mit Polen gibt es kein Problem.“ [14]

Warum erlitten dann Jörg Haider und seine Partei nach ihrem „größten Sieg“ binnen zweieinhalb Jahren, bereits im November 2002, die größte Niederlage einer politischen Partei in der Geschichte des demokratischen Österreich, einen Absturz von 27 Prozent auf zehn Prozent, den Verlust von zwei Drittel ihrer Wähler von 1999? Spiegelverkehrt errang die ÖVP den größten und zugleich überraschendsten Wahlsieg mit einem Sprung von 27 Prozent auf 42 Prozent und mit einem Zugewinn von 800.000 Stimmen. Erstmals seit 1966 ist die ÖVP wieder stärkste Partei geworden und steigerte die Zahl ihrer Mandate von 52 auf 79, während die FPÖ von 52 auf 18 Sitze zusammenschrumpfte. Noch nie hatte eine Partei bei einer Nationalratswahl so viel gewinnen können wie die ÖVP, und noch nie hatte eine Gruppierung so viel verloren wie die FPÖ.

Der Architekt der Niederlage war in Wirklichkeit derselbe Politiker, der die Wende überhaupt ermöglicht hatte: nämlich Jörg Haider. Er selbst sieht freilich den entscheidenden Fehler nur in der bereits Mitte Februar angekündigten und dann am 1. Mai 2000 realisierten Abgabe des FPÖ-Parteivorsitzes an die Vizekanzlerin Susanne Riess-Passer. Es sei eben zu viel gewesen für sie, die Regierungsfraktion und die Partei zu führen, meint Haider rückblickend. Er behauptet, mit scheinbar ungebrochenem Selbstvertrauen, er habe nichts zu bereuen, auch nichts hinsichtlich der bekannten „Ausrutscher“. Ansonsten sei er sowohl in Bezug auf die Ausländerfrage wie auch auf die Europäische Union „seiner Zeit immer voraus“ gewesen.

Das alles ist natürlich, wie so oft im Falle seiner halbherzigen und verspäteten Distanzierungen, eine Verdrehung der Wirklichkeit. Alle unabhängigen Beobachter, und erst recht Schüssel und Riess-Passer, sind überzeugt davon, dass dieser unberechenbare und psychisch labile Politiker aus einer Mischung von gekränkter Eifersucht und hysterischen Reaktionen die von ihm anfänglich so überschwänglich gelobte Koalition in die Luft gesprengt hat. Die Position des Kärntner Landeshauptmannes genügte ihm nicht. Nach einem halben Jahr hatte er zu sticheln und bei jeder Gelegenheit zu zeigen begonnen, bei wem in der FPÖ das letzte Wort lag. Susanne Riess-Passer hatte sich ja als eine fähige, ruhige und paktfähige Politikerin entpuppt, und der junge Karl-Heinz Grasser als Finanzminister wurde bald der Strahlemann der Regierung. Bei den Umfragen rangierten Grasser und Riess-Passer ganz oben, während Haider immer tiefer rutschte. „Das Tragische an der Geschichte ist, dass, je besser es uns in der Regierung ging, desto schwieriger war es mit ihm", meint Riess-Passer und fügt hinzu, Haider sei ein „genialer Oppositionspolitiker". Für ihn sei die Provokation ein Wert an sich und die Polarisierung ein ganz entscheidendes Ding.

Der im Grunde endgültige Bruch kam, als Haider am Rosenmontag im Februar 2002, ohne ein Wort zu sagen, nach Bagdad flog und Saddam Hussein traf, genau zur gleichen Zeit, als Riess-Passer ihren ersten offiziellen Besuch in Washington absolvierte. Es folgte die an den Haaren herbeigezogene Kritik an der Verschiebung der Steuerreform wegen der Hochwasserkatastrophe. Am 7. September 2002, einem Samstag, erreichten die FPÖ-internen Spannungen bei einem inoffiziellen Treffen radikaler, von Haider-Leuten aufgeputschter FPÖ-Parteitagsdelegierter in der Stadt Knittelfeld den Höhepunkt: Den freiheitlichen Regierungsmitgliedern wurde das Misstrauen ausgesprochen; ein Vertrauensmann Haiders zerriss öffentlich das zwischen Haider und Riess-Passer am Vorabend ausgehandelte und von beiden paraphierte Kompromisspapier. Am darauf folgenden Sonntagabend erklärten Riess-Passer, Grasser und Klubchef Peter Westenthaler vor den Fernsehkameras ihren Rücktritt.

Einen Tag später erfolgte Schüssels Paukenschlag: Statt des von Haider erwarteten Vermittlungsvorschlags kündigte der Kanzler die Koalition mit der FPÖ auf und stellte die Weichen für Neuwahlen. Dass es ihm auch gelungen war, den laut Umfragen beliebtesten Politiker Karl-Heinz Grasser als „parteilosen" Finanzminister für das ÖVP-Team zu gewinnen, war ein besonderer Coup. Schüssel behauptet noch heute, sein Ziel sei es nie gewesen, seinen Partner umzubringen: „Die Implosion der FPÖ erfolgte von innen; bis Knittelfeld war die Haider-Partei nie unter 20 Prozent gerutscht". Riess-Passer, die inzwischen aus der Politik ausgeschieden ist, meint sogar im Rückblick, dass die seinerzeitige schwarzblaue Koalition möglicherweise für drei Perioden an der Macht hätte bleiben können. Und Haider selbst? Riess-Passer ist überzeugt davon, dass Haider tief im Inneren wisse, dass er im Wesentlichen sein eigenes Lebenswerk zerstört habe und welche Chancen er gehabt hätte ...[15]

Ist also Schüssel ein eiskalter Techniker der Macht? Einer der scharfsinnigsten sozialdemokratischen Beobachter sagte mir: „Schüssel ist der intelligenteste Machtpolitiker, den Österreich jemals hatte. Er hat eine unheimlich schnelle Auffassungsgabe, ist kultiviert, das Einzige, das man ihm vorwerfen muss: Er hat keine große politische Agenda, er hat nur eine eigene rechtskonservative Werteagenda". Riess-Passer sieht ihn so: „Er ist mit Abstand der größte Profi, der beste Verhandler, der immer zehn Schritte voraus denkt". Sein einst engster politischer Freund: „Er ist ein Spieler, ein Überlebenskünstler, aber zweifellos auch der gescheiteste Machtpolitiker". Ähnlich formuliert Haider: „Schüssel ist der beste, der kompromissloseste Verhandler, aber wenn man ihn kennt, dann kann man ihm leicht begegnen". Josef Taus sieht auch Schüssel emotionslos: „Schüssel war nie populär. Leute von Intelligenz seiner Art sind nie populär. Sein Problem ist, dass ihm wer einredet, vielleicht er sich selbst, dass er populär ist – aber ist er nicht". Taus mag hier vielleicht aus seinen eigenen Erfahrungen als zweimal gescheiterter Kanzlerkandidat sprechen.

Ich habe Wolfgang Schüssel zuerst irgendwann in den siebziger Jahren bei einem Wirtschaftsbund-Heurigen im Buschenschank Wolff kennengelernt und später als Wirtschaftsminister mehrmals getroffen. Als er nach Buseks Abgang das Außenministerium zusammen mit dem Posten des Vizekanzlers übernahm, sind unsere Beziehungen, zum Teil auch wegen meiner Position als RÖI-Intendant, wesentlich enger geworden. Ich war immer wieder von seiner Neugier, Offenheit und Anpassungsfähigkeit beeindruckt. Im Gegensatz zu seinen Vorgängern und Nachfolgerinnen war er, zum Beispiel hinsichtlich der Ostpolitik, immer an Meinungen von außen interessiert.

Nach der Bildung der schwarz-blauen Koalitionsregierung blieb Schüssel auch im Amt des Bundeskanzlers so locker, ungezwungen und offen wie früher. Er war der intellektuellste und belesenste Bundeskanzler seit Kreisky. Seine von Fall zu Fall organisierten „Philosophischen Mittagessen" im Bundeskanzleramt mit maximal 15 bis 20 Personen (unter anderem mit den Philosophen Peter Sloterdijk und Robert Spaemann) waren stets anregend und kontroversiell. Er hat seine Familie und seine Persönlichkeit immer vor den Medien geschützt. „Verletzt, aber nicht gebeugt", so beschrieb einer seiner besten Freunde die Stimmung des Bundeskanzlers während der Zeit der schärfsten Angriffe. Der gläubige Katholik findet Geborgenheit und schöpft Kraft im steirischen Benediktinerstift Seckau, wo er sich jedes Jahr Ende August mit maximal bis zu 20 persönlichen Freunden von Freitagabend bis Sonntagmittag zur Meditation und zur Diskussion zurückzieht. Den Sommerurlaub verbringt er jedes Jahr in St. Gilgen.

Wolfgang Schüssel ist ein moderner Politiker, mit einem phänomenalen Gedächtnis und mit der Begabung, frei sprechen zu können. Immer wieder habe ich ihn zum Beispiel beim Europaforum in Stift Göttweig erlebt, wie er sofort auf die Gastreden ausländischer Staatsmänner reagierte, nicht mit protokollarischen Floskeln, sondern mit geistreichen Bemerkungen und Ergänzungen. Er bereitet sich auf Fernsehdiskussionen und Konfrontationen mit ungeheurem Zeitaufwand vor und war einer der wenigen, die Haider am Ende einer Fernsehstunde fast mit technischem Knock-out fertig machten.

Seitdem einige Journalisten im Sommer 1997 die Regeln der „off the record", also nicht für das Zitieren bestimmten Hintergrundgespräche mit ihm in einem Amsterdamer Hotel verletzten und angebliche, für ausländische Persönlichkeiten beleidigende Äußerungen Schüssels verbreiteten, vertraut dieser langjährige Berufspolitiker, wenn überhaupt, nur sehr wenigen Journalisten. Auch nach dem fulminanten Wahlsieg blieb Schüssel ein Stiefkind der Medien und eine beliebte Zielscheibe vieler Intellektueller. Die tief verwurzelte Abneigung der Medienleute sowohl bei den Boulevardblättern wie auch bei den Qualitätszeitungen hängt freilich nicht nur damit zusammen, dass er die FPÖ an die Macht katapultiert hat. Schüssel lässt sich nicht vereinnahmen, er lehnt, wienerisch gesprochen, die „Verhaberung" auch mit Zeitungsbesitzern oder Chefredakteuren ab. Er ließ während seiner Kanzlerschaft die mächtigen Besitzer von Magazinen und Boulevardzeitungen nicht als Teilhaber an der Macht, als Mitgestalter ohne Mitverantwortung, wirken. Kurz: Es gab und gibt keine Komplizenschaft mit den Medien im Sinne Kreiskys.

Schüssels kühle Zurückhaltung und seine Überlegenheit, die manchmal in Überheblichkeit überschwappt, hat ihm in der kleinen Welt der österreichischen Medien auch in den vier Jahren der erneuerten Koalition mit der FPÖ geschadet. Nicht nur der niederösterreichische Landeshauptmann Erwin Pröll, der im Bundesparteivorstand gegen die neuerliche Koalition mit der FPÖ gestimmt hatte, sondern auch viele andere Beobachter, von Gerd Bacher bis zum Schreiber dieser Zeilen, hätten 2003 ein schwarzgrünes Experiment, also ein Koalition mit der (natürlich auch unberechenbaren) Partei der Grünen bevorzugt.

In diesem Kapitel war es nicht mein vorrangiges Ziel, eine politisch-wirtschaftlich-soziale Bilanz der ersten Mitte-rechts-Regierung nach 1945 zu ziehen. Dazu sei nur kurz vermerkt, dass wirtschafts- und finanzpolitisch die Pensionsreform und die Sanierung des Budgets, die Privatisierungen und die Senkung der Körperschaftssteuer, die Lehrlings-Förderaktionen und die Gruppenbesteuerung für den Wirtschaftsaufschwung von großer Bedeutung waren. Wenn man die Arbeitslosenquote, die Budgetzahlen, die Wachstumsindikatoren und die Inflationsrate in Betracht nimmt, sind die Befunde der „Frankfurter Allgemeinen" oder des Nationalökonomen Bernhard Felderer über die „goldenen Jahre" der österreichischen Wirtschaft sicher zutreffend. Auch bis 2009 rechnen die internationalen und nationalen Forschungsinstitute weiterhin mit einem relativ hohen Wachstum ohne erkennbare Rezessionsgefahr.[16] Der kritische deutsche (in Wien lebende) Zukunftsforscher Matthias Horx schrieb ein ganzes Buch über „Glückliches Österreich", über „die Suche nach dem österreichischen Geheimnis". Er fragt, wieso das Land so gut funktioniere „trotz aller Haiders und BAWAGs"? Warum genieße man in Wien nach manchen Umfragen weltweit die dritthöchste Lebens- und Kulturqualität?[17]

Dennoch hat die ÖVP – trotz des Wirtschaftsaufschwungs, sozialer Stabilität und des Arbeitsfriedens – die Wahlen im Oktober 2006 verloren; der Verlust von 13 Mandaten und 8 Prozent an Wählerstimmen kommt einem Absturz gleich. Warnzeichen waren schon vorher der Verlust der Position der Landeshauptleute in Salzburg und dann in der Steiermark. Zwar musste auch die SPÖ geringfügige Stimmenanteils- und Mandatsverluste hinnehmen, doch sie wurde wieder zur mandatstärksten Partei, und es gab keine andere Regierungsalternative als eine „Große Koalition" unter der Führung des sozialdemokratischen Bundeskanzlers Alfred Gusenbauer. Dieser 47-jährige Berufspolitiker betrachtet seit dem Anfang seiner Karriere als führender Jugendfunktionär politisch und menschlich Bruno Kreisky als sein Vorbild. In einem zweistündigen Gespräch hat er mir die berührende Geschichte erzählt, wie der gebrechliche und kranke Kreisky, den er immer wieder zu abendlichen Gesprächen in der Armbrustergasse getroffen hatte, aus eigener Initiative seiner Promotion an der Universität Wien im Juni 1987 beiwohnte. Niemand kann heute voraussagen, ob dieser von den Medien stark kritisierte und bei der Abstimmung über den Koalitionspakt nur von 75 Prozent des SPÖ-Parteivorstandes unterstützte Parteivorsitzende eine Episode bleiben oder sich doch als Architekt einer stabilen sozialdemokratischen Mehrheit erweisen wird.

Warum verlor Schüssel die Wahl trotz BAWAG und ÖGB-Skandal? Wohl vor allem deshalb, weil der Apparat und die Landesparteien sich auf sanfte Ruhekissen begeben hatten. Schüssel selbst gibt zu, „wir waren zu wenig kämpferisch und – das ist meine Schuld – wir haben es vergessen, ein konkretes Angebot an die Wechselwähler des Jahres 2002 zu machen; von diesen sind dann 200.000 bis 300.000 zu Hause geblieben". Es ist freilich nicht zu bestreiten, dass auch Hybris (Übermut, Vermessenheit, Selbstüberhebung – laut Duden) eine wichtige Rolle gespielt hat. Die von so vielen Beobachtern erwähnte (und von Schüssel stets als mediales Klischee irritiert verneinte) soziale und menschliche Kälte in der öffentlichen und medialen Wahrnehmung durfte auch zur Niederlage beigetragen haben. In diesen negativen Rahmen fügen sich auch das Defizit der Bildungs- und Verteilungspolitik und die ungelöste Neuordnung des Pflegewesens ein.

Schließlich hatte von Anfang an, vor allem seit 2002, eine bizarre Mischung aus Dilettantismus in der Arbeit und Unverfrorenheit bei der Verschwendung von Steuermillionen die meisten blau-orangen Koalitionsminister charakterisiert. Dies unterstrich den hohen Preis, den die Republik für die zuweilen kabarettreifen Eskapaden der Schützlinge der Familie Haider zahlen musste.[18] Dazu kamen die rechtsradikalen Sprüche und Kontakte von manchen FPÖ-Funktionären. Ein Drittel der FPÖ-Abgeordneten im Nationalrat der Jahre 2000 bis 2002 waren zum Beispiel Mitglieder weit rechts stehender Verbindungen.[19]

Trotz alledem hinterlässt die merkwürdige schwarz-blaue Koalition ein Vermächtnis, das – in freilich ganz anderem Zusammenhang – Schiller in seiner akademischen Antrittsrede, seiner ersten historischen Vorlesung in Jena 1789, so beschrieb: „Dass der selbstsüchtige Mensch niedrige Zwecke zwar verfolgen kann, aber unbewusst vortreffliche befördert".[20] Ohne diese ÖVP-FPÖ-Regierung hätten wohl kaum alle Abgeordneten dem verspäteten, aber so bedeutenden internationalen Abkommen über die Entschädigung für ehemalige Zwangsarbeiter und Holocaustopfer 2000–2001 zugestimmt. Der erste Schritt war zwar schon 1995 unter der Regierung Vranitzky mit der Errichtung des Nationalfonds erfolgt (bisher erhielten 29.884 NS-Opfer jeweils 5087 Euro als symbolische Zahlung für erlittenes Unrecht) – doch die großen Paketlösungen für Zwangsarbeiter und jüdische NS-Opfer sind mit der Regierung Schüssel untrennbar verbunden.

Nach dem im Juli 2000 beschlossenen „Versöhnungsfonds-Gesetz" wurden (von einem beschlossenen Gesamtbetrag in der Höhe von 436 Millionen Euro) 352 Millionen an 132.000 Antragsteller aus 61 Ländern bezahlt – der ansehnliche Restbetrag wurde auf humanitäre Projekte aufgeteilt. Viele Österreicher wissen nicht, dass in Österreich 1944 rund eine Million Zwangsarbeiter etwa 1,7 Millionen „freien" inländischen Arbeitskräften gegenüber standen. Maria Schaumayer, die ehemalige Präsidentin der Österreichischen Nationalbank, wurde von Bundeskanzler Schüssel als Regierungsbeauftragte für die Verhandlungen mit dem US-Diplomaten und früheren Staatssekretär im Außenministerium, Stuart E. Eizenstat, und mit den anderen Staaten und Opferverbänden ernannt. Die Verhandlungen über die Entschädigung für jüdische NS-Opfer leitete der (inzwischen verstorbene Botschafter Ernst Sucharipa), aber es war Wolfgang Schüssel persönlich, der ein Dutzend Mal Eizenstat allein oder mit den Delegationen getroffen und laut dem amerikanischen Diplomaten die entscheidenden Weichenstellungen bestimmt hatte. Den Durchbruch erzielten die beiden am 5. Oktober 2000 nach einem siebenstündigen Verhandlungsmarathon in Schüssels Büro, immer wieder unterbrochen von Telefonaten mit Vertretern der diversen jüdischen Organisationen in Washington und New York.

In seinem 2003 veröffentlichten Buch über seine Entschädigungsverhandlungen in der Schweiz, Deutschland und Österreich zollte Eizenstat den beiden Beauftragten Schaumayer und Sucharipa, vor allem aber Schüssel Tribut. Dass all das ein Paket in der Höhe von 1,1 Milliarden Dollar ergab, ohne die geraubten

Kunstwerke und die Vermögenswerte der Israelitischen Kultusgemeinde mitzurechnen, war von Eizenstat laut seinem Eingeständnis sogar viel zu großzügig zusammengezählt. Man wollte so endlich die US-Anwälte und den äußerst schwierigen Vertreter der Kultusgemeinde in Wien, Ariel Muzicant, „beruhigen" und zur Unterzeichnung des Rahmenabkommens am 17. Januar 2001 in Washington, also knapp vor dem zeitlichen Ende der Clinton-Administration, bewegen.

Eizenstat schrieb wörtlich: „Schüssel war ein äußerst zäher Verhandler, doch lernte ich bald, ihm als einem Mann zu vertrauen, der zu seinem Wort stand. Schüssel hatte durch seine Energie, seine Intelligenz, seine Intensität eine bedeutende Ausstrahlung. Er war zuversichtlich, die Gemäßigten in der FPÖ durch Beteiligung an der Macht zu stärken und damit vom radikalen Flügel ihrer Partei zu isolieren. Die weiteren Ereignisse bewiesen, dass er Recht hatte ..." Er führte auch unter vier Augen mit Schüssel „die intensivsten Verhandlungen mit einem Regierungschef in all den Jahren meiner Holocaust-Bemühungen ... Ich glaubte ihm, dass er ernsthaft und mit Mut eine Lösung anstrebte in einem politischen Umfeld, das viel schwieriger war als das von Bundeskanzler Schröder in Deutschland."

Das Abkommen regelt die Entschädigung für Vermögen, einschließlich Mietrechte, persönliche Wertgegenstände, Versicherungspolizzen, Liegenschaften jüdischer Organisationen, ferner verbessert es die Sozialleistungen (Pflegegeld und Pensionen), sieht die lückenlose Überprüfung von Kunstgegenständen sowie diverse Zahlungen an die Israelitische Religionsgemeinschaft vor. Der amerikanische Spitzendiplomat hat sein 480 Seiten langes Buch, einschließlich des Österreich-Kapitels, mit schonungsloser Offenheit geschrieben. In einem anderen Buch – „Zwangsarbeit in Österreich" von Hubert Feichtlbauer – werden im Spiegel von Einzelschicksalen die Bemühungen der Regierungsbeauftragten Schaumayer und auch die der Botschafter Ludwig Steiner und Richard Wotava, des Vorsitzenden und des Generalsekretärs des Versöhnungsfonds, in Bezug auf die Zwangsarbeiter beschrieben.

Am Ende dieses Buches muss ich gestehen, dass ich hinsichtlich der Zwangsarbeiterregelung kein unbeteiligter Chronist bin. Maria Schaumayer erzählte Eizenstat, und schreibt auch in ihrem Grußwort, dass sie ein quälendes Bild nie vergessen hat. Sie erlebte als junges Mädchen den Todesmarsch ungarisch-jüdischer Sklavenarbeiter, die man im bitterkalten Winter in den letzten Kriegsmonaten 1944–45 unter unsäglichen Bedingungen zum Bau des „Südostwalls" nach Strasshof und Laxenburg in der Umgebung Wiens deportiert hatte. Diese Opfergruppe war von bisherigen Regelungen nicht erfasst worden. Sie sei stolz darauf, sagte Schaumayer, dass Österreich diese Gruppe über den Versöhnungsfonds identifizieren und bedenken konnte. Wie sie übrigens Eizenstat anvertraute, wurde ihr erst mehr als ein halbes Jahrhundert später durch den Vortrag eines Historikers über das Los der ungarischen Juden so recht bewusst, was sie als Kind gesehen hatte.[21]

Nun war ich selber als 15-Jähriger in Budapest am 20. Oktober 1944 von Pfeilkreuzlern verschleppt und von einem Ort zum anderen getrieben worden.[22] Das war der beginnende Todesmarsch bei eisigem Wind und Regen in Richtung österreichischer Grenze. In den Straßengräben lagen vor Erschöpfung zusammengebrochene Männer und Frauen. Von Zeit zu Zeit knallte ein Schuss. Es ist mir mit einem etwas älteren Kameraden im November gelungen, in der Nähe von Budapest abzuhauen. Sonst hätte mich vielleicht Maria Schaumayer irgendwo in Niederösterreich zusammen mit anderen Tausenden Todeskandidaten im Kriegswinter gesehen. Viele, sehr viele ausgemergelte Zwangsarbeiter wurden damals in Westungarn oder im Burgenland und in Niederösterreich von Waffen-SS-Bütteln oder verblendeten HJ-Aktivisten erschossen oder erschlagen.

Als Präsidentin der Nationalbank war Maria Schaumayer lange Jahre die äußerst hilfsbereite Vorsitzende des Kuratoriums der von mir redigierten „Europäischen Rundschau". Wir sprachen oft miteinander, aber nie vom Zweiten Weltkrieg. Deshalb berührte mich auch ihre persönliche Geschichte so sehr, die ich erst aus dem Buch Eizenstats erfahren habe. Mich verbindet auch eine langjährige Freundschaft mit Botschafter Ludwig Steiner, dem Vorsitzenden des Komitees des Österreichischen Versöhnungsfonds.

Max Born, der Physiker, sagte einmal, bei manchen habe die Katastrophe auch ihr Gutes gehabt: „Denn für einen Menschen gibt es nichts Heilsameres und Erfrischenderes, als entwurzelt zu werden und in völlig anderer Umgebung neue Wurzeln zu schlagen". Angesichts der Verbrechen, die ich zum Teil am eigenen Leib unter der braunen und der roten Diktatur erlebt habe, fühlte ich stets bewusst oder unbewusst die Verpflichtung, jenes Land, wo ich in fünfzig Jahren neue Wurzeln geschlagen hatte, vor den Gefahren von innen und von außen zu schützen. Ich habe mich in der Causa Waldheim und dann bei den Sanktionen nicht nur aus Dankbarkeit für das Heimatrecht engagiert, sondern auch deshalb, weil Hysterie und Dämonisierung als Antwort auf die verschiedenen Spielarten des Rechtsradikalismus ebenso gefährlich sind wie die Verdrängung und die Verniedlichung solcher Erscheinungen.

Der Philosoph Rudolf Burger prägte 2002 den Begriff „Drachentöter" für Schüssel, weil dieser das politische Ende des wegen seiner Begabung so gefährlichen Politikers aus dem Süden zu besiegeln schien. Nun ist Haider weiterhin Landeshauptmann von Kärnten (und bleibt es vielleicht), aber als Bundespolitiker, geschweige denn als Kanzlerkandidat, ist seine Karriere mit an Sicherheit grenzender Wahrscheinlichkeit zu Ende. Wolfgang Schüssel, heute Klubobmann der ÖVP, hat Haiders FPÖ 2002 gewollt oder ungewollt zerstört, aber das „dritte Lager" dabei nicht liquidiert. Die „neue" FPÖ (minus Haider) und ihr Rivale, das orange BZÖ, hatten zuletzt zusammen 15 Prozent der Stimmen bekommen.

Einstweilen scheint die von dem Sozialdemokraten Gusenbauer zusammen mit dem ÖVP-Vizekanzler Wilhelm Molterer geführte Koalition in der medialen Wahrnehmung eine Rückkehr in die Atmosphäre der späten neunziger Jahre zu signalisieren. Ohne (für beide Seiten höchst riskante) Neuwahlen gibt es keinen Ausweg aus der Sackgasse des „Durchwurstelns". Eine solche Notstandsehe ohne Alternative nützt aber erfahrungsgemäß eher den Rechtsaußen-Populisten als etwa den Grünen. Mittels solcher Sündenböcke wie dem „Koalitionsstillstand" und der Ausländerfrage vor dem Hintergrund der diversen EU-Krisen könnte später ein „Haiderismus ohne Haider" entstehen.[23]

Das Ende der Wende führt mangels Alternativen zurück zur (ungeliebten) Normalität von zwei Skorpionen in einer Flasche. Angesichts der Stärke der liberalen Gesellschaft und der mittelständischen Wirtschaft sollte man die Entwicklung nicht in medialer Aufgeregtheit beobachten, sondern mit Gelassenheit abwarten, ob die „Große Koalition" in den nächsten Jahren doch in einigen Bereichen – Schul- und Universitätssystem, Regelung der Migration, Verwaltungs- und Verfassungsreform – ein gemeinsames Reformprogramm zu erarbeiten und möglicherweise in Angriff zu nehmen vermag. Das von manchen Beobachtern, wie dem Politologen Norbert Leser, erwünschte modifizierte Mehrheitswahlrecht als Vorbedingung für ein Wechselspiel zwischen Regierung und Opposition ist nicht in Sichtweite. Wir können daher zum Schluss nur die Maxime des großen österreichisch-britischen Philosophen Karl Popper zitieren: „Die offene Zukunft enthält unabsehbare und moralisch gänzlich verschiedene Möglichkeiten. Deshalb darf unsere Grundeinstellung nicht von der Frage beherrscht sein: ‚Was wird kommen?', sondern von der Frage: ‚Was sollen wir tun?': Tun, um womöglich die Welt ein wenig besser zu machen?"[24]

Angesichts der Schatten der Vergangenheit und der realen Gefahren der Gegenwart fühlte ich die Verpflichtung, mit diesem Buch Zeugnis über meine 50 Jahre in Österreich abzulegen und dadurch auch im Sinne Poppers unsere Welt „ein wenig besser zu machen".

Der Kampf um die Macht – eine Bedrohung der Stabilität

Seit der Ära Schüssel ist die österreichische Politik von einem erstaunlichen Wandel und Wechsel geprägt: der überraschend rasche Niedergang des neuen Bundeskanzlers und SPÖ-Parteiobmanns Alfred Gusenbauer, gefolgt von den vom Vizekanzler und ÖVP-Obmann Wilhelm Molterer provozierten vorgezogenen Neuwahlen, die wiederum seine eigene Abwahl herbeiführten. Dies alles ging Hand in Hand mit dem Wiedeaufstieg eines derzeit zwar gespaltenen, aber mächtigen radikalen Rechtsblocks im neu gewählten Parlament. Diese Ereignisse mündeten in eine Phase der Unsicherheit. Mit der zunehmend unpopulären „Großen Koalition" und mangels akzeptabler parlamentarischer Alternativen sieht sich das Land in die Routine des Parteienzanks früherer Zeiten zurückversetzt.

Was in den Jahren 2007/08 geschah, könnte aus dem Drehbuch eines Politthrillers stammen. Kanzler Gusenbauer war einfacher Herkunft (Vater Maurer, Mutter Putzfrau), wurde in einem kleinen Ort geboren, galt aber als herausragender Intellektueller, der sich mühelos auf Englisch, Französisch, Spanisch und Italienisch verständigen konnte; er war gebildet und ein Mann von Welt. Trotz seiner langen Karriere in der Sozialistischen Jugend gelang es ihm jedoch nicht, das Herz der Menschen zu gewinnen, weder in seiner Partei noch darüber hinaus. Man sagte ihm nach, er wäre eingebildet und abgehoben, es passierten ihm Fehler in der innerparteilichen Kommunikation, seine Umfragewerte begannen zu sinken, und schließlich brachte er auch die Vertreter der mächtigen Gewerkschaften gegen sich auf. Nachdem die Sozialdemokraten einige Regionalwahlen verloren hatten, beschlossen die führenden Parteivertreter, allen voran der mächtige Bürgermeister und Parteiobmann von Wien, sich des Bundeskanzlers zu entledigen, der bei Wahlen zur Belastung geworden war. Im Kampf ums politische Überleben setzte Gusenbauer im Juni 2008 die Wahl des Verkehrsministers Werner Faymann zum amtierenden Parteiobmann durch. Der Presse teilte er aber mit, dass er entschlossen sei, Bundeskanzler zu bleiben und die SPÖ in die nächste Wahl zu führen. Nur wenige Tage später schrieben Gusenbauer und Faymann an den Herausgeber der „Kronen Zeitung“ Hans Dichand, der für seine scharfe Kritik an der EU bekannt ist, einen gemeinsamen Brief, in dem sie versprachen, bei größeren Veränderungen in der Union sofort eine Volksabstimmung zu fordern. Das Schreiben wurde allgemein als würdeloser Kniefall vor dem 87-jährigen mächtigen Medienkaiser betrachtet.

Am 7. Juli änderte sich die Situation allerdings von Grund auf. Angesichts der Verwirrung in den sozialdemokratischen Reihen und des dramatischen Autoritäts- und Popularitätsverlusts Gusenbauers und ermutigt durch interne Umfragen, die für die ÖVP eine relative Mehrheit vorhersagten, kritisierte der ÖVP-Obmann und Vizekanzler Molterer mit scharfen Worten den Gesinnungswandel des Koalitionspartners in Bezug auf die EU-Politik und erzwang vorgezogene Neuwahlen. Die SPÖ reagierte unverzüglich: Gusenbauer erklärte seinen Rücktritt von allen politischen Ämtern, und der Parteivorstand ernannte Werner Faymann zum neuen Spitzenkandidaten. Vier Wochen später wurde er auf einem hastig einberufenen SPÖ-Parteitag von 98% der Delegierten zum neuen Parteiobmann gewählt.

Bald wurde klar, dass Vizekanzler Wilhelm Molterer, der liebenswürdige ÖVP-Politiker, einen der verhängnisvollsten Fehler der neueren österreichischen Geschichte begangen hatte. Seine eigene Partei war auf die Wahlkampagne überhaupt nicht vorbereitet, die Plakate kamen zu spät und waren von schlechter Qualität, die umständlichen Slogans und Molterers farbloses Auftreten weckten nicht einmal bei treuen Parteianhängern Interesse, geschweige denn Begeisterung. Einige mächtige Regionalpolitiker waren aus finanziellen Erwägungen und eigennützigen Interessen gegen vorgezogene Wahlen.

Sofort ergriffen die Sozialdemokraten die Initiative – sie hatten die beste Werbeagentur des Landes engagiert – und präsentierten mitten im Sommer rasch eine Reihe populärer Versprechungen: eine Steuersenkung, größere Sozialleistungen und die Abschaffung der Studiengebühren. Der Brief an den Herausgeber der „Kronen Zeitung“ verhalf zur vollen Unterstützung durch diese Tageszeitung, die in Bezug auf das Verhältnis von Leser- und Einwohnerzahl als auflagenstärkstes Blatt der Welt gilt: In einem Land mit 6,3 Millionen Wahlberechtigten kann sich die „Kronen Zeitung“ einer Leserschaft von 3,8 Millionen und einer Auflage von

800 000 Exemplaren rühmen. Fast jeder fünfte Wähler liest täglich ausschließlich diese Zeitung. Der Herausgeber Dichand erklärte öffentlich, dass seine Unterstützung für Faymann und somit für die SPÖ sicherlich mehr als die von einem angesehenen Meinungsforscher geschätzten zusätzlichen drei Prozent betragen habe.

Da so rasch reagiert wurde und Gusenbauer trotz der schäbigen Behandlung durch seine Parteikollegen diszipliniert schwieg, gelang es der SPÖ, die Spitzenposition zu halten. Es war aber ein Pyrrhussieg: trotz des Faymann-Kults der „Kronen Zeitung" und Faymanns Beliebtheitsrate, die höher war als die seines Hauptrivalen, verloren die Sozialdemokraten 10 Parlamentssitze, und ihr Wähleranteil sank um mehr als sechs Prozent auf gerade noch 29 Prozent – das schlechteste Wahlergebnis seit 1945. Es war ein schwacher Trost, dass die vom glücklosen Molterer geführte Volkspartei noch schlechter abschnitt: sie verlor 8,2 % und damit 16 Parlamentssitze – die schlechteste Vorstellung der Konservativen seit 1945. Es war dann keine Überraschung mehr, dass Molterer fast unverzüglich zurücktrat und durch den bisherigen Landwirtschaftsminister Josef Pröll ersetzt wurde. (Er ist der Neffe des niederösterreichischen Landeshauptmannes Erwin Pröll, der im März 2008 seinen größten Triumph mit 53% der Wählerstimmen bei Landtagswahlen erzielte.)

Zusammenfassend kann man sagen, dass die beiden Koalitionsparteien die wahren Verlierer waren: Erstmals seit 1945 verloren sie auch die Zweidrittelmehrheit, die eine Grundvoraussetzung für die Durchsetzung wichtiger Gesetze darstellt. Die wirklichen Gewinner des unerwarteten Wahlergebnisses waren die zwei Rechtsparteien: Die von Heinz-Christian Strache geführte FPÖ, die 17,5 % erzielte – um ein Drittel mehr als 2006 –, erhielt 14 zusätzliche Parlamentssitze; noch erstaunlicher war, dass Haiders BZÖ von 4,1 % auf fast 11 % zulegte und somit die Zahl seiner Sitze auf 21 verdreifachen konnte. Die Zunahme der Rechtswähler bedeutete de facto, dass die zwei Parteien nun zusammen so stark waren wie jeder der beiden Koalitionspartner. Diese zahlten zudem einen hohen Preis für ihre vorschnelle Entscheidung, das Wahlalter von 18 auf 16 zu senken. Die Folge war, dass fast jeder zweite Wähler dieser Altersstufe die FPÖ wählte und die beiden Rechtsparteien bei den Jungwählern unter 30 einen Stimmenanteil von 36 % errangen. So erwies sich die Herabsetzung des

Wahlalters von 18 auf 16 Jahre als Bumerang. Vor allem der junge, schneidige Strache, fast 20 Jahre jünger als Haider, profitierte von diesem Gesetz. Die Sozialdemokraten mussten auch die Tatsache hinnehmen, dass die Freiheitlichen und das BZÖ von der männlichen und weiblichen Arbeiterschaft mehr Stimmen erhielten als die SPÖ. Alle diese Trends traten in den traditionell sozialistischen Bezirken Wiens bei den Wahlen zum Europäischen Parlament im Juni 2009 sogar noch deutlicher zutage.

Es muss hier auch betont werden, dass die Wahl im September 2008 Jörg Haiders persönliche Erfolgsstory war. Mit unvergleichlicher Energie ergriff der Landeshauptmann von Kärnten (zugleich Parteiobmann und Spitzenkandidat des BZÖ) vor unzähligen Versammlungen das Wort, wodurch er die Zahl der BZÖ-Sitze im Parlament verdreifachen konnte. Haiders Triumph war vor allem in Kärnten eindrucksvoll, wo das BZÖ 38,9% der Wählerstimmen erzielte, fast 50% mehr als zwei Jahre davor.

Während der Wahlkampagne war Haider zurückhaltender und subtiler in seinen Angriffen gegen die Koalitionsregierung, und in Bezug auf Einwanderung und Bildung vertrat er seine rechtslastigen Standpunkte gemäßigter als sein jüngerer Rivale Heinz-Christian Strache. In den Fernsehduellen war er der einzige Spitzenkandidat, der mehr Zustimmung der Zuschauer erhielt als seine Partei bei der Wahl. Mit 58 Jahren projizierte er noch einmal ein völlig neues Bild auf den Bildschirm: Beinahe staatsmännisch, nicht rücksichtslos aggressiv, ein reifer Politiker, der sich um die Menschen mit niedrigem Einkommen sorgt, und nicht ein Rechtspopulist, der die Koalition attackiert.

Am Samstag, dem 11. Oktober, fuhr Jörg Haider um 1:15 Uhr allein und betrunken mit 142 km/h, doppelt so schnell, wie an diesem Abschnitt in einem Außenbezirk von Klagenfurt, der Landeshauptstadt von Kärnten, erlaubt war. Nachdem er ein kleines Auto überholt hatte, verlor er die Kontrolle über seine große Dienstlimousine, die einen Betonpfeiler rammte und sich überschlug. Haider war auf der Stelle tot. Die Tragödie dieser schillernden und widerspruchsvollen Persönlichkeit erschütterte das ganze Land, vor allem Kärnten. An seinem Staatsbegräbnis, das vom österreichischen Fernsehen live übertragen und auch in den internationalen Medien starke Beachtung fand, nahmen der Bundespräsident und alle führenden Politiker des Landes teil.

Die anschließenden Ereignisse, unter anderem die EU-Wahlen, signalisieren die Rückkehr zu den Mustern der späten 1990er Jahre, als die Koalition infolge der Auseinandersetzungen zwischen den Parteien handlungsunfähig war und sich Haiders FPÖ mit 26,9 % der Wählerstimmen zur zweitstärksten politischen Gruppe aufstieg. Heute könnten die zwei Rechtsparteien auf 28,9 % Unterstützung der nationalen Wählerschaft kommen. Es wird sich noch herausstellen, ob sie sich wieder vereinigen und einem „Haiderismus ohne Haider" den Weg ebnen. Die extreme Rechte ist zweifellos im Aufwind, sie profitiert von der Ablehnung gegenüber Einwanderern, und der Angst vor der steigenden Kriminalität, die auf den Zustrom von Fremden und den Verlust von Arbeitsplätzen zurückgeführt wird.

Es ist natürlich klar, dass die globale Finanzkrise die politische Lage und die Stimmung der Nation beeinflusst, und da macht auch der viertreichste Mitgliedsstaat der Europäischen Union keine Ausnahme. Und gerade die Tatsache, dass Österreich erfolgreich als Schrittmacher in der Osterweiterung fungierte und dass die Banken und die Industrie große Investitionen in Zentral- und Osteuropa tätigten, führte in letzter Zeit in Bezug auf die wirtschaftliche Zukunft zu erhöhter Sorge. Alle Finanz- und Wirtschaftsdaten deuten jedoch darauf hin, dass Österreich im Bereich der Realwirtschaft (BIP, Arbeitslosigkeit, Export, Beschäftigung usw.) vergleichsweise noch besser dasteht als die meisten anderen europäischen Länder. Seit dem Jahr 2000 ist die österreichische Wirtschaft stetig schneller gewachsen als der Eurozonen-Durchschnitt.

Betrachtet man die wirtschaftliche Erfolgsstory seit 1945 und die starke Stellung der Klein- und Mittelbetriebe wie auch die immer noch funktionierende Sozialpartnerschaft, sollte man die zeitweiligen wirtschaftlichen Rückschlage nicht überbewerten. Angesichts der (nicht unumstrittenen) Ausweitung der Legislaturperiode von vier auf fünf Jahre bliebe für die große Koalition immer noch Zeit, aus den Fehlern der Vergangenheit zu lernen und die anstehenden ungelösten Probleme zu lösen. Dass die Koalitionsregierung die Stabilität wahren konnte, war freilich bis jetzt nur möglich, weil sie Langzeitprobleme wie die Pensions-, Gesundheits- und Bildungsreform auf die lange Bank schob.

Alles in allem ist Österreich nach dem Auseinanderbrechen der Monarchie und der schrecklichen Erfahrung von Krieg und

Diktatur aber immer noch das Modell eines erfolgreichen politischen und wirtschaftlichen Experiments. Deshalb ist die Kluft zwischen Österreich und seinen postkommunistischen Nachbarn in Bezug auf den Lebens- und Sozialstandard und die politische Stabilität immer noch so groß wie früher.

Leider lassen die letzten Wahlergebnisse und alle Meinungsumfragen eine stetige Stärkung des fremdenfeindlichen rechten Lagers erkennen, besonders in Wien und in den anderen städtischen Zentren. Der generelle Verfall der europäischen Sozialdemokratie ist in Österreich besonders spürbar, während es der rechtslastigen populistischen FPÖ, die von dem telegenen und rücksichtslos provokanten Heinz-Christian Strache geleitet wird, gelang, in den Arbeiterbezirken Wiens beeindruckende Erfolge für sich zu verbuchen. Die schlechte Vorstellung der Faymann-Pröll-Koalitionsregierung und die letzten Erfolge der Freiheitlichen, die sich schneller als erwartet die Reste von Haiders BZÖ außerhalb Kärntens einverleiben könnten, schaffen optimale Voraussetzungen für eine wachsende politische Instabilität. Trotz der eindrucksvollen ausgewogenen Nachkriegsbilanz der Zweiten Republik lassen feindselige Ausbrüche gegen Moslems und antisemitische Aktionen sowie kodierte rassistische Botschaften die Rückkehr der alten Dämonen befürchten. Die Mischung aus einer wachsenden Fremdenfeindlichkeit und der Angst vor Arbeitslosigkeit kombiniert mit den Auswirkungen der Rezession bilden den klassischen Nährboden für die extreme Rechte und populistische Gruppen. Man darf nicht vergessen, dass das unabhängige Österreich seit 1918 mit ungewöhnlicheren schicksalhaften Wenden konfrontiert war als die meisten anderen europäischen Länder. Und wieder muss dieses kleine unabhängige und neutrale Land wie so oft in der Vergangenheit – trotz seiner unvergleichlich hohen sozialen Stabilität und seines Wohlstandes – politisch auf des Messers Schneide stehen.

Anmerkungen

Einleitung

1 Für meine Erlebnisse in Ungarn und für den Weg in die Freiheit siehe: Auf schwarzen Listen, Erlebnisse eines Mitteleuropäers, überarbeitete und erw. Neuaufl., Wien 2004.
2 Vgl. für Details den Sammelband Die ungarische Revolution und Österreich (Hrsg. I. Murber/Z. Fonagy), Wien 2006; ferner Paul Lendvai, Der Ungarnaufstand 1956, München 2006, bes. S. 214–231.
3 In: Europäische Rundschau, Wien, 1995/2, S. 9.
4 Siehe z. B. den „liebevollen Spiegel" von Peter Stiegnitz, Österreich aus der Nähe, Wien 2006.
5 Jean Améry, Aspekte des Österreichischen, in: Im Brennpunkt: ein Österreich (Hrsg. M. Wagner), Wien 1976, S. 10.

Österreich-Klischees: ein Vorhang der Medien

1 Vgl. Paul Valéry, Werke, Band 5, Frankfurt am Main 1991, S. 432.
2 Karl-Markus Gauß, Ins unentdeckte Österreich, Wien 1998.
3 Kurier, Wien, 15.1.2005; vgl. auch Paul Schulmeister, Erinnerungswende nach 60 Jahren?, in: Europäische Rundschau, Wien, 2005/2.
4 Unfrisierte Gedanken, München 1959, S. 49.
5 Bruno Kreisky, Zwischen den Zeiten, Wien 1986, S. 292; vgl. auch Süddeutsche Zeitung, München, 19.2.1988.
6 E. H. Carr, What is history?, London 1978, S. 30.
7 Vgl. seine „Wiener Vorlesung" im Rathaus vom 22. November 1999, umfassend erweitert, Wien 2000.
8 Ernst Bruckmüller im Ausstellungskatalog „Das neue Österreich", Wien 2005, S. 241–254; vgl. auch sein Buch Nation Österreich, 2., ergänzte und erweiterte Ausgabe, Wien 1996.
9 Erwin Ringel, Neue Rede über Österreich, in: Das Buch Österreich (Hrsg. H. Rauscher), Wien 2005, S. 46–69.
10 Carl Zuckmayer, Als wär's ein Stück von mir, Frankfurt am Main 1966, S. 70–78.
11 Vgl. Oliver Rathkolb, Die paradoxe Republik, Wien 2005, S. 357–398.
12 Siehe für die Zitate von Bischof den Aufsatz von Paul Schulmeister, Erinnerungswende nach 60 Jahren?, in: Europäische Rundschau, Wien, 2005/2, S. 3–21. Heinz Fischer, Überzeugungen, Wien 2006, S. 63, 74–75.
13 Ernst Hanisch, Ein Versuch, den Nationalsozialismus zu „verstehen", in: Das Große Tabu (Hrsg. A. Pelinka/E. Weinzierl), Wien 1987.

Der Opfermythos und die „Stunde null“ 1945

1 Manfred Scheuch, Vom „Staat, den keiner wollte“ zur österreichischen Nation, in: Wolfgang Petritsch, Bruno Kreisky, Wien 2000, S. 178–179. Für die Ermordung von Tausenden ungarischen Juden siehe Szabolcs Szita, Verschleppt, verhungert, vernichtet: die Deportation von ungarischen Juden auf das Gebiet des annektierten Österreich 1944–45, Wien 1999. Ich entging dem Todesmarsch zur österreichisch-ungarischen Grenze durch meine Flucht in November 1944; vgl. Paul Lendvai, Auf schwarzen Listen, neue und erw. Aufl., Wien 2004, S. 40–42.

2 Vgl. Gerald Stourzh, 1945 und 1955: Schlüsseljahre der Zweiten Republik, Innsbruck 2005, S. 22–23.

3 Jean Améry, Jenseits von Schuld und Sühne, 2. Aufl., Stuttgart 1980, S. 117.

4 Dieter Stiefel, Entnazifizierung in Österreich, in: Politische Säuberung in Europa (Hrsg. Henk/Woller), München 1991, S. 128; Stourzh, ebd., S. 55– 56; Scheuch, ebd., S. 183.

5 Für eine kurze und trotzdem sehr aufschlussreiche Darstellung siehe Helene Maimann, Vergangenheit, die nicht vergeht, in: Das neue Österreich, ebd., S. 79–87; vgl. auch Hubert Feichtlbauer, Zwangsarbeit in Österreich, Wien 2005.

6 Für den Text der Unabhängigkeitserklärung siehe: Das Buch Österreich (Hrsg. H. Rauscher), Wien 2005, S. 431–434. Für den vollständigen Text der Reden des Bundespräsidenten vgl. Heinz Fischer, Überzeugungen, Wien 2006, S. 73–75, 83–86.

7 Für die Atmosphäre und den Ablauf vgl. Ernst Trost, Figl von Österreich, Wien 1972, S. 11–14.

8 Rudolf Burger, Die Zeit der Reife, Zum Abschluss der österreichischen Nationsbildung, in: Merkur, München, 1995, S. 59–67.

9 Stourzh, ebd., S. 60–61. Der Autor beklagte auch das „Fehlen der moralischen Einsicht, dass Scham für die Untaten von Landsleuten auch seitens jener angebracht sein kann, bei welchen individuelle Schuld nicht vorliegt.“ (ebd.)

Gründungsvater mit vielen Gesichtern

1 Isaiah Berlin/Ramin Jahanbegloo, Den Ideen die Stimme zurückgeben, Frankfurt am Main 1994, S. 53, 184–185.

2 Vgl. Bruno Kreisky, Zwischen den Zeiten, Berlin/Wien 1986, S. 220–222. Für eine kritische Bewertung Otto Bauers und des Austromarxismus siehe Norbert Leser, Salz der Gesellschaft, Wien 1988, S. 7–55. Für eine eher positive Bewertung Bauers siehe Otto Leichter, Otto Bauer, Tragödie oder Triumph, Wien 1970.

3 Das schrieb Reimann freilich vor der Kanzlerschaft Kreiskys; vgl. Viktor Reimann, Zu groß für Österreich, Seipel und Bauer im Kampf um die Erste Republik, Wien 1968.

4 Jacques Hannak, Karl Renner und seine Zeit, Wien 1965, S. 650–653. Renners nie veröffentlichte, nur in Druckfahnen vorhandene 87-seitige Schrift: „... der Anschluß und die Sudetendeutschen" lehnte den tschechoslowakischen Staat ab und diente im Grunde der Rechtfertigung der NS-Kriegspolitik. Sie wurde überhaupt erst 1977 durch einen Artikel von Raimund Löw im „Neuen Forum" bekannt. Die ganze Broschüre hat dann Eduard Rabofsky 1991 mit einer Einführung herausgegeben.

5 Leichter, ebd., S. 145.

6 Kreisky, ebd., S. 46. Renners jüdischer Schwiegersohn, seine zwei Söhne und die Tochter, als „Halbjuden" auch gefährdet, mussten nach England auswandern; Hannak, ebd., S. 653.

7 Für den Briefwechsel und die Spekulationen über den Hintergrund vgl. Hannak, ebd., S. 671–677; für die Rolle Renners und Scheltows siehe Ernst Trost, Figl von Österreich, Wien 1972, S. 66–71, 169.

8 Observer, im Oktober 1949, zitiert nach Hannak, ebd., S. 671.

9 Vgl. Kreisky, Im Strom der Politik, Wien/Berlin 1988, S. 355–356. In seinen Memoiren vertrat Franz Olah, damals Chef der Bauarbeitergewerkschaft und Anführer des Widerstandes, die Meinung, dass es sich um weit mehr als um einen „Massenstreik" handelte; die Kommunisten hätten versucht, wieder Regierungsfunktionen zu erhalten; Franz Olah, Die Erinnerungen, Wien 1995, S. 134–142. Für eine kritische Wertung siehe u. a. Oliver Rathkolb, ebd., S. 33–34, 89.

10 Vgl. Leser, ebd., S. 60, 73; Olah, ebd., S. 121, 123–125.

11 Siehe Rathkolb, ebd., S. 31–34.

Die Erlebnisse eines Auslandskorrespondenten

1 Theodor-Herzl-Vorlesung, Wien 2005.

2 Durch eine merkwürdige Fügung wurde ich mehr als 40 Jahre später Kolumnist des ebenfalls auf rosa Papier gedruckten „Standard" in Wien! Für Details der Zeitungsgeschichten siehe: Paul Lendvai, Auf schwarzen Listen, neue, erw. Aufl., Wien 2004, S. 177–190.

3 Heute gibt es 17 Tageszeitungen, im Jahre 1959 waren 35 Tageszeitungen, 6 Montagsblätter und 124 Wochenzeitungen auf dem Markt; vgl. Medienpioniere erzählen, Wien 2004, S. 9–11.

4 Harpprecht, ebd.

Kompromiss – Grundlage der Sozialpartnerschaft

1 Den Hinweis verdanke ich Armin Thurnher, Falter, 1.2.2007; vgl. Georg Simmel, Soziologie, Gesammelte Werke, Band 2, 4. Aufl., Berlin 1958, S. 250.

2 Hermann Withalm, vgl. Aufzeichnungen, Wien 1973, S. 41–43.

3 Josef Taus, Staat und Gesellschaft in der Zweiten Republik, in: Europäische Rundschau, Wien, 2005/1, S. 65–80.

4 Vgl. Alfred Klose, Sozialpartnerschaft im politischen System, in: Europäische Rundschau, Wien, 1977/3, S. 79–85.
5 Vgl. Egon Matzner, Sozialpartnerschaft: Innovation oder Sklerose?, in: Europäische Rundschau, Wien, 1983/1, S. 141–146.
6 Taus, ebd.
7 Die anderen zwei waren der Arbeiter- und Angestelltenbund und der Bauernbund. Inzwischen wurden noch drei Teilorganisationen für die Frauen, die Jugend und die Senioren gegründet.
8 1986 stellte der Wirtschaftsbund 21 von 76 ÖVP-Abgeordneten.
9 Für Nicht-Wiener: schmalpickt heißt schlank, dünn; vgl. Peter Wehle, Sprechen Sie Wienerisch?, Wien 1980. Alle Zitate von Busek und Schüssel stammen aus von Februar bis April 2007 geführten und auf Band aufgenommenen Hintergrundgesprächen.
10 Interview in: Europäische Rundschau, Wien, 1980/2, S. 20.

Das geheime Wirtschaftswunder der „neuen“ Nation

1 Hans Weigel, Wir sind jeweils beides, in: Europäische Rundschau, Wien, 1977/2, S. 85–89.
2 Ernst Trost, Figl, ebd., S. 49.
3 Hans Seidel, Österreichs Wirtschaft und Wirtschaftspolitik nach dem Zweiten Weltkrieg, Wien 2005; vgl. auch Rathkolb, ebd., S. 339–340; Hannes Androsch, Warum Österreich so ist, wie es ist, Wien 2003, S. 115–127; Josef Taus, Staat und Wirtschaft in der Zweiten Republik, in: Europäische Rundschau, Österreich und die Welt, Sondernummer, Wien, 2005, S. 65–80.
4 Herbert Krejci, Mut zu neuen Wegen verlangt, in: Europäische Rundschau, Wien, 1983/1, S. 137.
5 Für Großbritannien-Österreich siehe Anton Kausel, Österreichs großer Sprung nach vorn, in: Europäische Rundschau, Wien, 1973/1, S. 71–84; für die weiteren Vergleiche siehe Karl Aiginger, in: Das neue Österreich (Hrsg. H. Androsch/H. Krejci/P. Weiser), Wien 2006, S. 26. Für die Schweiz vgl. Neue Zürcher Zeitung am Sonntag, 7.1.2007.
6 Aiginger, ebd., S. 25–28.

Krisenjahre der Koalition

1 Für Details siehe Profil, Wien, 30.1.2006, S. 36–37 und Frankfurter Allgemeine Zeitung, 20.1.2006, S. 38.
2 Vgl. Karl Pisa, 1945, Geburt der Zukunft, Wien 2005, S. 125–130; siehe auch Hugo Portisch, Österreich II, 3. Band, S. 190–205.
3 Barbara Tóth, Karl von Schwarzenberg, Die Biografie, Wien 2005, S. 87–90. In Gesprächen mit mir schilderten Ex-Vizekanzler Erhard Busek und der frühere steirische Landeshauptmann Josef Krainer jun. ihre vergeblichen Bemühungen, „Kary“ (so der

Kosename des Fürsten) als österreichischen Außenminister oder Staatssekretär durchzusetzen; siehe auch Tóth, ebd., S. 101–102.
4 Vgl. Pisa, ebd., S. 124–130; Portisch, ebd., S. 192–197; Rathkolb, ebd., S. 404–406.
5 Fischer, Überzeugungen, ebd., S. 12.

Der Reformer Josef Klaus

1 Zitate über und von Klaus in diesem und im nächsten Kapitel stammen aus seinen Memoiren: Macht und Ohnmacht in Österreich, Wien 1971, aus Interviews, in: Die Ära Josef Klaus, Band 2 (Hrsg. R. Kriechbaumer), Wien 1999, sowie aus Gesprächen, die ich mit Gerd Bacher, Erhard Busek, Michael Graff, Heinrich Neisser, Hugo Portisch, Wolfgang Schüssel, Ludwig Steiner und Josef Taus im Januar-April 2007 geführt habe.
2 Für den vollständigen Text vgl. Die TAT, Zürich, 25.2.1964; siehe auch Financial Times, London, 26.2.1964, Men & Matters.
3 Siehe den Hinweis in Kriechbaumer, ebd., S. 35, auf: Österreich 1945–1995 (Hrsg. R. Sieder/H. Steinert/E. Tálos), Wien 1995.
4 Gorbach wäre zwar wegen seiner KZ-Vergangenheit und Versöhnungsbereitschaft ein geradezu idealer Kandidat gewesen, doch prägte damals noch das sogenannte Gleichgewichtsdenken die Einstellung vieler Wähler: roter Bundespräsident und schwarzer Bundeskanzler.

Glanz und Niedergang der ÖVP-Alleinregierung

1 Vgl. Beatrice Weinmann, Josef Klaus, Ein großer Österreicher, Wien 2000, S. 110–111.
2 Peter Pelinka, ebd., S. 102.
3 Hellmut Andics, Die Insel der Seligen, Wien 1980, S. 282.
4 Vgl. Alexander Vodopivec, Wer regiert in Österreich?, Wien 1962, S. 91–98; siehe auch Trost, ebd., S. 100–105. Für die Zahl der Parlamentarier Rathkolb, ebd., S. 184. Für den CV-Aufmarsch vgl. Hans Thalberg, Von der Kunst, Österreicher zu sein, Wien 1984, S. 435. Für die Statuten Leo Wallner, in: Kriechbaumer, ebd., S. 23–40.
5 Vgl. Interview mit Lujo Tončić-Sorinj, in: Kriechbaumer, ebd., S. 11–22.
6 Vgl. Wikipedia. Er starb 90-jährig im Mai 2005.
7 Klaus, ebd., S. 234.
8 Auszug aus der Rede: An die Slowenen in Kärnten, in: Josef Klaus, Führung und Auftrag – Ausgewählte Reden und Aufsätze (Hrsg. W. Ettmayer/E. Thurnher), Graz/Wien/Köln 1985, S. 45–49. Für meine Berichte über den Jugoslawien-Besuch siehe Die Presse, Wien, 24.–26.3.1965 und u. a. „Die TAT“, 29.3.1965, für ein Klaus-Interview ebd., 14.5.1965.

9 Friedrich Nietzsche, Menschliches, Allzumenschliches, München 1994, S. 258.
10 Siehe sein Vorwort, in: Weinmann, Klaus, ebd., S. 17–22.
11 Bacher, ebd., S. 22.
12 Klaus, ebd., S. 185–187; für Hanisch vgl. Transformation, ebd., S. 21–22; für Bacher siehe Weinmann, ebd., Vorwort.
13 Interviews mit Erwin Pröll und Josef Taus; vgl. auch Karl Pisa, ebd., S. 159– 162 und Weinmann, ebd., S. 313.
14 Vgl. für Interviews mit Kirchschläger, Klaus und hohen Offizieren Portisch, ebd., S. 304–308; vgl. auch Erinnerungen, Band 2, Wien 1991, Johannes Kunz im Gespräch mit Josef Klaus, S. 128–129.
15 Zitate aus Weinmann, ebd., S. 349–356.
16 Interview mit mir am 5.2.2007.
17 Vgl. Norbert Leser, in: Transformation, ebd., S. 27–35.

Kreiskys geheime Hausmacht

1 Für Thurnher vgl. Das Trauma, ein Leben – Österreichische Einzelheiten, Wien 2000, S. 48; für Leser Salz der Gesellschaft, Wien 1988, S. 187–240; Vorhofer, in: Die Ära Kreisky (Hrsg. W. Gatty/G. Schmid/M. Steiner/D. Wiesinger), Innsbruck/Wien 1997, S. 150–161.
2 Die Betrachtungen über Persönlichkeit und Politik Kreiskys enthalten auch aktualisierte Versionen meiner Texte aus: Kreisky, Porträt eines Staatsmannes, Wien/Düsseldorf 1972 (mit Karl Heinz Ritschel), Auf schwarzen Listen, erw. Neuauflage, Wien 2004, S. 227–248 sowie Der „Kreisky-Effekt" und die internationalen Medien, in: Die Ära Kreisky. Schwerpunkte der österreichischen Außenpolitik (Hrsg. E. Bielka/P. Jankowitsch/H. Thalberg), Wien/München/Zürich 1983, S. 323–346.
3 Zitiert von Norbert Leser, ebd., S. 204.
4 Der Begriff „größter Kommunikator" stammt von der Politikwissenschaftlerin Christine Teuber-Weckersdorf, in: Die Ära Kreisky, ebd., S. 123.
5 Vgl. Heribert Prantl, Süddeutsche Zeitung, München, 21.3.2007.
6 Vgl. Interview mit mir am 10.1.2000 für die TV-Dokumentation (mit Helene Maimann) „Kreisky – Licht und Schatten einer Ära"; Kreisky-Nachruf, Die Presse, Wien, 30.7.1990.
7 Barbara Tóth, ebd., S. 98–101.
8 Bericht in der Kleinen Zeitung, Graz/Klagenfurt, 1.4.1973.
9 Europäische Rundschau, Wien, 1981/1.
10 Mein Interview mit Kreuzer am 27.4.2007. Norbert Leser, ebd., S. 199; Peter Pelinka/Manfred Scheuch, 100 Jahre AZ, Wien 1989, S. 175; Tramontana, in: Profil, Wien, 1990/32; siehe auch Wolfgang Pensold, Vom Staatskanzler zum Medienkanzler, in: Medien & Zeit, Wien, 1999/3.

Schatten der Vergangenheit – Kreisky versus Wiesenthal

1 Vgl. für Details Simon Wiesenthal, Recht, nicht Rache, Berlin 1988, S. 354–360.

2 Oscar Bronner hat in zwei Aufsätzen bereits 1965 prominente NS-Juristen schwer beschuldigt und später die Untätigkeit von Justizminister Broda scharf kritisiert; siehe Oscar Bronner, „Die Richter sind unter uns“ und „Die Richter bleiben unter uns“, in: Forum, Wien, Sonderheft Herbst 1965 und November 1965; vgl. auch Wiesenthal, ebd., und Wolfgang Neugebauer/ Peter Schwarz, Der Wille zum aufrechten Gang, Wien 2005, S. 168–213.

3 Vgl. Paul Lendvai, Unbewältigtes in Österreich, in: Der Monat, Berlin, September 1967, S. 15–30.

4 Scheibenreif entschuldigte sich erst, nachdem Kreisky eine Anzeige wegen Beleidigung zurückgezogen hatte.

5 Heinz Fischer, Reflexionen, Wien 1998, S. 167–168.

6 Wiesenthal, ebd., S. 360–373.

7 Vgl. Rathkolb, ebd., S. 383–388 und Paul Lendvai, Antisemitismus ohne Juden, Wien 1972.

8 Fischer, ebd., S. 171–172; vgl. auch sein Buch „Die Kreisky-Jahre“.

9 Siehe in: Die Ära Kreisky, ebd., S. 139–143.

10 Wolfgang Petritsch, Bruno Kreisky, Wien/Zürich/München 2000, S. 118.

Das Rätsel Otto Rösch und die „braunen“ Flecken der SPÖ

1 Profil, Wien, 2.1.1975, Polizeiakte Rösch, S. 13–19.

2 Vgl. Simon Wiesenthal, Recht, nicht Rache, Berlin 1988, S. 69–71.

3 Maria Wirth über Otto Rösch, in: Entnazifizierung zwischen politischem Anspruch, Parteienkonkurrenz und Kaltem Krieg – Das Beispiel der SPÖ (Hrsg. M. Mesner), Wien 2005, S. 320–325. Heinz Fischer greift den „Spiegel“ und Wiesenthal an (obwohl dieser in seinen zehn Jahre vorher herausgegebenen Memoiren Rösch überraschend positiv beurteilt) und entlastet Rösch ohne Vorbehalte, in: Reflexionen, ebd., S. 218.

4 Kreisky zitiert, in: Profil, ebd. „Als ich aus der schwedischen Emigration nach Österreich zurückkam, war ich entsetzt, daß Leute wie Rösch in der Partei herumsaßen. Ich konnte das einfach nicht verstehen. Da überzeugte mich der damalige steirische Landessekretär Taurer ... in einer die ganze Nacht andauernden Aussprache davon, daß Rösch in Ordnung war. Er war da mit Wissen und im Auftrag der Partei hineingegangen. Natürlich war das eine Räubersidee. Ob sie der Taurer oder der Rösch selbst ausgedacht hat, weiß ich nicht.“ In diesem Zusammenhang muss man freilich auch eine Warnung des Nationalrats Karl Mark in Erinnerung rufen: „Als der Kreisky von Schweden zurückgekommen ist, hat er einmal gesagt im Klub: ‚Ihr behandelt

die Nazis viel zu gut, mit Samtpfoten.‘ Wenn jemand aus dem Ausland zurückkommt, dann soll er ruhig sein, er weiß nicht, was hier gewesen ist. Er kann es nicht wissen, aber wir haben es ja beobachten können. Wir haben es ja gesehen, wie Nazi nicht gleich Nazi ist, wie man das nicht in einen Topf werfen darf.“ Zitiert in: Der Wille zum aufrechten Gang, ebd., S. 307–308.

5 Vgl. Entnazifizierung, ebd., S. 277–279.

Der Machtkampf am Hof des „Sonnenkönigs“

1 Alois Mock in seiner Rede zur Begründung der dringlichen Anfrage an den Bundeskanzler betreffend die Entlassung von Finanzminister Dr. Androsch. Alle Zitate über die Sitzung stammen aus dem stenografischen Protokoll; Nationalrat XV.GP – 44. Sitzung – 21. August 1980.

2 Vgl. Liselotte Palme, Androsch – Ein Leben zwischen Geld und Macht, Wien 1999.

3 Im März 1989 bestätigte ein Berufungsgericht den Schuldspruch und die Geldstrafe. Ein Rechtsmittel gegen den Schuldspruch des Schöffensenates vom Mai 1996 wegen Steuerhinterziehung wurde vom Obersten Gerichtshof verworfen; vgl. Fischer, Reflexionen, ebd., S. 299–300.

4 Siehe Palme, ebd., über einen angeblichen Deal zwischen einem „bekannten ‚Z‘-Bankier und höheren SPÖ-Sphären“, S. 172–173.

5 Aus meinem Interview mit dem Bundespräsidenten am 22.3.2007.

6 Telefonat mit Herbert Salcher am 5.6.2007. Hannes Androsch warf in einer Darstellung seiner Steuersache (in: Robert Kriechbaumer, Die Ära Kreisky, S. 490–491) namentlich dem Direktor der Zentralsparkasse, Herbert Lugmayer, und dem früheren Minister und „Z“-Angestellten Erwin Lanc vor, „unter Missachtung des Bankgeheimnisses“ Informationen über seine Konten veröffentlicht zu haben.

7 Heinz Fischer, ebd., S. 363.

8 Aus meinem Interview mit Franz Vranitzky am 29.1.2007.

9 Aus meinem Interview mit Hannes Androsch am 16.1.2007.

10 Zum Beispiel bei Palme, ebd., S. 221.

11 Rainer Paris, Neid, in: Merkur, München, 2006/11.

12 Barbara Liegl/Anton Pelinka, Chronos und Ödipus. Der Kreisky-Androsch-Konflikt, Wien 2004, S. 175.

13 Ein Paradebeispiel für die Umschreibung der Vergangenheit im Sinne der Androsch-Freunde bietet zuletzt Beppo Mauhart, Ein Stück des Weges gemeinsam – Die Ära Kreisky-Androsch in Texten und Bildern, Wien 2006. Alfred Worm schrieb in „News“, Wien, 2006/43: „Inhaltlich ist dieses Buch völliger Schmarrn. Mauhart hat die Jahre 1970–1981 ... zurechtgebogen und verfälscht. ... So, als hätten die zahllosen Affären und

Skandale nie stattgefunden. Kreisky kann sich gegen eine derart unverfrorene Geschichtsklitterung nicht mehr wehren. Aber die Zeitzeugen von damals können verhindern, dass sich Androsch auf Kreiskys Kosten ein Denkmal bauen lässt."

14 Dass er mich schon im Frühjahr 1968, damals war er SPÖ-Vorsitzender und Oppositionsführer, bat, an seiner Stelle an einer hochkarätigen internationalen „Bilderberg-Konferenz" in Mount Tremblant in Kanada teilzunehmen, war ein eindrucksvoller Beweis seines persönlichen Vertrauens; vgl. für Details Paul Lendvai, Auf schwarzen Listen, ebd., S. 222–224.

15 Vgl. Norbert Leser, ebd., S. 147–185.

16 In seinen Memoiren weist Olah auf manche ungeklärte Umstände („dunkle Punkte") in Brodas Leben im Krieg und im Jahr 1945 hin und deutet auch an, dass diese ungeklärten Fragen Brodas Widerstand gegen Olahs Ernennung zum Innenminister erklären könnten; ebd., S. 252–260. Laut mündlichen Informationen des kommunistischen Wissenschaftlers und Widerstandskämpfers Eduard Rabofsky (1911–1994) soll übrigens Broda nicht 1945, sondern erst 1949 in aller Form schriftlich mit der KPÖ gebrochen haben.

17 Leser, ebd., S. 150–151.

18 Vgl. Paul Lendvai/Karl Heinz Ritschel, Kreisky. Porträt eines Staatsmannes, Düsseldorf/Wien 1972, S. 130–131.

19 Heinrich Treichl, Fast ein Jahrhundert. Erinnerungen, Wien 2003, S. 312–313.

20 Interviews für die TV-Dokumentation, 10. und 11.1.2000.

21 Bruno Kreisky, Im Strom der Politik, Berlin/Wien 1988, S. 391–393.

22 Entnazifizierung (Hrsg. M. Mesner), ebd., S. 286–287.

23 Siehe für die diversen Vorwürfe Elisabeth Horvath, Ära oder Episode, Wien 1989.

24 Leser, ebd., S. 230–231.

25 Elisabeth Horvath, ebd., S. 106.

26 Der Wille zum aufrechten Gang, ebd., S. 193–197.

27 Kleine Zeitung, Graz/Klagenfurt, 24.7.1982.

Erbe ohne Fortüne: Sinowatz und der Fall Waldheim

1 Aus den Interviews mit Haider am 14.2.2007, Neisser am 5.2.2007, Cap am 9.2.2007, Lacina am.15.1.2007.

2 Der Titel des „Zukunft"-Artikels über die „AA-Debatte" war eine Kurzformel für „AKH und Androsch". Interview mit Bruno Aigner am 12.3.2007. Für Michels siehe sein Buch: Zur Soziologie des Parteiwesens in der Modernen Demokratie, Leipzig 1911, 2. Aufl., Stuttgart 1957.

3 Wiesenthal, ebd., S. 380–394. Dieses faktenreiche und ausgewogene Kapitel, wie überhaupt das ganze 468 Seiten lange

Buch, wird in wichtigen zeitgeschichtlichen Darstellungen über diese Periode ignoriert; vgl. z. B. die Literaturliste in: Peter Pelinka, ebd., und Oliver Rathkolb, ebd.

4 Zitat nach Leser, ebd., S. 253.

5 Interview mit Graff am 18.1.2007, mit Busek am 2.2.2007.

6 Waldheim selbst gab später Formulierungsfehler zu: Sein Satz über die „Pflichterfüllung ... war sicher kein glücklicher Ausdruck, sondern ein Fehler!" Er habe auch „in der Hitze der Auseinandersetzung wohl zu wenig Emotionen für die Opfer des Nationalsozialismus gezeigt." Profil, Wien, 6.4.1998. Für Auszüge aus Fischers Rede siehe seine Reflexionen, ebd., S. 454–455. Die beste Zusammenfassung der Reaktionen zum Tode Kurt Waldheims in Profil, Wien, 18.6.2007.

7 Am. 28. September 1973 überfielen arabische Terroristen in Marchegg einen Zug und nahmen drei Sowjetjuden und einen österreichischen Zollbeamten als Geiseln. Sie forderten die Schließung des Transitlagers in Schönau. Nach dem diesbezüglichen Versprechen der österreichischen Regierung wurden die Geiseln unverletzt freigelassen und die drei Entführer am 29.9. ausgeflogen.

8 Vgl. Österreich im Zerrspiegel, Kleine Zeitung, Graz/Klagenfurt, 28.10.1973.

9 Meine diesbezüglichen Aktivitäten sind z. T. nachzulesen in: Auf schwarzen Listen, ebd., S. 279–283.

10 Wiesenthal, ebd., S. 392.

Das Vranitzky-Jahrzehnt – ohne Glanz und ohne Krise

1 Vgl. Franz Vranitzky, Politische Erinnerungen, Wien 2004, S. 185–193.

2 Kreisky, Der Memoiren dritter Teil (Hrsg. O. Rathkolb/J. Kunz/M. Schmidt), Wien 2005, S. 325.

3 Vgl. Vranitzky, ebd., S. 304–306.

4 Vranitzky, ebd., S. 224–230. Interview mit Rudolf Streicher am 22.5.2007.

5 Für eine nicht nur in außenpolitischer Hinsicht äußerst kritische Bestandsaufnahme siehe Trautl Brandstaller, Quo vadis SPÖ?, in: Europäische Rundschau, Wien, 2004/2, S. 67–79.

6 Vranitzky, ebd., S. 239–242.

7 Vgl. mein Interview mit Rudolf Burger, 14.5.2007; siehe auch „Abschied von einem Staatsmann", in: Der Falter, Wien, 26.2.1997.

8 Siehe seine brillante Charakterisierung Haiders, in: Romantisches Österreich, Wespennest, Wien, Dezember 1999; Austromanie oder der antifaschistische Karneval, in: Ptolemäische Vermutungen, Lüneburg 2001, S. 99–123.

9 Anneliese Rohrer, Charakterfehler, Wien 2005, S. 173.

10 Siehe die Zitatensammlungen „Der Westentaschen-Haider" und „Haider, beim Wort genommen", beide Wien 2000.
11 Hans Pretterebner, Der Fall Lucona, Wien 1987.
12 Rohrer, ebd., S. 101–102 und 155–156.
13 Rohrer, ebd., S. 96–99.
14 Brandstaller, ebd., S. 78.
15 Rohrer, ebd., S. 188–189.

Wendekanzler Schüssel – Aufstieg und Absturz

1 Max Weber, Der Beruf zur Politik.
2 Vgl. für die Beschreibung meiner Stellungnahmen z. T. die neue, überarbeitete und erweiterte Auflage von: Auf schwarzen Listen, 2004.
3 Vgl. Nachlese spezial, Das Magazin des ORF, März 2000.
4 Wolfgang Böhm/Otmar Lahodynsky, Der Österreich-Komplex, Wien 2001, S. 60.
5 Für Burger, ebd., S. 117; für Juncker: Böhm/Lahodynsky, ebd., S. 74.
6 FAZ, 7.2.2000, S. 11.
7 Interview am 14.2.2007.
8 Interviews mit Wolfgang Schüssel am 23.2., 8.3. und 3.4.2007; siehe auch Gerfried Sperl, Der Machtwechsel, Wien 2000, S. 20–22.
9 Vgl. Heinz Fischer, Wende Zeiten, ebd., S. 95–104; Sperl, ebd., S. 57–66; Böhm/Lahodynsky, ebd., S. 49–65; Peter Pelinka, Wolfgang Schüssel, Wien 2003, S. 94–101; Hugo Portisch, in: Nachlese, ebd., S. 41.
10 ORF-TV-Interview mit Franz Kreuzer, ausgestrahlt im Herbst 1982. Für eine gekürzte und von Franz Kreuzer redigierte Version siehe Europäische Rundschau, Wien, 1983/1.
11 Interview mit Rudolf Burger, 14.5.2007. Der Brief ist datiert vom 9.1.2001.
12 Zitiert in Peter Pelinka, ebd., S. 92.
13 Interview mit Heinrich Neisser am 5.2.2007.
14 Interview mit Jörg Haider am 14.2.2007.
15 Interview mit Riess-Passer am 12.4.2007.
16 Siehe FAZ, 25.6.2007, S. 12; Der Standard, Wien, 25.5.2007, S. 23; Prof. Bernhard Felderer, in: Neue Kronen Zeitung, Wirtschaftsmagazin, Wien, 30.6.2007.
17 Vgl. Matthias Horx, Glückliches Österreich, Wien 2006.
18 Vgl. Herbert Lackner über „Das moralische Debakel der schwarzblauen Regierung" in: Profil, Wien, 5.3.2007.
19 Vgl. Gerfried Sperl, Die umgefärbte Republik, Wien 2003, S. 38–39.
20 Den Hinweis verdanke ich Joachim Riedl; vgl. das Zitat in seinem Waldheim-Artikel in der Zeit, Hamburg, 21.6.2007, S. 15.
21 Alle Zitate aus Stuart E. Eizenstat, Unser Wien, S. 352–369, in: Unvollkommene Gerechtigkeit, Der Streit um die Entschädigung

der Opfer von Zwangsarbeit und Enteignung, München 2003; ferner aus Hubert Feichtlbauer, Zwangsarbeit in Österreich, 1938–1945, Wien 2005.

22 Siehe detailliert in Lendvai, Auf schwarzen Listen, ebd., S. 36–40; vgl. auch Szabolcs Szita, ebd.

23 Siehe Anton Pelinka, Die Italienisierung Österreichs?, in: Europäische Rundschau, Wien, 2006/4, S. 3–10.

24 Karl R. Popper, Alles Leben ist Problemlösen, München/Zürich 1994, S. 272; vgl. auch Norbert Leser, Was Politiker von Karl Popper lernen könnten, in: Europäische Rundschau, Wien, 2006/4, S. 11–16.

Quellen und Literatur

Andics, Hellmut: Die Insel der Seligen, Wien/München/Zürich 1980

Androsch, Hannes: Warum Österreich so ist, wie es ist, Wien 2003

Androsch, Hannes: Wirtschaft und Gesellschaft, Innsbruck/Wien/Bozen 2005

Androsch, Hannes/Pelinka, Anton/Zollinger, Manfred (Hrsg): Karl Waldbrunner – Pragmatischer Visionär für das neue Österreich, Wien 2006

Bacher, Gerd/Schwarzenberg, Karl/Taus, Josef (Hrsg.): Standort Österreich – über Kultur, Wirtschaft und Politik im Wandel, Graz/Wien/ Köln 1990

Bischof, Günter/Pelinka, Anton (Hrsg.): The Kreisky Era in Austria, New Brunswick 1994

Böhm, Wolfgang/Lahodynsky, Otmar: Der Österreich-Komplex, Wien 2001

Brandstaller, Trautl: Die zugepflügte Furche, Wien/Frankfurt am Main/ Zürich 1969

Breisach, Emil/Rauchenberger, Johannes (Hrsg.): Wohin steuert Österreich?, Wien 2004

Bruckmüller, Ernst: Nation Österreich, Wien/Köln/Graz 1996

Burger, Rudolf: Ptolemäische Vermutungen, Lüneburg 2001

Burns, James MacGregor: Leadership, New York 1978

Charim, Isolde/Rabinovici, Doron (Hrsg.): Österreich – Berichte aus Quarantanien, Frankfurt am Main 2000

Chorherr, Thomas: Die roten Bürger, Wien 2000

Czernin, Hubertus: Der Haider-Macher, Wien 1997

Czernin, Hubertus (Hrsg.): Der Westentaschen-Haider, Wien 2000

Czernin, Hubertus (Hrsg.): Wofür ich mich meinetwegen entschuldige – Haider, beim Wort genommen, Wien 2000

Eizenstat, E. Stuart: Unvollkommene Gerechtigkeit, München 2003

Etzersdorfer, Irene: Kreiskys große Liebe, Wien 1987

Feichtlbauer, Hubert: Franz König, Wien 2003

Feichtlbauer, Hubert: Zwangsarbeit in Österreich, Wien 2005
Fischer, Heinz (Hrsg.): Karl Renner – Porträt einer Evolution, Wien/ Frankfurt am Main/Zürich 1970
Fischer, Heinz: Die Kreisky-Jahre 1967–1983, Wien 1983
Fischer, Heinz: Reflexionen, Wien 1998
Fischer, Heinz: Wende Zeiten, Wien 2003
Fischer, Heinz: Überzeugungen, Wien/Graz/Klagenfurt 2006
Gatty, Werner/Schmid, Gerhard/Steiner, Maria/Wiesinger, Doris (Hrsg.): Die Ära Kreisky, Innsbruck/Wien 1997
Haider, Jörg: Die Freiheit, die ich meine, Frankfurt am Main/ Berlin 1993
Hanisch, Ernst: Der lange Schatten des Staates, Wien 1994
Hannak, Jacques: Karl Renner und seine Zeit, Wien 1965
Heer, Friedrich: Der Kampf um die österreichische Identität, Wien 1981
Horx, Matthias: Glückliches Österreich,Wien 2006
Horvath, Elisabeth: Ära oder Episode – Das Phänomen Bruno Kreisky, Wien 1989
Hüffel, Clemens/Reiter, Anton (Hrsg.): Medienpioniere erzählen ..., Wien 2004
Judt, Tony: Geschichte Europas von 1945 bis zur Gegenwart, München/Wien 2006
Jungwirth, Michael (Hrsg.): Haider, Le Pen & Co. – Europas Rechtspopulisten, Graz 2002
Klaus, Josef: Führung und Auftrag (Hrsg. Ettmayer, Wendelin/ Thurnher, Eugen), Graz/Wien/Köln 1985
Klaus, Josef: Macht und Ohnmacht in Österreich, Wien/München/ Zürich 1971
Knight, Robert (Hrsg.): „Ich bin dafür, die Sache in die Länge zu ziehen“, Frankfurt am Main 1988
Krawagna-Pfeifer, Katharina/Seidl, Conrad/Semotan, Rudolf (Hrsg.): Die Vranitzky-Jahre, Wien 1996
Kreisky, Bruno: Zwischen den Zeiten, Wien 1986
Kreisky, Bruno: Im Strom der Politik, Wien 1988
Kreisky, Bruno: Der Mensch im Mittelpunkt, Wien 1996
Kreisky, Bruno: Seine Zeit und mehr, Wien 1998
Kriechbaumer, Robert/Schausberger, Franz/Weinberger, Hubert (Hrsg.): Die Transformation der österreichischen Gesellschaft und die Alleinregierung von Bundeskanzler Dr. Josef Klaus, Salzburg 1995
Kriechbaumer, Robert: Die Ära Josef Klaus, Wien 1998–1999
Kriechbaumer, Robert: Die Ära Kreisky, Wien/Köln/ Weimar 2004
Kunz, Johannes: Erinnerungen, 3 Bände, Wien, 1989–1994
Leichter, Otto: Otto Bauer – Tragödie oder Triumph, Wien 1970

Lendvai, Paul/Ritschel, Karl Heinz: Kreisky – Porträt eines Staatsmannes, Düsseldorf/Wien 1972
Lendvai, Paul: Auf schwarzen Listen – Erlebnisse eines Mitteleuropäers, Wien 2004
Leser, Norbert: Salz der Gesellschaft, Wien 1988
Leser, Norbert: „... auf halben Wegen und zu halber Tat ...", Wien 2000
Leser, Norbert: Zeitzeuge an Kreuzwegen, Wien 2003
Liegl, Barbara/Pelinka, Anton: Chronos und Ödipus – Der Kreisky-Androsch-Konflikt, Wien 2004.
Löw, Raimund (Hrsg.): Die Fantasie und die Macht – 1968 und danach, Wien 2006
Mauhart, Beppo/Cordt, Herbert (Hrsg.): Zurück in die Zukunft, Wien 1988
Mauhart, Beppo: Ein Stück des Weges gemeinsam, Wien 2006
Mesner, Maria (Hrsg.): Entnazifizierung zwischen politischem Anspruch, Parteienkonkurrenz und Kaltem Krieg, Wien 2005
Müller, R. Konrad/Perger, A. Werner/Petritsch, Wolfgang (Hrsg.): Bruno Kreisky – Gegen die Zeit, Heidelberg 1995
Neugebauer, Wolfgang/Schwarz, Peter: Der Wille zum aufrechten Gang, Wien 2005
Nowotny, Georg: 100 Stunden Kreisky, Wien 1976
Olah, Franz: Die Erinnerungen, Wien 1995
Ötsch, Walter: Haider light – Handbuch für Demagogie, Wien 2000
Palme, Liselotte: Androsch, Wien 1999
Pelinka, Anton/Weinzierl, Erika (Hrsg.): Das große Tabu – Österreichs Umgang mit seiner Vergangenheit, Wien 1987
Pelinka, Peter: Österreichs Kanzler, Wien 2000
Pelinka, Peter: Wolfgang Schüssel, Wien 2003
Petritsch, Wolfgang: Bruno Kreisky, Wien 2000
Pick, Hella: Und welche Rolle spielt Österreich?, Wien 1999
Pisa, Karl: 1945 – Geburt der Zukunft, Wien 2005
Portisch, Hugo: Österreich II – Der lange Weg zur Freiheit, Wien 1986
Portisch, Hugo: Österreich II – Jahre des Aufbruchs, Jahre des Umbruchs, Wien 1996
Pretterebner, Hans: Der Fall Lucona – Ost-Spionage, Korruption und Mord im Dunstkreis der Regierungsspitze, Wien 1987
Rathkolb, Oliver/Etzersdorfer, Irene (Hrsg.): Der junge Kreisky, Wien 1986
Rauchensteiner, Manfried: Die Zwei – Die Große Koalition in Österreich 1945–1966, Wien 1987
Rauscher, Hans: Vranitzky – eine Chance, Wien 1987
Rauscher, Hans (Hrsg.): Das Buch Österreich, Wien 2005
Reiter, Franz Richard (Hrsg.): Wer war Bruno Kreisky?, Wien 2000
Rohrer, Anneliese: Charakter Fehler – Die Österreicher & ihre Politiker, Wien 2005

Scharsach, Hans-Henning (Hrsg.): Haider – Österreich und die rechte Versuchung, Hamburg 2000
Scheuch, Manfred: Der Weg zum Heldenplatz, Wien 2005
Schulmeister, Otto: Der zweite Anschluß, Wien 1979
Seidel, Hans: Österreichs Wirtschaft und Wirtschaftspolitik nach dem Zweiten Weltkrieg, Wien 2005
Sieder, Reinhard/Steinert, Heinz/Tálos, Emmerich (Hrsg.): Österreich 1945–1995, Wien 1995
Simon, T. Joseph: Augenzeuge, Wien 1979
Sperl, Gerfried: Der Machtwechsel – Österreichs politische Krise zu Beginn des 3. Jahrtausend, Wien 2000
Sperl, Gerfried: Die umgefärbte Republik – Anmerkungen zu Österreich, Wien 2003
Sporrer, Maria/Steiner, Herbert (Hrsg.): Rosa Jochmann – Zeitzeugin, Wien/München/Zürich 1983
Stadler, Kurt R.: Adolf Schärf, Wien 1982
Steininger, Rolf: Der Staatsvertrag, Innsbruck 2005
Stiegnitz, Peter: Österreich aus der Nähe, Wien 2006
Stourzh, Gerald: 1945 und 1955: Schlüsseljahre der Zweiten Republik, Innsbruck/Wien/Bozen 2005
Summer, Franz: Der VOEST-Debakel, Wien 1987
Szita, Szabolcs: Verschleppt, verhungert, vernichtet – Die Deportation von ungarischen Juden auf das Gebiet des annektierten Österreich 1944–1945, Wien 1999
Tálos, Emmerich: Vom Siegeszug zum Rückzug – Sozialstaat Österreich 1945–2005, Innsbruck/Wien/Bozen 2005
Thalberg, J. Hans: Von der Kunst, Österreicher zu sein, Wien/Köln/ Graz 1984
Thurnher, Armin: Franz Vranitzky im Gespräch, Frankfurt am Main 1992
Thurnher, Armin: Das Trauma, ein Leben – Österreichische Einzelheiten, Wien 1999
Tončić-Sorinj, Lujo: Erfüllte Träume – Kroatien-Österreich-Europa, Wien/München 1982
Tóth, Barbara: Karl von Schwarzenberg, Wien 2005
Tóth, Barbara/Hofer, Thomas (Hrsg.): Wahl, Wien 2006
Treichl, Heinrich: Fast ein Jahrhundert – Erinnerungen, Wien 2003
Trost, Ernst: Figl von Österreich, Wien/München/Zürich 1972
Vodopivec, Alexander: Wer regiert in Österreich?, Wien 1962
Vodopivec, Alexander: Der verspielte Ballhausplatz, Wien 1970
Vranitzky, Franz: Politische Erinnerungen, Wien 2004
Wagner, Manfred (Hrsg.): Im Brennpunkt – ein Österreich, Wien 1976
Walzer, Tina/Templ, Stephan: Unser Wien – „Arisierung“ auf österreichisch, Berlin 2001
Weinmann, Beatrice: Josef Klaus, Wien 2000

Weinzierl, Erika/Skalnik, Kurt (Hrsg.): Die Zweite Republik, 2 Bände, Graz/Wien/Köln 1972
Weinzierl, Ulrich (Hrsg.): Lächelnd über seine Bestatter: Österreich – Österreichisches Lesebuch von 1900 bis heute, München 1989
Welzig, Elisabeth (Hrsg.): Erhard Busek – Ein Porträt, Wien/Köln/Weimar 1992
Wiesenthal, Simon: Recht, nicht Rache – Erinnerungen, Berlin 1988
Withalm, Hermann: Aufzeichnungen, Graz/Wien/Köln 1973
Withalm, Hermann: Antworten, Graz/Wien/Köln 1974
Withalm, Hermann: Aus meinem Gästebuch, Graz/Wien/Köln 1977
Wolf, Armin/Frank, Euke: Promi-Politik – Prominente Quereinsteiger im Porträt, Wien 2006
Worm, Alfred: Ein Streitgespräch mit Jörg Haider, Wien 2005
Zöchling, Christa: Haider – Licht und Schatten einer Karriere, Wien 1999
Zöllner, Erich: Der Österreichbegriff – Formen und Wandlungen in der Geschichte, Wien 1988

Namenregister

A

B

C

T

U

V

W

Z